TRAUNER VERLAG
BILDUNG

Bildung, die begeistert!

1-fach Getränke

- in Theorie und Praxis

+ TRAUNER-DigiBox

SABINE REHAK
WILHELM GUTMAYER
HANS STICKLER
RUDOLF WOLFSCHLUCKNER
CHRISTOPH WUTZL

Dieses Buch wurde auf Papier aus nachhaltiger Forstwirtschaft gedruckt.

Impressum

Rehak u. a., 1-fach Getränke
TRAUNER-DigiBox
3. Auflage 2022
TRAUNER Verlag, Linz

Das Autorenteam

SABINE REHAK
OSZ Gastgewerbe, Berlin

WILHELM GUTMAYER
Krems

HANS STICKLER
Höhere Lehranstalt für wirtschaftliche Berufe Wiener Neustadt

RUDOLF WOLFSCHLUCKNER
Berufsschule für Lehrlinge aus dem Tourismus Altmünster

CHRISTOPH WUTZL
Höhere Lehranstalt für Tourismus, Modul Wien

Lektorat/Produktmanagement:
Mag. Flora Stickler
Gestaltung und Grafik:
Bettina Victor, Sandra Bauer
Covergestaltung: Bettina Victor
Schulbuchvergütung/Bildrechte:
© VBK, Wien
Gesamtherstellung:
Vorarlberger Verlagsanstalt GmbH
Schwefel 81, 6850 Dornbirn

PRINTED IN AUSTRIA

ISBN 978-3-99113-212-7
www.traunerverlag.de
/traunergastro

Einleitung

Bereits zu Beginn unserer Arbeit für dieses Schulbuch war klar, dass wir das Thema „Getränke" in einem Arbeitsbuch behandeln möchten. Wie im Schulbuch „1-fach Servieren" haben wir einen berufsgruppenübergreifenden Gesamtband geschaffen, der vom 1. bis zum 3. Ausbildungsjahr mit Aufgaben zu allen Themenkomplexen gefüllt wurde.

Die Eckpunkte unserer Überlegungen

- **Enthält alles,** was man zum Arbeiten im Restaurant, am Gast und am Tisch des Gastes braucht
- **Umfangreiches Kartenmaterial,** beispielsweise der Weinbaugebiete, hilft beim Verstehen und Lernen
- Einsetzbar für die **Grundbildung aller gastronomischen Berufe** sowie für die **Fachbildung der Restaurantfachleute** mit Aufgaben zu allen Themenkomplexen
- Angelehnt an den **AKA-Stoffkatalog für die IHK-Abschlussprüfungen** der Ausbildungsberufe Fachkraft im Gastgewerbe, Restaurantfachmann/-frau, Hotelfachmann/-frau
- Servicenahe Inhalte der **Lernfelder „Arbeiten im Service", „Beratung und Verkauf im Restaurant", „Führen einer Station", „Getränkepflege und Getränkeverkauf"** sowie **„Restaurantorganisation"** werden bestmöglich abgedeckt (**entspricht dem KMK-Rahmenlehrplan** von 1998)
- **Prüfungsrelevante Inhalte und Aufgaben für die IHK-Abschlussprüfung** der gastgewerblichen Berufe werden an praxisnahen Beispielen behandelt
- Folgt einem **praxis- und handlungsorientierten Konzept** und enthält Übungen für **unterschiedliche Unterrichts- und Lernmethoden**
- **Integriert Fremd- und Fachsprache**
- **Kompetenzzuwachs nach DQR (Deutschem Qualifikationsrahmen) und EQR (Europäischem Qualifikationsrahmen)**

Ihr persönliches digitales Zusatzpaket in der TRAUNER-DigiBox

t. Digi Box

Mit dem **Zugangscode auf der Rückseite des Buches** schalten Sie in der TRAUNER-DigiBox (www.trauner-digibox.com) digitale Zusatzmaterialien zum Buch frei.

Das Lehrer/innen-Begleitpaket können Sie ab Bestellung eines Klassensatzes der Bücher kostenlos direkt beim TRAUNER Verlag – buchservice@trauner.at – bestellen. Hier erhalten Sie nach Ihrer Registrierung einen eigenen Zugangscode.

Wenn Sie die Bücher nicht direkt bei uns bestellt haben, sondern z. B. über den Buchhandel, bitte Kopie des Rechnungsbelegs mitschicken! So können wir Ihnen das Lehrer/innen-Begleitpaket kostenlos zur Verfügung stellen.

Das TRAUNER Bildungskonzept unterstützt Sie bei der Umsetzung der Bildungsstandards. Interaktivität ist großgeschrieben! Zusätzlich zum Buch finden Unterrichtende im digitalen Zusatzpaket einen vielfältigen Mix aus Übungen, Lösungen, Download-Materialien, Links zu Videos und Powerpoint-Folien für den Unterricht.

Viel Freude und Erfolg wünscht Ihnen

Sabine Rehak

KOMPETENZ-ERWERB

Meine Ziele

Nach Bearbeitung dieses Kapitels kann ich
- Blau (Wiedergeben, Verstehen)
- Rot (Anwenden)
- Schwarz (Analysieren und Entwickeln)

Aufgabenstellungen, Ziele erreicht?

Zur Erarbeitung der Kenntnisse und Fertigkeiten sowie zur Kontrolle des Lernerfolgs stehen den Lernenden Wissensfragen, Aufgaben und Abschlusstests („Ziele erreicht?") zur Verfügung. Die Aufgabenstellungen und „Ziele erreicht?"-Aufgaben sind ebenfalls nach dem Kompetenzmodell mit den Farben Blau, Rot und Schwarz gekennzeichnet. Es wird unterschieden zwischen Aufgaben, bei denen die Schüler/innen
- die gelernten Fachinhalte verstehen und wiedergeben;
- erworbenes Wissen anwenden können;
- eigenständig Probleme analysieren und Lösungen entwickeln.

Kompetenzen erworben?

Kreuzen Sie aufgrund der durchgeführten Ziele erreicht?-Aufgaben an, ob Sie die Kompetenzen
- **zur Gänze**
- **überwiegend** oder
- **(noch) nicht ausreichend**

erworben haben. Wiederholen Sie den jeweiligen Lehrstoff im Buch, falls Sie einzelne Ziele noch nicht erreicht haben.

Folgende weitere Piktogramme unterstützen das Lehren und Lernen im Buch:

- Tipps und Zusatzinformation
- Gekonntes Sprechen: mit einer speziellen Lautschrift sind fremdsprachige Wörter kein Problem mehr
- Besonders wichtige Ergänzung
- Schriftliche Aufgabenstellung
- Aufgabenstellung
- Verknüpfung
- Gesetzliche Bestimmungen
- Recherche im Internet
- Downloads finden Sie im digitalen Zusatzpaket

Inhaltsverzeichnis

Wässer

Durch die zunehmende Umweltverschmutzung ist sauberes Wasser kostbar geworden. Wasser ist die Lebensgrundlage für den ganzen Planeten, aber nur ein sehr kleiner Anteil des weltweiten Wasservorkommens ist Süßwasser (also Trinkwasser).

Der Mensch kann wochenlang ohne Nahrung überleben, doch nur wenige Tage ohne Wasser.

In Deutschland hat der Konsum von Trinkwasser, also Wasser aus Wasserleitungen (von Brunnen oder Quellen), Tradition. Die Leitungswasserqualität nimmt im internationalen Vergleich einen Spitzenplatz ein. Deutlich an Bedeutung dazugewonnen hat aber auch der Verkauf von **natürlichen Mineralwässern.**

Fast 90 Prozent aller Deutschen trinken es – pur, gemischt oder als Begleiter –, wobei Frauen die Nase vorne haben. Besonders in den wärmeren Jahreszeiten wird dieses **Naturprodukt geschätzt,** auch weil es eine große Vielfalt davon gibt (Markenvielfalt, vom Kohlensäuregehalt her, geschmacklich). Neue Impulse für die Gastronomie geben die 0,75-l-Flaschen.

Sprechen Sie darüber, wo Sie im beruflichen Alltag eine 0,75-l-Mineralwasserflasche ideal einsetzen können. Notieren Sie Ihre Ideen:

____

____

____

____

Meine Ziele

KOMPETENZ-ERWERB

Nach Bearbeitung dieses Kapitels kann ich

- die unterschiedlichen Wässer beschreiben;
- im Praxisunterricht den perfekten Service von Mineralwasser durchführen sowie Hinweise zur Gästebetreuung geben;
- an Diskussionen zu den Themen Nachhaltigkeit und Trends auf dem Mineralwassermarkt aktiv teilnehmen.

1 Zusammensetzung und Arten

Zu Hause in Homburg entkalkt selten jemand aus Melinas Familie ein Haushaltsgerät. Daher war Melina dieser Vorgang nicht sehr geläufig. In ihrem Betrieb in Berlin hingegen wird dieses Thema immer wieder angesprochen. Erst nach und nach versteht sie, warum Wasser regional verschieden schmeckt und das Entkalken in manchen Gegenden so wichtig ist.

Finden Sie heraus, ob das Wasser in Ihrer Heimatgemeinde als hart oder weich eingestuft wird. Wie schmeckt dieses Wasser?

Der Konsum von Magnesium und Calcium wird von der WHO (Weltgesundheitsorganisation) empfohlen, weil Mineralstoffe für die Leistungsfähigkeit und Gesundheit sehr wichtig sind.

Wasser kommt tief aus der Erde. Es durchfließt verschiedene Bodenschichten (siehe Grafik Seite 9). Dabei nimmt es unterschiedliche Stoffe auf und speichert diese. Je nach Kalkgehalt und anderen gelösten Stoffen (Mineralsalzen bzw. Mineralstoffen) unterscheidet man zwischen **weichem** und **hartem Wasser.**

Wasserart nach Härte

Weiches Wasser	Hartes Wasser

Inhaltsstoffe Es enthält nur **wenige gelöste Stoffe,** besteht also fast nur aus Wasserstoff (H) und Sauerstoff (O).	**Inhaltsstoffe** Es enthält sehr viel Magnesium und Calcium.
Geschmack, Eignung Schmeckt schal (fad), besitzt aber **große Lösungskraft** und ist daher gut für die Tee- oder Kaffeeherstellung.	**Geschmack, Eignung** Schmeckt frisch und ist daher **gut zum Trinken** geeignet. Es verkalkt jedoch alle eingesetzten Geräte, Behälter und Rohre.
Beispiel Wasser aus Granitgesteinsböden (z. B. aus dem Schwarzwald), Regenwasser	**Beispiel** Kalkgesteinswasser (z. B. aus Ostholstein)

Aus der Ernährungslehre wissen Sie bestimmt schon, dass Wasser der gesündeste Durstlöscher ist. Es hat keine Kalorien.

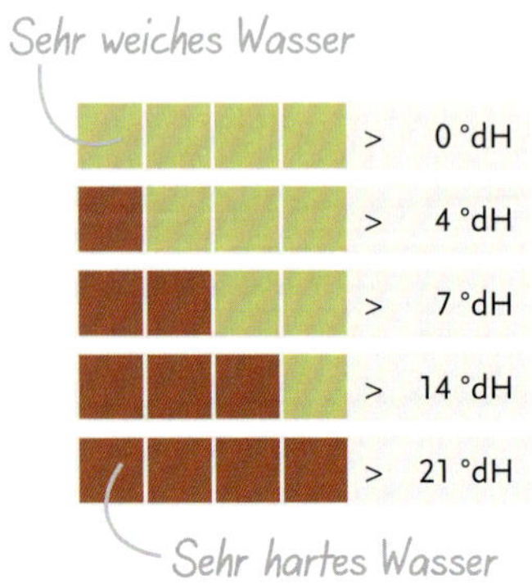

Je mehr deutsche Härtegrade, desto mehr gelöste Stoffe sind enthalten.

Die Härte des Wassers wird in °dH, deutschen Härtegraden, gemessen. Das Wissen um die Wasserhärte ist wichtig, weil z. B. die Einstellung für die Wasserenthärtungsanlage einer Kaffeemaschine davon abhängt.

- Bis zu 4 °dH: Man spricht von sehr weichem Wasser.
- Über 21 °dH: Man spricht von sehr hartem Wasser.

1.1 Wasserarten

Qualitätsstufen – Wässer

Trinkwässer (Grundwässer)

Behördlich kontrolliert (Lebensmittelgesetz)

Beigabe zu Wein oder Kaffee

Tafelwässer

Aufbereitete Trink- oder Mineralwässer. Erlaubte Zusätze sind Natursalz, Mineralsalze und keimfreies Meereswasser.

Spielt in der Gastronomie südlicher Länder eine Rolle

Quellwässer

Aus natürlichen Vorkommen stammendes Wasser von ursprünglicher Reinheit (benötigt keine amtliche Anerkennung und muss keine gleichbleibende Menge an Mineralstoffen aufweisen)

In der Gastronomie selten

Natürliche Mineralwässer

Quellwässer aus natürlichen Vorkommen und von ursprünglicher Reinheit (benötigt amtliche Anerkennung und muss eine gleichbleibende Menge an Mineralstoffen aufweisen)

Umsatzbringer in der Gastronomie

Heilwässer

Nachgewiesene Heilwirkung (unterliegt dem Arzneimittelgesetz)

In der Gastronomie selten

Tafelwasser mit mindestens 570 mg/l Natriumhydrogencarbonat versetzt nennt man Sodawasser (vorwiegend aus Thekenzapfgeräten, meist zum Mischen für z. B. Soda-Zitron, Cocktails).

1.2 Natürliche Mineralwässer

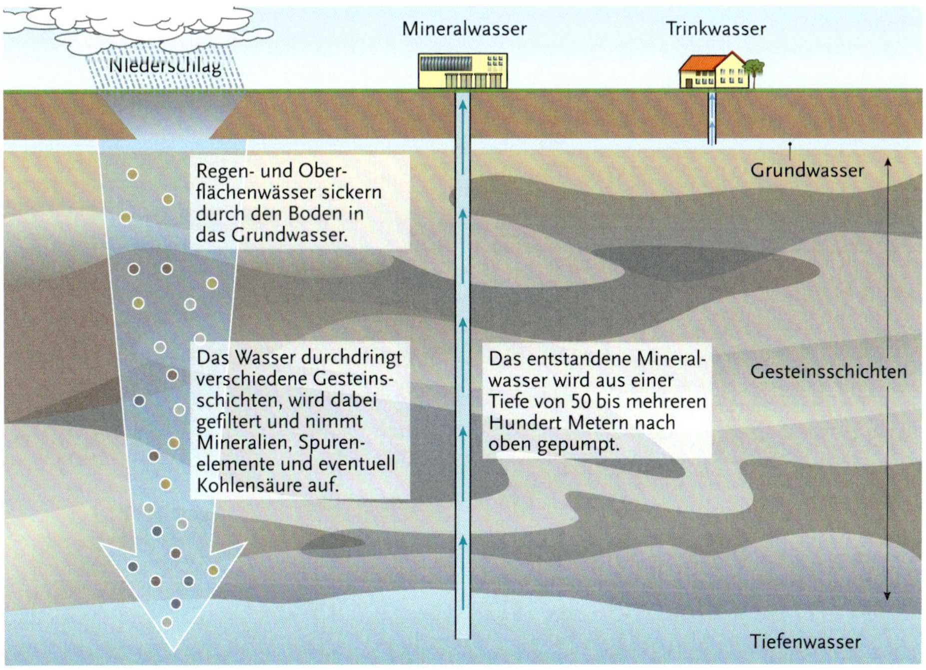

Natürliches Mineralwasser muss den strengen Bestimmungen der Mineral- und Trinkwasserverordnung und damit folgenden Auflagen entsprechen: Es muss aus einer Quelle mit natürlicher Reinheit stammen und am Quellort abgefüllt werden. Natürliches Mineralwasser weist entsprechende ernährungsphysiologische Eigenschaften auf, die durch ein Gutachten belegt sind.

Die Prüfung wird einem behördlichen Anerkennungsverfahren unterzogen.

Ab **1 500 mg/l** Mineralstoffen (laut Etikett) gilt der **Mineralstoffanteil,** also etwa
- Eisen (Fe),
- Natrium (Na),
- Magnesium (Mg) oder
- Calcium (Ca), als **hoch.**

Diese Wässer eignen sich **nicht zum Mischen** mit anderen Getränken, da sie Geschmacks- und Farbveränderungen bewirken können (z. B. färbt Bad Bockleter Heilwasser durch den hohen Eisengehalt Wein braun).

Aromatisierte Wässer zählen nicht zu den Wässern, sondern zu den Erfrischungsgetränken (siehe Seite 26).

Holen Sie weitere Informationen zum Thema im Internet ein, z. B. von der Informationszentrale Deutsches Mineralwasser unter www.mineralwasser.com

Kohlensäurearme Wässer sind bekömmlicher, da die Kohlensäure in großen Mengen blähend wirken kann und den Magen übersäuert.

JA!

Erlaubt sind

- das Zusetzen und Entfernen von **Kohlensäure** bzw.
- das Entfernen von **Schwefel und Eisen** (damit es nicht schlecht riecht, tintig bzw. braun aussieht).

Bezeichnungen für natürliche Mineralwässer

Still (ohne Kohlensäure)/ Ohne	Keine oder nur sehr geringe Spuren quelleigener Kohlensäure
Sanft/Mild	Wenig Kohlensäure (meist 1,5 bis 2,5 g CO_2 pro Liter)
Säuerling Sprudel	**Säuerling** ist ein natürliches Mineralwasser, das nur eigene Quellkohlensäure enthält (mehr als 250 mg pro Liter). Es wird keine Kohlensäure zugesetzt. **Sprudel** sind Säuerlinge, die unter natürlichem Gasdruck hervortreten (hervorsprudeln)
Prickelnd/Mit	Wässer mit viel Kohlensäure

Bekannte Mineral- und Heilwassermarken in Deutschland

Mineralwässer

Apollinaris, Bad Neuenahr-Ahrweiler (1)
Christinen, Bielefeld (2)
Elisabethen, Bad Vilbel (3)
Extaler, Rinteln (4)
Bismarck, Aumühle (5)
Gerolsteiner, Gerolstein (6)
Glashäger, Bad Doberan (7)
hella, Rellingen (8)
Lichtenauer, Lichtenau (9)
Oppacher, Oppach (10)
Selters, Lohnberg-Selters (11)
Spreequell, Lausitz (12)
Bad Harzburger, Bad Harzburg (13)
Thüringer Waldquell, Schmalkalden (14)
Franken Brunnen, Neustadt/Aisch (15)
Adelholzener Alpenquellen, Siegsdorf (16)
Spessart Waldquellen, Waldaschaff (17)
alwa Mineralbrunnen, Sersheim (18)
Aqua Römer, Mainhardt (19)
Bad Liebenwerda, Bad Liebenwerda (20)
Stralsunder, Stralsund (21)

Heilwässer

St. Gero, Gerolstein (1)
Heppinger, Bad Neuenahr (2)
Staatlich Fachingen, Fachingen/Lahn (3)
Hirschquelle, Bad Teinach (4)

Bekannte Marken in anderen Ländern (eine Auswahl)

- (B) **Belgien:** Spa
- (A) **Österreich:** Vöslauer, Römerquelle, Gasteiner, Montes
- (F) **Frankreich:** Evian, Perrier, Vittel, Vichy
- (GB) **Großbritannien:** Tŷ Nant, Elsenham, Hildon
- (I) **Italien:** San Benedetto, San Pellegrino, Panna
- (N) **Norwegen:** Voss (Kultmarke vieler Stars)
- (CH) **Schweiz:** Passugger, Eptinger, Valser
- (SLO) **Slowenien:** Radenska, Rogaska
- (CZ) **Tschechien:** Karlsbader
- (USA) **USA:** Bling h_2O (Kultmarke in Hollywood mit Kristallen von Swarovski)

Spa	*Ssba*
Evian	*Ewioh*
Perrier	*Perrijeh*
Vichy	*Wischie*
Tŷ Nant	*Ti Noh*
Elsenham	*Elsenhäm*
Hildon	*Hildn*
Rogaska	*Rogaschka*

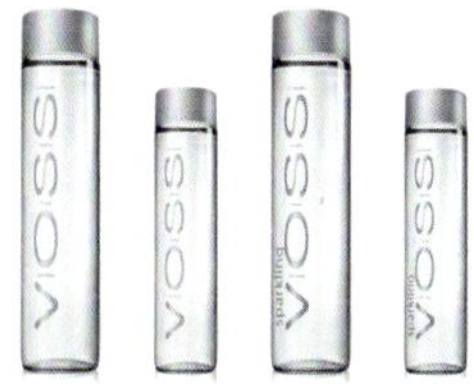

Mit eleganten und originellen Flaschenformen und Etiketten wird dem Gast die hohe sowie edle Qualität des Produktes vermittelt. Ein ganz bestimmter Lifestyle wird von den Herstellern kreiert bzw. angesprochen.

2 Einkauf, Lagerung und Service

Jetzt will auch die Gastronomie am Wasser verdienen ...

Diskutieren Sie diese Nachrichtenzeile in der Klasse. Beziehen Sie dabei auch neue Trends mit ein, wie die Verrechnung von serviertem Leitungswasser. Wie wird das Thema Wasserverkauf in Ihrem Betrieb gehandhabt? Wie stehen Sie persönlich zu dieser Aussage? Wie erleben Sie den Verkauf von Wässern selbst als Gast?

2.1 Einkauf und Lagerung von Wässern

Deutsche Mineralwässer für die Gastronomie sind in folgenden Flaschengrößen erhältlich:

0,25 l 0,5 l 0,75 l

Je nach Bedarf werden unterschiedliche Flaschengrößen eingesetzt:

- In Minibars
- Bei Einzelbestellungen im Restaurant
- Bei Bestellungen von mehreren Gästen an einem Tisch
- Bei Veranstaltungen

Es handelt sich in der gehobenen Gastronomie immer um Glasflaschen, sogenannte Mehrwegflaschen, für die Pfand erhoben wird.

Rund 30 Prozent der Gäste bevorzugen ungekühltes Wasser!

Anhand des Etiketts können Sie verschiedene Informationen für die Beratung von Gästen herausfinden.

Die meisten Betriebe kaufen zumindest eine kohlensäurehaltige und eine stille Sorte Wasser. Viele halten jedoch ein wesentlich umfangreicheres Angebot für ihre Gäste bereit. Dabei ist es von Vorteil, alle Flaschen sowohl **gekühlt als auch ungekühlt zur Verfügung** zu haben.

Etikettensprache
1. Analyseinstitut
2. Inhaltsstoffe
3. Abfüller
4. EAN Code
5. Füllmenge
6. Marke
7. Bezeichnung des Wassers

Wussten Sie, dass …
ein Liter Trink- bzw. Leitungswasser 0,2 Cent kostet?

Quelle: gesundheit.de

In originalverschlossenen Glasflaschen ist Mineralwasser über einen längeren Zeitraum (siehe Mindesthaltbarkeitsdatum) haltbar. Man lagert es am besten kühl und dunkel.

2.2 Verkauf und Service von Wässern

Gläser und Karaffen für Wasser

Auch bei den Gläsern wechseln die Trends. Zurzeit sind farbige Wassergläser äußerst beliebt.

Tumbler *Tambler*

Wasserbecher

Stielglas

Tumbler

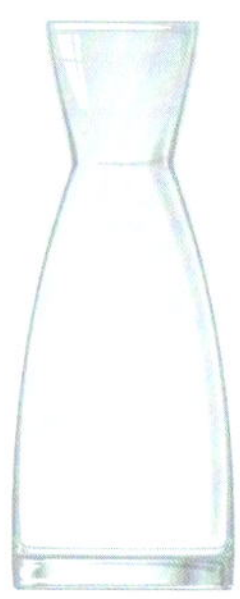

Karaffen in verschiedenen Größen (für Leitungswasser)

Viele Mineralwasserfirmen bieten für die Gastronomie auch eigens entworfene Gläser mit dem jeweiligen Markenlogo an. Diese sind selbstverständlich ebenso geeignet für den perfekten Wasserservice.

Wie verkaufe ich Wasser? Wie serviere ich Wasser?

Seien Sie beim Thema Wasser **aktiv.** Wasser können Sie in jeder Situation, zu fast allen Getränken und Speisen anbieten.

Ideale Trinktemperatur
- *Kohlensäurehaltiges Mineralwasser: ca. 7–10 °C*
- *Stilles Wasser 10–14 °C*
- *Heilwasser: 16–18 °C*

Eiswürfel und Zitrone nur auf Wunsch des Gastes servieren!
Die Eiswürfel verwässern und die Zitrone überdeckt den Eigengeschmack.

Denken Sie auch bei der Bestellung eines Bargetränks an eine Wasserempfehlung!

Wasser und Wein

Ein stilles Mineralwasser ist ein ausgezeichneter Begleiter zu jedem Wein. Es darf jedoch nicht zu stark mineralisiert sein (siehe Seite 9).

Zu gehaltvollen Weißweinen und leichten Rotweinen passt leicht kohlensäurehaltiges oder stilles Wasser.

Denken Sie unternehmerisch! Mineralwasser ist das deckungsbeitragsstärkste Produkt in der Gastronomie (noch vor Tee und Kaffee). Immerhin braucht man für den Service von Mineralwasser keine Maschinen und keine zeitaufwendigen und arbeitsintensiven Vorbereitungen.

Betreiben Sie daher aktiven Wasserverkauf bzw. servieren Sie aufmerksam nach. **Wasser kann immer und zu allem empfohlen werden!**

Ziele erreicht? – „Wässer"

KOMPETENZ-ERWERB

1. Vergleichen Sie hartes mit weichem Wasser. Welches Wasser eignet sich besser für die Zubereitung von Kaffee?

2. Nennen Sie mindestens fünf deutsche Mineral- oder Heilwassermarken. Woher stammen diese?

3. Was steckt hinter der Bezeichnung „Aromatisiertes Wasser"? Erklären Sie den Begriff.

4. Empfehlen Sie einem Gast eine bekannte Mineralwassermarke aus Ihrem Bundesland. Zählen Sie weitere drei Marken als Alternative auf.

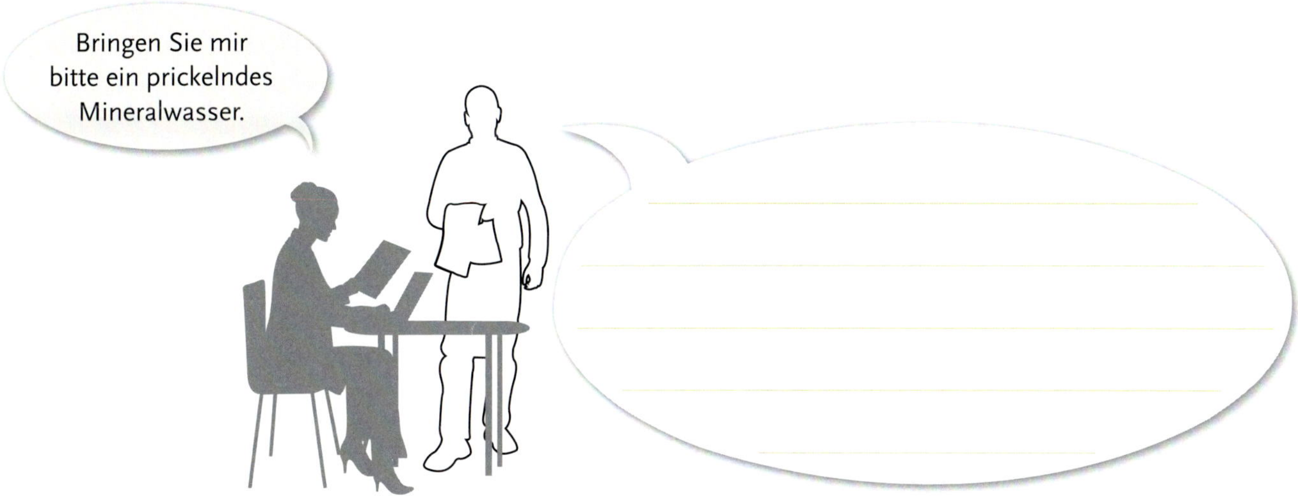

5. Beschreiben Sie, worauf beim Einkauf und bei der Lagerung von Mineralwasser zu achten ist.

6. Wie wird Mineralwasser serviert? Welche Gläser werden verwendet? Streichen Sie die Gläser durch, die für Wasser nicht infrage kommen.

7. Sammeln Sie Etiketten von Mineralwassermarken und besprechen Sie die Unterlagen in der Gruppe. Welche Wirkung haben die einzelnen Mineralstoffe auf den menschlichen Körper? Nehmen Sie die Unterlagen aus dem Gegenstand „Ernährung" oder ein Lexikon zu Hilfe.

8. Carina arbeitet in einem gehobenen Wellnesshotel in Mecklenburg-Vorpommern, wo sie auch im Wellnessbereich aushilft. Dort stehen neben verschiedenen Tees und Säften vor allem Mineralwässer aus der Region für die Gäste bereit.

   Schlüpfen Sie in die Rolle von Carina und erklären Sie einem Gast die unterschiedlichen Bezeichnungen auf den Mineralwasserflaschen. (Beschaffen Sie sich eventuell nötige Informationen im Internet.)

Frucht- und Gemüsegetränke

Der süße Geschmack von „flüssigem Obst und Gemüse“ ist bei Kindern, Jugendlichen und Erwachsenen beliebt. Der enthaltene Fruchtzucker steigert rasch unsere Leistungsfähigkeit.

Smoothies *Smuhsies*

Frucht- und Gemüsegetränke werden aus frisch gepressten Säften bzw. aus Saftkonzentraten hergestellt. Sie haben in der Ernährung einen hohen Stellenwert, da sie wichtige Stoffe für den menschlichen Organismus und seinen Stoffwechsel liefern (Wasser, Fruchtzucker, Vitamine, Mineralstoffe, natürliche Fruchtsäuren).

Durch die Tendenz zu weniger Alkohol (z. B. durch die 0,5-Promille-Grenze bei Autofahrerinnen und Autofahrern!), aber vor allem durch ein **erhöhtes Gesundheitsbewusstsein** werden Frucht- und Gemüsesäfte immer beliebter.

Ständig werden neue Produkte geschaffen und so ist dieser Getränkebereich immer am Puls der Zeit (z. B. Säfte aus **biologischen** Zutaten, Smoothies).

KOMPETENZ-ERWERB

Meine Ziele

Nach Bearbeitung dieses Kapitels kann ich

- die erlaubten und die verbotenen Zusätze in Fruchtgetränken aufzählen;
- im Praxisunterricht den perfekten Service von Säften durchführen sowie Hinweise zur Gästebetreuung beachten;
- Gästen die Herstellung sowie die verschiedenen Konservierungsmethoden von Frucht- und Gemüsegetränken erklären und damit Qualitätsstufen empfehlen.

1 Herstellung und Arten

Smoothies sind Lukas Lieblingsgetränke. Was er damit zu sich nimmt, weiß er aber eigentlich nicht.

Besprechen Sie mit Ihren Kolleginnen und Kollegen, welche Frucht- bzw. Gemüsegetränke in Ihrer Altersgruppe gerne konsumiert werden.

1.1 Herstellung von Frucht- bzw. Gemüsegetränken

Schritt 1

Ernten

Schritt 2

Kontrollieren und Waschen der Früchte

Schritt 3

Maischen (Zerkleinern) und Pressen der Maische = **naturtrüber Saft**

Schritt 4

Filtern (z. B. Trennen durch Schleudern) bzw. Klären (z. B. feste Stoffe sinken ab) des gewonnenen Saftes = **klarer Saft**

Apfelernte

Bei der gewerbsmäßigen Produktion muss die Haltbarkeit der Säfte erreicht werden. Die Erzeugung durchläuft zusätzlich noch folgende Schritte:

- Konservieren (durch Pasteurisieren, also sekundenlanges Erhitzen auf 80 °C oder durch Eindicken, also Konzentrieren durch Wasserentzug im Vakuumverdampfer)
- Abfüllen in Flaschen, Dosen, Tetrapak oder Container

Eindicken (auf ein Konzentrat) spart den Herstellerfirmen Transport- und Lagerkosten.

Naturtrübe Mischsäfte aus verschiedenen Apfel- bzw. Birnensorten werden auch als **Süßmost** bezeichnet, obwohl sie natürlich alkoholfrei sind.

1.2 Arten von Fruchtgetränken

Qualitätsstufen – Fruchtsäfte

§ Laut aktueller EU-Fruchtsaftverordnung darf Fruchtsäften kein Zucker zugesetzt werden. Neueste EU-Richtlinien finden Sie unter www.eur-lex.europa.eu

Direktsaft

Gärfähiger (jedoch nicht gegorener!) Saft aus gesunden reifen Früchten einer oder mehrerer Fruchtarten. Farbe, Aroma und Geschmack müssen für die verwendete Fruchtart charakteristisch sein.

Fruchtsaft aus Fruchtsaftkonzentrat

Hierfür wird Direktsaft sofort nach der Herstellung eingedickt (für einen leichteren, günstigeren Transport). Vor der Abfüllung in Verkaufspackungen wird das entzogene Wasser wieder zugefügt.

Wird Nektar noch stärker verdünnt, entstehen sogenannte Fruchtsaftgetränke, die zu den Erfrischungsgetränken zählen (ab Seite 23).

Nektar

- Aus Wasser, Fruchtsaft oder Fruchtmark, Zucker oder Honig
- Mindestsaftanteil je Fruchtart gesetzlich vorgeschrieben (25 bis 50 %; wird meist überboten)
- Darf bis zu 5 % anderen Fruchtsaft enthalten

JA!

Erlaubt sind
- Wasser
- Vitamine, Mineralstoffe
- Fruchtfleisch
- Genusssäuren (z. B. Zitronensäure)
- Speisegelatine

NEIN!

Verboten sind
- Chemische Konservierungsstoffe
- Chemische Farbstoffe
- Chemische Antioxidantien
- Emulgatoren
- Stabilisatoren

Antioxidantien = Substanzen, die eine Oxidation (z. B. das Braunwerden von Früchten) verhindern.

Emulgatoren = Stoffe, wie z. B. Lezithin (E 322), die es ermöglichen, eigentlich nicht miteinander mischbare Flüssigkeiten (z. B. Wasser und Öl) zu verbinden.

Stabilisatoren = Zusatzstoffe, die das Absetzen von Stoffen verhindern bzw. verzögern.

Smoothies wurden in der USA erfunden. Der Name heißt übersetzt etwa „geschmeidig, cremig".
Die Basis für einen Smoothie ist Fruchtmark, also Frucht- oder Gemüsepüree (z. B. von Bananen), das mit Frucht- bzw. Gemüsesaft gemischt wird, bis ein cremiges Getränk entsteht.

Weitere Informationen zu trendigen Smoothies finden Sie unter www.innocentdrinks.de

1.3 Arten von Gemüsegetränken

Qualitätsstufen – Gemüsegetränke

Direktsaft
100 % Saft
Höchste Qualität (z. B. frisch gepresst)

Gemüsesaft aus Gemüsesaftkonzentrat
100 % Saft
Häufig für Frühstück

Nektar, Gemüsetrunk
40 % Saft
Eventuell auch mit Wasser gemischt serviert

JA!
Alle Gemüsesäfte dürfen mit
- Salz,
- Gewürzen und
- Kräutern

abgeschmeckt werden.

Direktsaft

Saft aus gesunden reifen Gemüsen einer oder mehrerer Sorten. Farbe, Aroma und Geschmack müssen für die verwendete Sorte charakteristisch sein.

Gemüsesaft aus Gemüsesaftkonzentrat

Konzentrierte Gemüserohsäfte werden wie Fruchtkonzentrat durch Rückverdünnen mit Trinkwasser hergestellt.

Nektar, Trunk

Aus Wasser, Gemüsesaft bzw. Gemüsemark, Salz, Gewürzen, Zucker oder Honig und teilweise Essig.

1.4 Bekannte Marken von Frucht- und Gemüsesäften

Dittmeyer's Valensina, Mönchengladbach

Eckes-Granini, Nieder-Olm

becker's bester, Lütgenrode

Niehoffs Vaihinger, Bad Überkingen

Voelkel, Höhbeck

Gemüsegetränke sind unvergorene oder milchsauer vergorene (geschmacksintensiver, leichter zu verdauen) Getränke aus Gemüse.

Beliebt sind Karotten-, Tomaten-, Sauerkraut-, Sellerie- und Rote-Bete-Säfte sowie Mischungen

Zum Service von Tomatensaft gehören neben Salz und Pfeffer auch Tabasco und Worcestershiresauce.

Tabasco	*Tabasko*
Worcester-shiresauce	*Wustersohß*

Beliebte Säfte in Deutschland:
- Orangensaft
- Apfelsaft
- Multivitaminsaft

Monin *Monöh*
Caraïbos *Karaiiboss*

Bekannte Marken in anderen Ländern

Ⓐ **Österreich:** Pago und Hohes C (gehören zu Eckes-Granini), Cappy, Pfanner, Rauch
(CH) **Schweiz:** Biotta
Ⓘ **Italien:** Skipper (Firma Zuegg)
Ⓕ **Frankreich:** Monin (Fruchtpürees), Caraïbos Fruchtsäfte und -nektare

2 Einkauf, Lagerung und Service

Bei Fruchtgetränken fallen Melina immer gleich Kinder als Gäste ein. Wem bzw. welchen weiteren Zielgruppen könnte sie noch mit guten Argumenten Frucht- bzw. Gemüsegetränke empfehlen?

2.1 Einkauf und Lagerung von Säften

Fruchtsaftspender (Dispenser) sind eine ideale Präsentationsform für Säfte aus Tetrapaks

Frucht- und Gemüsegetränke werden in der Gastronomie **bei Tisch in Flaschen** angeboten, wenn sie nicht frisch gepresst werden. Nur selten sind Postmixanlagen (siehe Seite 27), PET-Flaschen oder Tetrapaks in Verwendung.

Der Frühstücksdispenser wird mit zwei Zehn-Liter-Bag-in-Boxen bestückt

Folgende Angaben müssen auf den Gebinden bzw. Packungen stehen und helfen Ihnen beim Einkauf bzw. später beim Beratungsgespräch:

1 **Verkehrsbezeichnung:** z. B. Apfelsaft, Fruchtsaft aus Konzentrat, Aprikosennektar, Multivitaminsaft bzw. Gemüsecocktail (bei mindestens drei Früchten bzw. Gemüsearten)
2 **Fruchtgehalt:** z. B. 100 %
3 **Nettofüllmenge:** nach EU-Norm(e)
4 **Firmendaten**

5 **MHD:** nach diesem Datum darf das Produkt nicht mehr verkauft werden
6 **Zutatenverzeichnis:** in mengenmäßig absteigender Reihenfolge; z. B. Ballaststoffe (wie Fruchtfleisch), bei Nektar eventuell eine genaue Zuckerauflistung (Fructose = Fruchtzucker, Saccharose = Haushaltszucker aus Zuckerrübe oder Zuckerrohr, Honig)

Verpflichtende Nährwertangabe („Big 7") bei mehr als einer Grundzutat:

- Kaloriengehalt
- Fett
- davon gesättigte Fettsäuren
- Kohlenhydrate
- davon Zucker
- Eiweiß
- Salz (Natrium)

Mögliche weitere Informationen:

- **„Reich an Vitamin C“:** mindestens 250 mg Vitamin C (Ascorbinsäure) pro Liter Saft
- **„Vitamin-C-haltig“:** mindestens 150 mg Vitamin C pro Liter Saft
- **„ACE“:** Frucht- und Gemüsegetränke, denen zusätzlich die Vitamine A, C und E zusammen mit Mineralstoffen beigefügt wurden

Lagern Sie Frucht- und Gemüsesäfte in Originalgebinden am besten kühl und dunkel. In angebrochenen Gebinden gären sie – besonders bei Zimmertemperatur – in kurzer Zeit (deshalb z. B. einen geöffneten Tetrapak sofort in den Kühlschrank stellen).

Schäumende Säfte oder Säfte, die Alkoholgeruch verströmen, gären bereits. Bitte entsorgen Sie diese – sie dürfen auf keinen Fall mehr serviert werden!

2.2 Verkauf und Service von Säften

Wie verkaufe ich Säfte?

Frucht- und Gemüsesäfte – besonders als Schorle – können Sie als Erfrischungsgetränke empfehlen und sie passen ganz hervorragend für Menschen, denen Sport und Wellness wichtig sind.

Richtig kombiniert können Säfte auch als Speisenbegleiter perfekt geeignet sein.

Denken Sie schon beim Aperitif an Frucht- bzw. Gemüsegetränke (frisch gepresster Orangensaft ist ein Klassiker)!

Wie serviere ich Säfte?

Schütteln Sie Originalflaschen, bevor Sie dem Gast einschenken, um den abgesunkenen Fruchtsatz aufzuwirbeln: so wird der Inhalt gleichmäßig aufgemischt.

Ideale Trinktemperatur: 8–12 °C
Eis wird nur auf Wunsch des Gastes serviert.

Zu Karottensaft ein gutes Öl reichen, da es die Aufnahme des enthaltenen Provitamins A ermöglicht. Das gelingt auch mit einem fetthaltigen Lebensmittel wie z. B. mit einem Stück Käse.

Selbstverständlich passen auch Gläser der Herstellerfirmen mit den entsprechenden Logos darauf.

Gemüsegetränke immer auf einem Unterteller mit Serviette, passendem kleinem Löffel und eventuell Menagen einstellen.

Gläser und Karaffen für Säfte

Stielglas

Tumbler

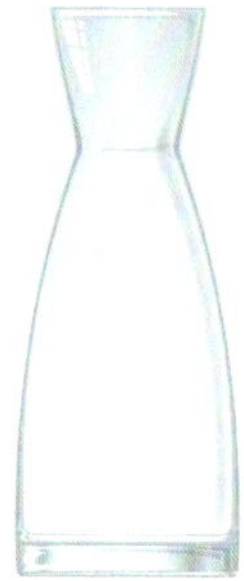
Karaffen in verschiedenen Größen

Ziele erreicht? – „Frucht- und Gemüsegetränke"

KOMPETENZ-ERWERB

1. Geben Sie an, wie viel Saftanteil in den folgenden Fruchtgetränken steckt.

Direktsaft ____________ Fruchtnektar ____________

Fruchtsaft aus Konzentrat ____________ Gemüsesaft ____________

2. Nennen Sie bekannte Frucht- und Gemüsegetränkemarken und sammeln Sie entsprechende Etiketten. Beschriften Sie eine mit den darauf ersichtlichen Informationen wie (1) Markenname, (2) genaue Verkehrsbezeichnung, (3) Fruchtgehalt, (4) Zutatenverzeichnis, (5) Haltbarkeit und (6) besondere Merkmale, wie z. B. „reich an Vitamin C".

3. Ergänzen Sie die fehlenden Begriffe!

Erlaubte Zusätze in Fruchtgetränken:

W ____________

V ____________, M ____________

F ____________

Genusssäuren (z. B. ____________)

Speiseg ____________

Erfrischungsgetränke

Erfrischungsgetränke (Softdrinks) sind industriell gefertigte Produkte. Sie erfrischen und sind in ihrer **Vielfalt für alle Gästegruppen jeden Alters** bei fast jeder Gelegenheit einsetzbar. Für den **Erfrischungseffekt** im Mund sorgen Wasser und die meist zugesetzte Kohlensäure. Die Erfrischung wird umso stärker wahrgenommen, je kälter das Getränk ist.

Noch nie war die Produktpalette an Erfrischungsgetränken so groß wie jetzt. Neben den Klassikern, wie Colagetränken, haben jene Getränke sehr gute Absatzchancen, die einem der folgenden Trends folgen:

- Wellness und Natürlichkeit („Genuss ohne schlechtes Gewissen durch naturnahe Produkte")
- Fertigprodukte („ready to drink"), wie z. B. Apfelschorle, Eistee
- Energydrinks für den Energiekick

Zu den Erfrischungsgetränken zählen auch aromatisierte Mineralwässer und industrielle Eistees!

Der anhaltende Trend zu weniger Zucker bzw. künstlichen Süßstoffen fördert Alternativen, z. B. das Süßungsmittel Stevia. Schmecken Sie Unterschiede? Diskutieren Sie in der Klasse über Ihre Erfahrungen.

Meine Ziele

KOMPETENZ-ERWERB

Nach Bearbeitung dieses Kapitels kann ich

- die Erfrischungsgetränke bzw. -gruppen aufzählen und ihre Zusammensetzung erklären;
- im Praxisunterricht den perfekten Service von Erfrischungsgetränken durchführen sowie Hinweise zur Gästebetreuung beachten;
- in Verknüpfung mit dem Thema Ernährung über Verträglichkeit und Wirkung von Erfrischungsgetränken Auskunft geben.

1 Inhalt und Arten von Erfrischungsgetränken

Natürliche Limonade (italienisch limone = Zitrone)

Lukas fällt bei seinen Urlaubsreisen auf, dass weltweit diverse Erfrischungsgetränke großer Konzerne fast überall anzutreffen sind. Jeder, wirklich jeder Gast kennt Cola, Eistee oder Bitter Lemon und weiß genau, was er sich damit bestellt. Überlegen Sie, warum Erfrischungsgetränke in so vielen verschiedenen Kulturen der Welt erfolgreich sind.

Der Grundtyp aller Erfrischungsgetränke ist die sogenannte natürliche Limonade, also Wasser mit frisch gepresstem Saft aus Zitrusfrüchten und Zucker.

1.1 Inhalt von Erfrischungsgetränken

Handelsübliche Erfrischungsgetränke (Softdrinks) bestehen grundsätzlich aus drei Inhaltsstoffen.

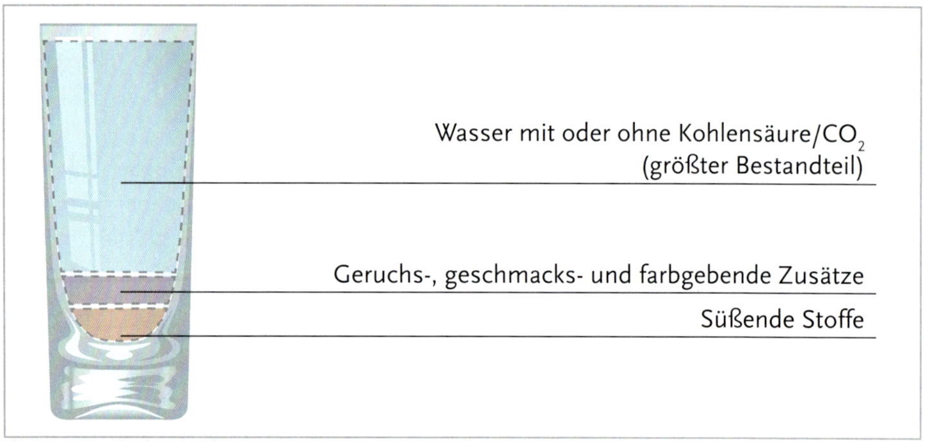

Stevia (Süßkraut) süßt etwa wie die 300-fache Zuckermenge (bei Diabetes ideal)

JA!

Erlaubt sind

- Fruchtsäfte
- Teeauszüge
- Molke
- Malzextrakte
- Hefe
- Vitamine, Mineralstoffe
- Koffein oder ähnliche Stoffe (z. B. Guarana)
- Natürliche Genusssäuren (z. B. Zitronensäure) bzw. Aromen
- Natürliche Farbstoffe
- Geschmacksverstärker (z. B. Taurin)
- Zucker bzw. andere Süßungsmittel
- Kohlensäure

Süßungsmittel = natürliche bzw. künstliche Zuckerersatzstoffe, wie z. B. Sirupe von Ahorn oder Agave, Stevia, Saccharin, Cyclamat, Aspartam.

Saccharin — *Sacharin*
Cyclamat — *Züklamat*

NEIN!

Verboten ist

- Alkohol

Erfrischungsgetränke dürfen nicht mehr als 0,5 Prozent Alkohol enthalten.

1.2 Arten von Erfrischungsgetränken

Jedes Erfrischungsgetränk hat spezielle geschmacksgebende Inhaltsstoffe, die sich in Gruppen zusammenfassen lassen. Dies hilft Ihnen, den Überblick über diese große Getränkegruppe zu behalten. **Die Zuordnung und die Inhaltsstoffe unterstützen Sie bei den Beratungsgesprächen.**

Kracherl sind in Teilen Süddeutschlands und in Österreich produzierte Erfrischungsgetränke mit meist „naturidenten“, also künstlichen Farb-, Aroma- und Geschmacksstoffen. Der Name geht auf einen ursprünglich verwendeten Kugelverschluss zurück (Maisinger Kracherl, Wachauer Kracherl).

Erfrischungsgetränke

Fruchtsaftgetränke
Saftanteil von mindestens 6 Prozent der namensgebenden Frucht (bei Zitrusfrüchten), bei Kernobst-, Ananas- und Traubensaft von mindestens 30 Prozent
Bekannte Marken
Capri-Sun, Frucade, Orangina

Limonaden
Fruchtsaft (weniger als 6 Prozent) oder Aromen
Bekannte Marken
Sprite, Fanta, Keli, Seven Up, Bionade, Bluna, Sinalco, Aloha, Lemonaid

Seven Up	*Sewwen Ap*
Ginger Ale	*Tschinscher Eil*
Tonic	*Tonik*
Tonic Water	*Tonik Woter*
Bitter Orange	*Bitter Oränsch*
Kinley	*Kinlei*
Fever Tree	*Fiewer Trie*
Fentimans	*Fentimäns*

Kräuterlimonaden
Kräuterauszüge
Bekannte Marken
Almdudler, Schmex Kräuterlimonade, Wostok Birne Rosmarin

Colalimonaden
Phosphorsäure als Säuerungsmittel und Koffein (65–250 mg/l)
Bekannte Marken
Coca-Cola, Pepsi-Cola, Fritz-Kola, Red Bull Cola, Afri Cola, Vita Cola

Ingwerlimonaden
Auszüge aus Ingwerwurzeln (englisch *ginger*)
Bekannte Marke
Ginger Ale von Schweppes und Thomas Henry

Bitterlimonaden
Bitterstoffe, z. B. Chinin (bis max. 85 mg/l). Ab 15 mg/l Chinin heißen sie Tonic
Bekannte Marken
Schweppes (Tonic Water, Bitter Lemon, Bitter Orange), weitere Tonics: Kinley, Fever Tree, Fentimans, Sens, Thomas Henry

Bitterlimonaden gehören zum Barstock einer gut sortierten Bar

Malzlimonaden, Malztrunk
Alkoholfreie Biere bis zu 0,5 Vol.-% Alkohol – auch gemischt, z. B. als alkoholfreie Radler
Bekannte Marken
Clausthaler, Schlossgold, Vitamalz, Karamalz, Veltins Malz

Sirupe sind Dicksäfte mit hohem Zuckergehalt, die durch Verdünnen mit Wasser trinkfähig gemacht werden. Der Verdünnungsfaktor muss angegeben werden (z. B. 1 : 6, also ein Teil Sirup wird mit sechs Teilen Wasser verdünnt – zum Mischen dienen sie aber auch in der Bar!). Bekannt dafür sind Anton Riemerschmid (Erding), Tri Top (Drinks Star GmbH Rosenheim), Deutsche Blütensekt Manufaktur (Trebur bei Mainz), Darbo und Sodastream (Österreich), Fabbri (Italien) sowie Monin und Giffard (Frankreich).

Molke = ein Nebenprodukt der Käseerzeugung.

Molkelimonaden

Mindestens 40 % Molke

Bekannte Marken

Latella, Rivella, Limuh

Eistees

Tee-Extrakte (von Schwarz- oder Früchtetee, mindestens 0,12 %), Fruchtsaft und Aromen

Bekannte Marken

Rauch, Lipton, Pfanner, Club-Mate

Isotonische Getränke sind Mineralstofflieferanten – sie gleichen den Wasser- und Mineralstoffverlust aus, den das Schwitzen verursacht. Auch ein alkoholfreies Bier ist bei Sportlern und Sportlerinnen als Durstlöscher sehr beliebt.

Isotonische Getränke

Mineralstoffgetränke, häufig mit Vitaminen (B, C, Biotin, E)

Bekannte Marken

Gatorade, Isostar (Light), Isotonic, Iso-Fresh, Esprit

Die Höchstmengen des Koffeingehaltes von Energydrinks sind länderspezifisch unterschiedlich geregelt. Für alle gilt jedoch: der Koffeingehalt ist in mg/100 ml anzugeben. Außerdem müssen die Getränke eine Warnung für Kinder, Schwangere und stillende Frauen tragen.

Energy- oder Powerdrinks

Stark koffeinhaltige Getränke (anregend!), enthalten Taurin

Bekannte Marken

Red Bull, Burn, Taurus, Flying Horse, Dynamite, Shark, Mystery, Dark Dog, Blinde Kuh, Boss!, Full Speed, Monster

Wellnessgetränke

Sollen das Wohlbefinden erhöhen, z. B. Mineralwässer mit Kräuter- oder Fruchtauszügen (auch aromatisierte Wässer, Flavoured Waters oder Near-Water-Getränke genannt)

Bekannte Marken

Lipton Aquae Vital, Frankenbrunnen Aqua Wellness, Bismarck Wellness Balance, Petrusquelle Wellness, Vöslauer Balance, Kombucha (gesüßte Teemischung, vergoren mit Hefe, Milchsäurebakterien und dem Kombuchapilz), Nativa (Grünteegetränk)

Lipton	*Liptn*
Gatorade	*Gätohreid*
Esprit	*Essprie*
Burn	*Böhrn*
Flying Horse	*Fleijing Hors*
Dynamite	*Deinameit*
Full Speed	*Full Sspied*
Flavoured Waters	*Fleiwad Woters*
Near-Water	*Nier Woter*

2 Einkauf, Lagerung und Service

Getränke in Dosen in der Gastronomie? – Das kann doch nicht sein, meint Melina. Was bei uns mehr als verpönt ist, ist in Italien auch in der gehobenen Gastronomie durchaus üblich. In Deutschland kommen die Erfrischungsgetränke in Originalflaschen (aus Glas) auf den Tisch des Gastes oder werden im Tumbler (aus der Schankanlage befüllt) serviert.

2.1 Einkauf und Lagerung von Erfrischungsgetränken

In unserer Gastronomie sind bei Erfrischungsgetränken sogenannte Mehrwegflaschen üblich, also Glasflaschen, für die meist ein Pfand genommen wird. Es gibt aber auch den Ausschank über Thekenzapfgeräte.

Schanksysteme

Premix (PEM)	Postmix (POM)
	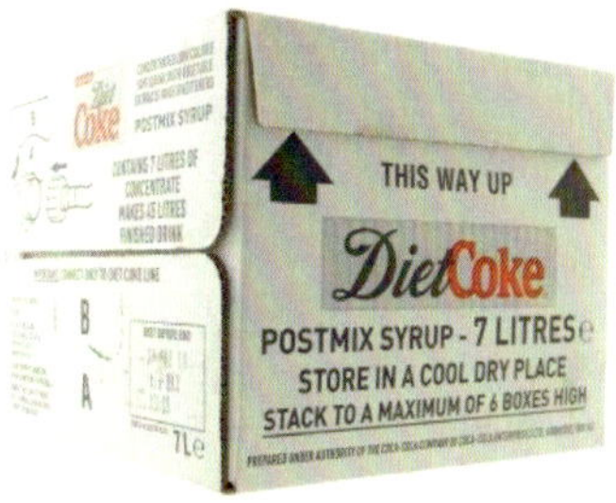
Das **fertige Getränk** wird in Containern eingekauft und mit CO_2 gefördert.	Ein **Konzentrat** wird in Kartons (Bag-in-Box) oder Containern gekauft und erst im Betrieb direkt unter der Schankanlage automatisch mit Trinkwasser und CO_2 gemischt.
Vorteile: ▪ Immer gleiche Qualität vom Herstellerbetrieb ▪ Ideal für Mittelbetriebe **Nachteil:** Größerer Lagerraumbedarf	**Vorteile:** ▪ Geringerer Lagerraumbedarf ▪ Wirtschaftlicher ▪ Ideal für Großbetriebe (z. B. Fast-Food-Ketten) **Nachteil:** Keine gleichbleibende Qualität durch das Mischen des Sirups mit Wasser

Grafiken zu den Schanksystemen finden Sie im digitalen Zusatzpaket.

Der Ausschank alkoholfreier Getränke in der Gastronomie mit Schankanlagen ist in der Schankanlagenverordnung geregelt. Im Sinne der Einhaltung der Hygienevorschriften laut HACCP (= englische Abkürzung für „Gefahrenanalyse kritischer Kontrollpunkte“) ist besonders auf die Sauberkeit der Zapfhähne zu achten.

Grundsätzlich sind Erfrischungsgetränke kühl und dunkel bis maximal zum gekennzeichneten Mindesthaltbarkeitsdatum zu lagern.

Versuchen Sie, mehr über weitere, Ihnen unbekannte Zutaten in Erfrischungsgetränken herauszufinden!

Jugendliche lieben Erfrischungsgetränke und folgen gerne aktuellen Markttrends

Die alkoholischen „Verwandten" der Erfrischungsgetränke sind die **Alkopops** (circa 4 Vol.-%, mit intensivem Fruchtgeschmack, z. B. Two Dogs, Hooch und K'atú) und die **Spirituosendrinks** (höherer Alkoholgehalt, z. B. cyBer Red, ein Limettenlikör mit Guarana).

Hooch	*Huhtsch*
cyBer Red	*Sseiba Red*

Wichtig für die Gästeberatung ist oft auch die Menge bzw. Art der verwendeten Süßungsmittel, die auf den Gebinden angegeben sein muss. Studieren Sie diese Angaben, **bevor** Sie mit Ihren Gästen sprechen.

Beispiele für Süßungsmittelangaben und was sie eigentlich bedeuten:

- **Zuckerarm** = der Gehalt an Zucker darf höchstens 4 % betragen.
- **Kalorienreduziert, kalorienarm, Light** = der meiste Zucker wird durch Süßstoffe ersetzt.
- **Kalorienfrei, Zero** = fast der gesamte Zucker wird durch Süßstoffe ersetzt; es bleiben maximal 1 kcal bzw. 4,2 kJ pro 100 ml.

2.2 Verkauf und Service von Erfrischungsgetränken

Als Begleiter zum Essen sind Softdrinks eigentlich nicht optimal, da ihr Geschmack den Geschmack jeder Speise übertönt. Dennoch ist diese vielfältige Gruppe – besonders tagsüber – ein wichtiges Verkaufselement und weltweit nach Wasser die Getränkegruppe mit dem meisten Absatz.

Einerseits konsumieren speziell Kinder und Jugendliche gerne Erfrischungsgetränke zum Essen. Hier ist Ihr Wissen über alkoholfreie Getränke besonders gefragt (Achtung beispielsweise bei Energydrinks!). Außerdem freuen sich Verkehrsteilnehmer und -teilnehmerinnen über alkoholfreie Empfehlungen, ebenso alle Gäste, die aus religiösen oder gesundheitlichen Gründen andere Getränke – vor allem alkoholische – ablehnen.

Zudem werden Erfrischungsgetränke für viele Mischungen verwendet, und das nicht nur in der Bar. Diese Mischungen sind teilweise fix und fertig zu kaufen, manche werden extra für den Gast hergestellt.

Wie verkaufe ich Erfrischungsgetränke?

Wie serviere ich Erfrischungsgetränke?

Besonders Fruchtsäfte in Originalflaschen unmittelbar vor dem Einschenken aufschütteln, damit sich der Inhalt gleichmäßig mischt (siehe auch Seite 22).

Gläser für Erfrischungsgetränke

Stielglas

Mittlerer Tumbler

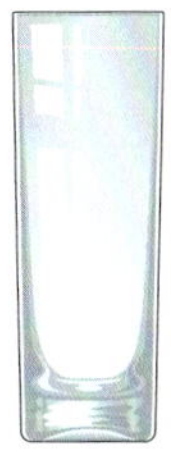
Großer Tumbler

Für alkoholfreie Radler kommen selbstverständlich entsprechende Biergläser zum Einsatz.

Ziele erreicht? – „Erfrischungsgetränke"

KOMPETENZ-ERWERB

1. Beschreiben Sie, woraus sich Erfrischungsgetränke grundsätzlich zusammensetzen.
2. Erklären Sie einem Gast den Begriff Malzlimonade bzw. alkoholfreies Bier (oder isotonisches Getränk, Wellnessgetränk, Energy- bzw. Powerdrink). Versuchen Sie, ihm Vor- und Nachteile des jeweiligen Getränks zu beschreiben.
3. Nennen Sie möglichst viele Informationen über

   POM

   PEM

4. Ordnen Sie folgende Erfrischungsgetränke den einzelnen Gruppen zu.

   Kombucha
   - [ ] Kräuterlimonade
   - [ ] Colalimonade
   - [ ] Wellnessdrink
   - [ ] Isotonisches Getränk

   Tonic
   - [ ] Energydrink
   - [ ] Wellnessdrink
   - [ ] Colalimonade
   - [ ] Bitterlimonade

   Red Bull
   - [ ] Colalimonade
   - [ ] Kräuterlimonade
   - [ ] Energydrink
   - [ ] Wellnessdrink

5. Was kann die Ursache sein, dass Cola schal schmeckt? Zählen Sie mögliche Ursachen auf.

Milch und Milchmischgetränke

In der Gastronomie spielt fast ausschließlich Kuhmilch eine Rolle – lediglich Betriebe mit speziellem Schwerpunkt (z. B. für Menschen mit Allergien) bieten auch Milch von Schaf, Ziege oder Stute an.

Vegan = Ernährung ohne Tierprodukte – also bewusster Verzicht auf Fleisch, Fisch, Eier, Milch und deren Produkte.

Milch zählt – neben dem Wasser – zu den ältesten Getränken der Menschheit und ihr Wert als leicht verdauliches und ideal zusammengesetztes **Grundnahrungsmittel** war schon vor Jahrtausenden bekannt. Unter Milch als Handelsware versteht man im Allgemeinen **Kuhmilch.**

Heutzutage ist ein **Trend zu fettarmer** Trinkmilch (Natur oder mit Geschmack) bzw. fettreduzierten Milchprodukten (z. B. Trinkjoghurts) festzustellen.

Laktosefreie Erzeugnisse werden ebenfalls stärker verlangt, und zwar von immer mehr Menschen mit Laktoseintoleranz, einer Unverträglichkeit von Milchzucker. Auch der Konsum von Sojamilch nimmt zu. Sie ist in der pflanzlichen Ernährung Ersatz für Kuhmilch und somit für vegane Verpflegung gut geeignet.

KOMPETENZ-ERWERB

Meine Ziele

Nach Bearbeitung dieses Kapitels kann ich

- einen Überblick über die im Handel erhältlichen Milcherzeugnisse geben;
- im Praxisunterricht erklären, wie Milch richtig gelagert wird, und den perfekten Service von Milch und Milchmischgetränken durchführen sowie Hinweise zur Gästebetreuung beachten;
- den Stellenwert von Milch und Milchmischgetränken in der Gastronomie einschätzen und z. B. mit neuen Trends bei Milchmischgetränken und verbesserter Gästeberatung den Umsatz dieser Gruppe ausbauen.

1 Milch in der Gastronomie

Haben Sie schon gehört: Sogar bei McDonald's gibt es jetzt für die Kids schon Milch statt Cola! Tatsächlich verpflichten sich manche Fast-Food-Ketten zu gesunden Alternativen und stellen sogar ihre Werbung zugunsten von Milch um!

Im ersten Moment fällt Ihnen bei Milch in der Gastronomie sicher hauptsächlich die unerlässliche Zutat für Kaffee ein, z. B. für den beliebten Latte macchiato. Denken Sie nun ein bisschen weiter, z. B. an Biohotels, Almhütten oder „Urlaub auf dem Bauernhof", dann wird sofort klar, dass ein Glas Milch häufiger als gedacht als Begleiter zu einem kalten Imbiss oder zu warmen Süßspeisen angeboten wird.

Vor allem von ausländischen Gästen wird Deutschland als Land mit einer intakten Umwelt – urige Bergwelt, kristallklare Bäche bzw. grüne Wiesen – wahrgenommen. Frische, Natürlichkeit, aber auch die deutsche Herkunft sind daher wichtige Argumente beim Verkauf dieses Produktes.

Bei **Heumilch** verzichten die Landwirte auf Silofutter. Das Logo „gentechnikfrei" gibt an, dass die Milch völlig frei von Gentechnik erzeugt wurde.

Milchprodukte (aus Kuhmilch)

Trinkmilch

- Pasteurisierte **Frischmilch** mit 0,1–4,5 % Fettgehalt (4–6 Tage haltbar). Vollmilch hat 3,5 % Fett.
- **ESL-Milch** (**e**xtended **s**helf **l**ife, Milch mit längerer Haltbarkeit) hält sich durch spezielle Behandlung länger als drei Wochen.

Einige Produkte gibt es auch aus Ziegen-, Schaf- oder Stutenmilch. Ebenso sind manche rein pflanzliche Alternativen (z. B. aus Soja-, Reis- oder Hafermilch) am Markt.

Biomilch

Artgerechte Tierhaltung mit Verzicht auf Antibiotika; Fütterung von gentechnikfreiem, biologischem Futter.
Gesetzlich mit EU-Bio-Logo etikettiert.

EU-Bio-Logo

Fermentierte Milchprodukte

Diese meist leicht säuerlich schmeckenden Produkte, wie z. B. Sauermilch, Buttermilch, Trinkjoghurt, sind etwas dickflüssiger.

Es gibt Milch und fermentierte Milchprodukte heute in Geschmacksvarianten wie Vanille, Schokolade oder mit Fruchtgeschmack.

Milchprodukte mit erhöhtem Fettanteil

Produkte wie Sahne oder Kaffeesahne haben einen wesentlich höheren Fettanteil als Milch. Sie werden meist als Beigabe zu Heißgetränken verwendet.

Haltbarmilch

Sie wird kurz H-Milch genannt und entsteht durch ultrahohes Erhitzen, wodurch sie bis zu acht Wochen haltbar ist.

Dauermilchprodukte

Produkte wie Kondensmilch oder auch Trockenmilchpulver werden meist durch Eindicken (Wasserentzug) hergestellt und sind originalverschlossen mehrere Monate haltbar.

Milch und Milchprodukte (von der Kuh) gehören zu den 14 kennzeichnungspflichtigen Allergenen.
Näheres dazu finden Sie im digitalen Zusatzpaket.

In der Getränkekarte haben Milchmischgetränke oft Fantasiebezeichnungen, die Sie Ihren Gästen näher erklären müssen

1.1 Milchmischgetränke

Für diese Mischgetränke wird ein **Milchprodukt mit anderen Produktgruppen** harmonisch verbunden.

Die Milchmischgetränke lassen sich in
- kalte und warme sowie in
- alkoholfreie und alkoholhaltige einteilen.

Grundsätzlich gibt es drei klassische Grundrezepturen als Basis.

Milchmischgetränke – Basisrezepturen

Kaltes Milchmischgetränk mit oder ohne Alkohol

Zubereitung im Aufsatzmixer oder Shaker

Milchshake
Zutaten
1/8 l Milch
3 Eiswürfel
2 Esslöffel Sirup nach Wahl bzw. Fruchtpüree und evtl. Zucker/Honig
Evtl. Früchte zum Garnieren

Milchfrappé
Zutaten
1/8 l Milch
2 Kugeln Speiseeis
1 Esslöffel Sirup nach Wahl bzw. Fruchtpüree
Evtl. Schlagsahne und/oder Früchte zum Garnieren

Warmes Milchmischgetränk mit Alkohol

Milchpunsch
Zutaten
2 Barlöffel Zucker mit
4 cl Punschessenz,
Rum oder Arrak erhitzen,
in ein vorgewärmtes Punschglas geben und mit heißer Milch auffüllen

Erfinden Sie selbst je ein Milchmischgetränk und schreiben Sie Ihre neuen Kreationen auf. Denken Sie auch an exotische Früchte wie Physalis oder Zutaten wie Matcha (Grünteepulver). Probieren Sie schließlich diese Rezepturen bzw. auch die Ihrer Kolleginnen und Kollegen.

2 Einkauf, Lagerung und Service

„Darf ich Ihnen Milch oder ein Milchmischgetränk empfehlen?", wird ein sehr elegant gekleidetes Paar gefragt. Diese Gästeberatung wird wohl nicht so erfolgreich verlaufen ... Warum nicht?

2.1 Einkauf und Lagerung von Milch

Frischmilch sollte im Idealfall von Herstellerbetrieben der Region gekauft werden.

Auch die Milchverpackung gibt viele Hinweise, sodass Sie spätere Gästefragen problemlos beantworten können.

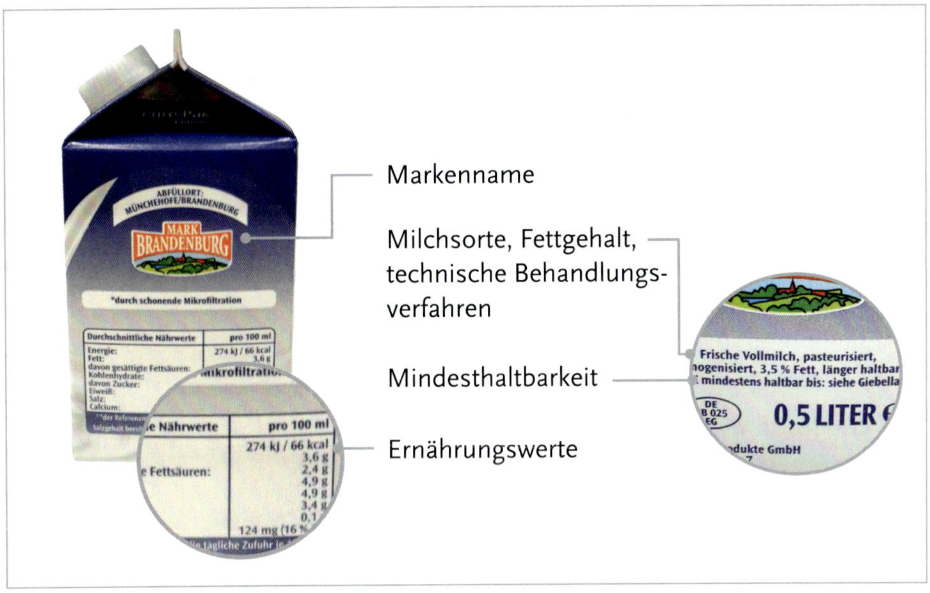

Auch wenn Haltbarmilch in geschlossenen Packungen bei Zimmertemperatur gelagert werden kann, sind geöffnete Packungen von H-Milch zu kühlen und innerhalb weniger Tage aufzubrauchen.

Frischmilch und fermentierte bzw. fettreichere Frischmilchprodukte müssen lichtgeschützt, verschlossen und gekühlt bei 4–6 °C aufbewahrt werden.

Milch beim Frühstücksbuffet kann man auf sehr originelle Weise präsentieren

2.2 Verkauf und Service von Milch

Wie verkaufe ich Milch?

Milch wird selten vom Gast nachgefragt. Darum empfehlen Sie in einem Betrieb mit Milchangeboten Ihren Gästen diese am besten ganz bewusst in passenden Situationen.

Denken Sie immer an einen Trinkhalm und servieren Sie bei dickflüssigeren Getränken das Glas auf einem Unterteller mit Serviette und einem passenden Löffel.

Wie serviere ich Milch?

Die ideale Trinktemperatur für kalte Milch bzw. Milchgetränke ist 6 °C. Fragen Sie Ihre Gäste jedoch bei Frischmilch besser, ob sie sie kalt oder warm möchten – damit vermeiden Sie Missverständnisse.

Gläser für Milchgetränke

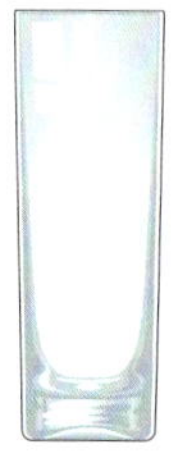

Großer Tumbler

Fancyglas

Ziele erreicht? – „Milch und Milchmischgetränke"

KOMPETENZ-ERWERB

1. Erklären Sie die Begriffe

   Vollmilch ______________________

   Biomilch ______________________

   Haltbarmilch ______________________

   ESL-Milch ______________________

2. Denken Sie an die Grundrezeptur eines Milchshakes. Welche zusätzliche Zutat benötigen Sie für die Herstellung eines Milchfrappés? Kreuzen Sie die nötige Zutat an.

   ☐ Whiskey ☐ Speiseeis ☐ Schlagsahne ☐ Haltbarmilch

3. Sie bereiten ein Milchfrappé zu, das Sie mit einer Schlagsahnehaube garnieren. Welches Mise en place benötigen Sie zum Servieren? Beschreiben Sie Ihre Vorbereitung.

4. Lassen Sie sich mindestens drei Situationen einfallen, in denen die Empfehlung von Milch oder Milchmischgetränken gelingen kann. Spielen Sie eine der Situationen mit Ihren Kolleginnen und Kollegen durch.

Kaffee

Die ursprüngliche Heimat des Kaffees ist die Provinz Kaffa in Äthiopien, wo der Kaffeebaum wild wächst. Kaffeeanbau und Kaffeegenuss gehen auf das benachbarte Arabien zurück. Im 17. und 18. Jahrhundert begann im Zuge der Kolonialisierung der Plantagenanbau weltweit. Heute ist Brasilien Kaffeelieferant Nr. 1, gefolgt von Vietnam.

Bohnenkaffee**mischungen** herrschen vor, weil begehrte **sortenreine Plantagenkaffees,** wie z. B. der Jamaica Blue Mountain, sehr teuer sind. Kleine Kaffeeröstereien bieten jedoch spezielle Röstungen an. **Aromatisierte Kaffeegetränke** lieben vor allem junge Leute in Trendbetrieben (z. B. Cappuccino mit Vanille- oder Haselnussgeschmack). Auch **Coffee to go,** also die Mitnahme von Kaffee in Bechern, ist gefragt.

Das erste europäische Kaffeehaus entstand 1554 in Konstantinopel (heute Istanbul). Aufgrund der verkehrsgünstigen Lage waren die Hafenstädte Bremen (1673) und Hamburg (1677) die ersten deutschen Städte mit eigenen Kaffeehäusern. Die zweite Türkenbelagerung im Jahr 1683 gilt als die Geburtsstunde des Wiener Kaffeehauses und seiner unverwechselbaren Kultur.

Latte Art heißt die Kunst, Verzierungen auf den Milchschaum zu zaubern

Mehr Informationen zum Beginn der Kaffeekultur in Deutschland finden im digitalen Zusatzpaket.

Meine Ziele

KOMPETENZ-ERWERB

Nach Bearbeitung dieses Kapitels kann ich

- die Verfahren für die Kaffeeaufbereitung nennen und verschiedene Zubereitungsarten aufzählen;
- im Praxisunterricht Kaffeespezialitäten mit und ohne Alkohol beschreiben und einen perfekten Kaffeeservice durchführen;
- Gästen die Eigenheiten von Kaffee je nach Herkunft und Bearbeitung genau erklären und ihnen mithilfe einer auf den Kaffee eingestellten Maschine eine wahre Spezialität servieren.

1 Herkunft, Aufbereitung, Röstung

„Ich war auf der Kaffeemesse ‚World of Coffee' in Budapest. Hier traf sich die internationale Barista-Elite, um sich bei der Weltmeisterschaft zu messen. Es war eine tolle Stimmung. Mir persönlich hat am besten gefallen, dass man Kaffeesorten verschiedener Länder, Röstung und Zubereitung verkosten konnte. Man glaubt gar nicht, wie unterschiedlich Kaffee schmecken kann!"

Barista = Fachmann/Fachfrau mit spezieller Ausbildung zum Fachgebiet Kaffee und Kaffeezubereitung in allen Varianten; arbeitet meist in einer Kaffeebar.

⚠ Kaffee, Kakao und Tee enthalten **Alkaloide**, auf die der Körper mit beschleunigtem Stoffwechsel reagiert, um sie wieder „loszuwerden" (z. B. durch Harndrang).

Kaffee ist ein Aufgussgetränk – wird also mit heißem Wasser aufgegossen – aus den aufbereiteten und später gerösteten sowie gemahlenen Samen der Kaffeekirsche. Kaffeepflanzen (botanisch: Coffea) werden meist in Plantagen angebaut und höchstens drei Meter hoch gehalten, damit sie gut bearbeitet und die Früchte kostengünstig geerntet werden können.

1.1 Kaffeepflanze

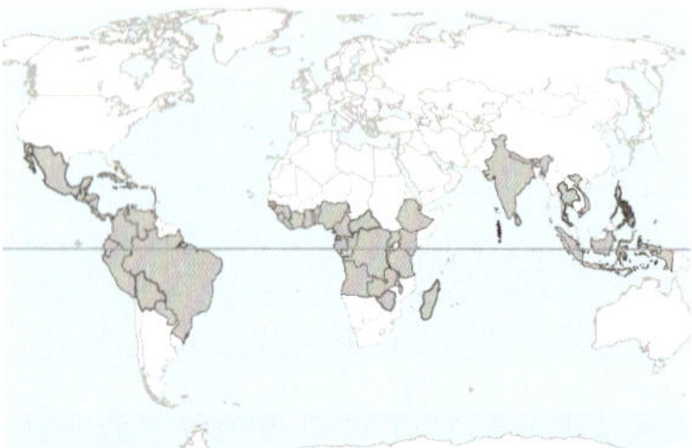

Der berühmte „Kaffeegürtel"

Der Kaffeestrauch bzw. -baum ist eine tropische immergrüne Pflanze und wächst in Gebieten bis jeweils zum 25. Breitengrad nördlich und südlich des Äquators. Von zahlreichen Coffea-Arten sind nur zwei für den weltweiten Anbau bedeutend:

- Coffea **arabica** (ca. zwei Drittel der Weltproduktion)
- Coffea canephora, auch **Robusta** genannt

Die Pflanze blüht weiß und trägt Kaffeekirschen in verschiedenen Reifegraden.

1.2 Anbaugebiete von Kaffee

Je nach Höhenlage der Plantage gibt es

Hochlandkaffee Arabica	Tieflandkaffee Robusta

Arabica-Bohnen sind länglich, blaugrün, die Furche ist leicht gewunden. Bevorzugt Höhenlagen zwischen 600 und 2 000 Metern. Die Früchte ▪ wachsen langsamer und ▪ der Ertrag ist geringer.	Robusta-Bohnen sind rundlich, gelbgrün bis bräunlich grün, die Furche ist gerade. Bevorzugt Höhenlagen bis 600 Meter (verträgt Temperaturen über 30 °C). ▪ Robust (widerstandsfähig gegen Krankheiten und Schädlinge, nicht anspruchsvoll beim Boden) ▪ Blüht mehrmals im Jahr ▪ Wächst schnell (mehr Früchte)
Im Vergleich zu Robusta bringt Arabica höherwertigen, aromaintensiven Kaffee mit feiner Säure und einem Koffeingehalt von bis zu 1,2 % im Rohkaffee.	Durch höheren Koffeingehalt (bis zu 3 % im Rohkaffee), Gerbstoffe und Chlorogensäure rauer im Geschmack (wirkt bitter, holzig und adstringierend).

Hochlandkaffee ist begehrter und teurer.

Chlorogensäure = tanninartige Substanz.

Koffein = ein Alkaloid.

Adstringierend = zusammenziehend.

Wichtige Kaffeeproduzenten

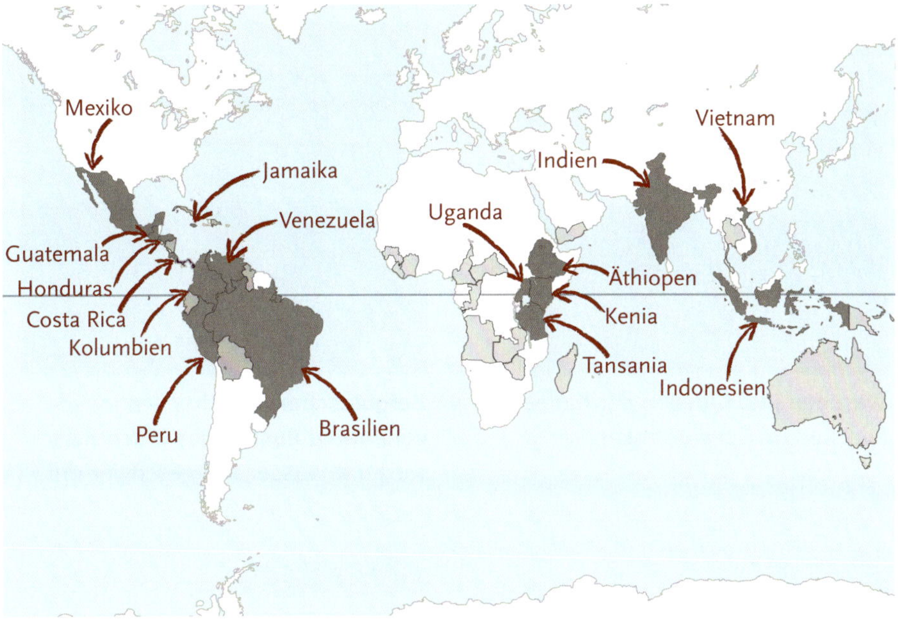

Informieren Sie sich ausführlicher im Internet unter www.kaffeeverband.de

1.3 Kaffeeernte und -aufbereitung

Die Art der Ernte bestimmt die Rohkaffeequalität

Handpflückung

Nur einzelne vollreife Früchte ernten

Stripping

Zweige mit überwiegend reifen Kaffeekirschen abstreifen, später unreife entfernen

Maschinelle Ernte

Alle Kaffeekirschen, egal wie reif sie sind, einsammeln, später aussortieren

Die Kirschen reifen verschieden rasch aus

Kaffeekirschen enthalten im Allgemeinen zwei Samenkerne (Bohnen) und müssen nach der Ernte sofort aufbereitet werden, um lagerfähigen Rohkaffee zu erhalten.

Kaffeekirsche mit den Kaffeebohnen

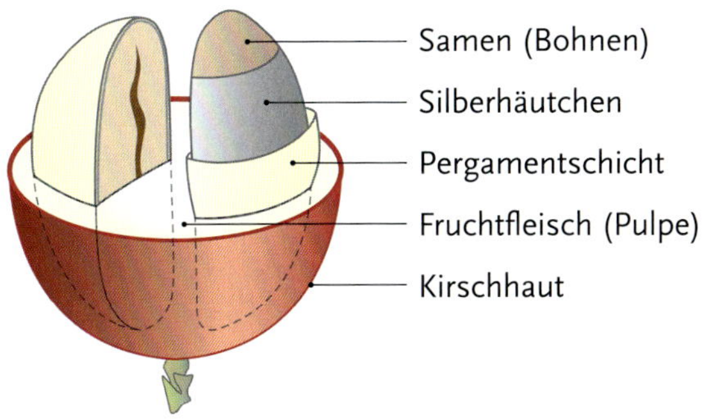

Beste Qualitäten werden oft von Hand verlesen, nass aufbereitet und als solche gekennzeichnet in den Handel gebracht.

Nasse Aufbereitung (gewaschener Kaffee)

Schritt 1

Waschen und Quellen der Kaffeekirschen im Schwemmkanal

Schritt 2

Zerquetschen der Kirschen im sogenannten **Pulper;** das Fruchtfleisch wird mit Wasser weggeschwemmt

Schritt 3

Fermentieren (= Angären) in Fermentationstanks – ein bis zwei Tage

Schritt 4

Waschen der Bohnen und Entfernen des restlichen Fruchtfleisches

Schritt 5

Trocknen der Bohnen (erfolgt künstlich oder in der Sonne); Entfernen der Pergamentschicht und des Silberhäutchens in **Schäl- und Poliermaschinen**

Schritt 6

Sortieren der Bohnen nach ihrer Größe; Entfernen von unreifen oder beschädigten Bohnen sowie Verunreinigungen (z. B. Steinchen)

Schäl- und Poliermaschine

Fertig aufbereiteter Rohkaffee wird traditionell in 60-Kilogramm-Jutesäcken, heute meist in klimatisierten Lebensmittelcontainern verpackt. Anschließend wird er in die Verbraucherländer exportiert, wo er geröstet wird.

Brasilien liefert jährlich mehr als 50 Millionen Sack Rohkaffee und ist damit weltweit der größte Kaffeelieferant

Trockene Aufbereitung (ungewaschener Kaffee)

Schritt 1

Sortieren und Reinigen der Kaffeekirschen

Schritt 2

Trocknen der Früchte in der Sonne. Das Fruchtfleisch wird spröde.

Schritt 3

Aufbrechen der trockenen Kirschen durch Walzen in der Brechmaschine. Entfernen des Fruchtfleisches, der Pergamentschicht und des Silberhäutchens.

Schritt 4

Sortieren und Reinigen (wie beim nassen Verfahren)

Fast alle Robustas werden trocken aufbereitet.

Viele Menschen bevorzugen mittlerweile biologisch hergestellte und fair gehandelte Kaffees. Wie erkennen Sie derartige Produkte?

Es gibt auch noch eine **halbtrockene Aufbereitung:**
Nach dem Pulpen der Kaffeekirschen und dem Auslösen der zwei Bohnen werden sie getrocknet, geschält, poliert und sortiert.

1.4 Rösten von Kaffee

Röstvorgang

Der **Röstvorgang** ist, abgesehen von der **Qualität der Rohbohne** und der richtigen **Zubereitung,** bestimmend für den Kaffeegenuss. Für Espressokaffee sind die Bohnen dunkler geröstet als für die Filterkaffeezubereitung.

Gut gerösteter Kaffee hat eine gleichmäßige Färbung. Der sehr helle Rohkaffee erhält durch das trockene Erhitzen
- seine **braune** Farbe und
- sein typisches **Aroma**.

Schritt 1

Rohkaffee wird in Rösttrommeln bei 200–230 °C geröstet. Wasser verdampft und die Bohnen vergrößern sich.

Schritt 2

Die Bohnen werden in einem Kühlsieb unter ständigem Rühren abgekühlt. Somit wird ein Nachrösten verhindert.

Schritt 3

Kalt werden sie in Schütten gefüllt. Von den Schütten gelangt der Kaffee in die Verpackung, entweder in ganzen Bohnen oder gemahlen.

2 Kaffeeprodukte

Melinas Vater trinkt nur Espresso, ihre Mutter koffeinfreien Kaffee, ihre Oma Schonkaffee, da er verträglicher für ihren Magen ist. Melina selbst trinkt zurzeit am liebsten Caramel Macchiato, weil er so köstlich nach Karamell und Vanille schmeckt. Jetzt hat sie gelesen, dass Filterkaffee wieder voll im Trend liegt. „Pour-over coffee", also handgefilterter Kaffee, ist in New York und Berlin gerade der letzte Schrei.

Kaffee ist noch vor Wasser das beliebteste Getränk in Deutschland. Wir trinken im Schnitt pro Person und Jahr circa 149 Liter.

Kaffeeprodukte

Bohnenkaffee

- **Sortenreine Bohnenkaffees oder Plantagenkaffees** sind sehr teuer, z. B. Jamaica Blue Mountain, Kopi Luwak, Galapagos San Cristóbal.
- **Bohnenkaffeemischungen:** Verschiedene Kaffeesorten werden gemischt, um eine bestimmte Geschmacksrichtung zu erzielen, da in einer Sorte alleine selten Aroma, Säure und Fülle optimal harmonieren.

Besondere Kaffeesorten

- **Entkoffeinierter Kaffee:** Koffein wird mit Wasserdampf oder chemischen Lösungsmitteln teilweise oder fast ganz aus den rohen Kaffeebohnen gelöst (Restkoffeingehalt max. 0,1 %). Dann wird geröstet.
- **Säurearmer (reizstoffarmer) Kaffee, Schonkaffee:** Aus den Bohnen wird ein Teil der Säuren entfernt; das Koffein bleibt erhalten (außer für koffeinfreie Schonkaffees).
- **Instantkaffee (Löslicher Kaffee):** Speziell hergestelltes Kaffeepulver löst sich beim Aufgießen.

Kaffee-Ersatzmittel (Surrogate)

Das sind Röstprodukte aus anderen Pflanzen, wie Gerstenmalz, Feigen oder Zichorie.

Sie müssen als Malzkaffee, Feigenkaffee, Zichorienkaffee usw. beschriftet sein!

Nach dem Rösten reagiert Kaffee empfindlich auf Licht, Sauerstoff und Feuchtigkeit, daher ist die **Verpackung mit Aromaventil** wichtig

§ Steht in der Gastronomie Kaffee auf der Karte, so muss er aus reinem Bohnenkaffee hergestellt sein.

Entkoffeinierter Kaffee ist Gästen mit Herz- oder Kreislaufbeschwerden zu empfehlen.

? Welche Kaffeehandelshäuser kennen Sie?

Beispiele sind Jacobs, Melitta, Alberto, Mövenpick oder Segafredo.

Finden Sie weitere Marken.

Mischungen (Blends) sind bei Kaffee für die Erhaltung einer **gewissen Qualität** und eines **gleichbleibenden Geschmacks** (markentypisch) von Vorteil. Ebenso ist es bei Tee, Kakao, Wein **(Cuvée)** und Grundwein für Schaumwein und Spirituosen.

3 Zubereitung in der Gastronomie

Perfekte Crema beim Espresso und ordentlicher Milchschaum auf dem Cappuccino sind einfach ein Muss und eigentlich leicht zu machen, wenn man weiß, wie. Lukas erzählt: „Meine Chefin ist ausgebildete Barista und fasziniert mit ihrem Können immer wieder unsere Gäste."

Gäste sind beim Thema Kaffee informierter denn je. Dadurch reagieren sie sensibel darauf, wie ein Betrieb mit dem Produkt Kaffee umgeht (sowohl beim Angebot als auch beim Service!). Sie sind auch offener für Neues.

Die **Qualität des Kaffeegetränks** hängt ab von
- der Qualität des Rohkaffees,
- der Mischung der Rohkaffeesorten,
- der Röstung,
- der Verpackung und der Lagerung,
- der Wasserqualität (hartes Wasser laugt nicht so gut aus wie weiches),
- der Zubereitungsart,
- der Reinigung (Brühgruppe und Siebträger der Kaffeemaschine sowie die Mahlscheiben und den Bohnenbehälter täglich sorgfältig reinigen!).

Wird eine Kaffeemaschine schlampig gereinigt, beginnen die im Kaffee enthaltenen Fette ranzig zu werden und künftige Kaffees schmecken unangenehm.

Zubereitungsarten von Kaffee in der Gastronomie

Espressomethode

Siebträgermaschine, Halbautomat
- Hier wirken ein Druck von etwa 9 bar und eine Brühtemperatur von ca. 92 °C, damit die sogenannte Crema gelingt. Fein gemahlenen Kaffee für eine oder zwei Tassen (pro Espresso ca. 7 Gramm) im Filtersieb gleichmäßig verteilen, anpressen und den Siebträger in die Brühgruppe einsetzen. Zu jeder Siebträgermaschine gehört eine Kaffeemühle mit Portionierung.
- Üblichste Zubereitungsform in der Gastronomie

Crema *Krema*

Vollautomatische Kaffeemaschine
- Bereitet auf „Displaydruck" verschiedene Kaffeegetränke automatisch zu.
- Die Vollautomaten sind oft mit dem Schankanlagen-Abrechnungssystem verknüpft und verfügen über Selbstreinigungssysteme.
- Ideal für einfachen und schnellen Kaffeeservice

Vollautomatische Kaffeemaschinen und „Kapselmaschinen" werden gerne im Seminar- und Tagungsbereich eingesetzt. Die Gäste können sich ganz unkompliziert selbst bedienen.

Pad- oder Kapselsystem
- Einfache Bedienung durch Einsetzen von Pads oder Kapseln
- Perfekt für geringen Kaffeebedarf, einfachste Bedienung
- Nachteil: Umweltbelastung

Die **Crema** des Kaffees liefert wichtige Hinweise auf die korrekte Einstellung der Kaffeemühle (Menge und Mahlgrad des Kaffees) und der Kaffeemaschine (Brühtemperatur und Druck).

Ist die Crema **zu dunkel und grobporig,** war die Brühtemperatur zu hoch und der Kaffee schmeckt verbrannt. Bei zu geringer Temperatur ist die Crema **flach und zu hell.**

Gut zubereiteter Espresso hat immer eine feinporige, haselnussbraune Crema

So stellen Sie kompakten Milchschaum her (z. B. für Cappuccino):

- Milch mit 4–8 °C in eine Milchkanne füllen, dabei darf das Gefäß nur zur Hälfte gefüllt werden.
- Vor dem Eintauchen des Dampfrohres das Ventil kurz öffnen, Wasser abtropfen lassen, bis nur mehr Dampf austritt.
- Nun den Dampfstab in die Milchkanne halten und den Dampf knapp unterhalb der Milchoberfläche einströmen lassen, um das Volumen zu vergrößern.
- Anschließend den Dampfstab etwas tiefer in das obere Drittel der Milch einbringen. Dadurch „rollt" die Milch in der Kanne, es verkleinern sich die Luftblasen und es entsteht ein sämiger, kompakter Milchschaum.
- Die Temperatur der Milch darf dabei 70 °C nicht übersteigen (Kännchen zur Prüfung in der Hand halten!).
- Kännchen fest auf die Arbeitsplatte stellen („abklopfen"), damit große Luftblasen verschwinden.
- Dampf kurz ablassen, Düse mit Tuch abwischen.

Cezve ⁾ *Tscheswe*

Türkische Zubereitung

- Mehlfein gemahlener Kaffee (ca. 6 Gramm pro Tasse) wird mit Wasser und Zucker im Kupferkännchen (Cezve) zum Kochen gebracht. Kaffee nach dem Aufwallen setzen lassen, den Vorgang noch zweimal wiederholen und nach einer kurzen letzten Ziehzeit in Mokkatassen oder -gläser füllen.
- Zum Süßen kann auch Lokum bzw. Rahat (süße Geleewürfel aus Stärke und Zucker, evtl. mit Nüssen) gereicht werden.
- Aufwendig

Filtermethode

- Mittelfein gemahlenen Kaffee (50–60 Gramm pro Liter) in einen Papier- oder Metallfilter geben und mit etwa 90 °C heißem Wasser aufbrühen. Gastromaschinen mahlen und brühen den Kaffee automatisch. Der Kaffee wird in Kannen oder Vorratsbehältern warm gehalten.
- Häufig beim Frühstücks-, aber auch beim Bankettservice eingesetzt

Porzellankanne vorher mit heißem Wasser vorwärmen.

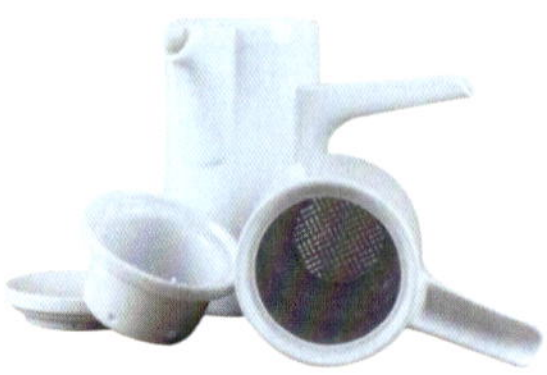

Karlsbader Methode

- Grießkörnig gemahlenen Kaffee in den Porzellanfilter geben und über den Wasserverteiler mit etwa 88 °C heißem Wasser aufgießen. Nach der Filterung werden Filter und Wasserverteiler entfernt, der Deckel wird auf die Kanne gesetzt und es wird eingeschenkt. Kaffeemenge: für die erste Tasse 10 Gramm, für weitere Tassen je 6–8 Gramm.
- Zubereitung vor dem Gast als optisches Highlight für exklusiven Kaffeeservice

3.1 Kaffeegetränke und Kaffeespezialitäten

Unser Nachbarland Österreich hat eine lange Kaffeehaustradition und Kaffeekultur, Italien ist bekannt für viele Kaffeespezialitäten. Beide Länder haben unsere Kaffeegetränke stark beeinflusst.

Kaffeegetränke ohne Alkohol	
Kaffee	6–8 g Kaffeemehl pro Tasse oder 12–16 g pro Kännchen.
Mokka	Starker Kaffee mit einer höheren Menge Kaffeepulver, also 12–16 g pro Tasse oder 15–20 g pro Kännchen (250 ml).
Milchkaffee (Café au lait)	Filterkaffee und heiße Milch im Verhältnis 1 : 1, in großer Tasse oder großer Schale (französisch „bol“) serviert.
Kaffee verkehrt	Heiße Milch mit wenig Filterkaffee im Verhältnis 3 : 1.

Italienische Kaffeespezialitäten	
Espresso	Nach Espressomethode zubereiteter Kaffee (mit entsprechender Crema), ca. 30 ml.
Ristretto	Konzentrierter Espresso, ca. 20 ml.
Espresso macchiato	Espresso mit etwas aufgeschäumter Milch (macchiato = befleckt).
Cappuccino	Espresso, heiße Milch und cremiger Milchschaum im Verhältnis 1 : 1 : 1, in der großen Tasse serviert; häufig wird die Haube mit Kakao bestäubt. Achtung: In vielen Betrieben wird ein Cappuccino unkorrekterweise statt mit Milchschaum mit Schlagsahne serviert.
Latte macchiato	Heißen Milchschaum in einen Tumbler oder ein Latte-Macchiato-Glas füllen und in die Mitte vorsichtig einen Espresso gießen.
Caffè latte	Doppelter Espresso mit viel heißer Milch (und gegebenenfalls Milchschaum) in einer großen Schale oder auch im Glas serviert.
Caffè americano	Doppelten Espresso auf 60–90 ml heißes Wasser gießen.

Das Latte-macchiato-Glas hat die Form eines Tumblers

Alle Kaffeespezialitäten können auf Wunsch des Gastes auch aromatisiert werden. In erster Linie wird dafür Sirup verwendet, z. B. Karamell- oder Vanillesirup.

Wiener Kaffeespezialitäten	
Kleiner Mokka	Kleiner Espresso, kleiner Schwarzer.
Kleiner Brauner	Einfacher Espresso mit Milch oder Sahne im Kännchen separat serviert. Mit doppeltem Espresso auch **„Großer Brauner“** genannt.
Einspänner	Espresso mit Sahnehaube und mit Staubzucker bestreut, im Einspännerglas serviert.
Kapuziner	Doppelter Espresso mit Schlagsahne, in der Tasse serviert, eventuell mit Kakaopulver bestreut.
(Wiener) Melange	Espresso, etwas verlängert, halb Kaffee, halb aufgeschäumte Milch, in der Melangeschale serviert.
Franziskaner	Wiener Melange mit Sahnehaube, mit Schokoraspeln im Einspännerglas oder in der Tasse serviert.

Melange *Melausch*
macchiato *makkiato*
Cappuccino *Kapputschino*

Obermayer	Doppelter Espresso auf dem eine dünne Schicht kalte (!), ungeschlagene Sahne schwimmt; eine nach einem Wiener Philharmoniker benannte Kaffeehausspezialität. Wird selten angeboten.

Kaffeespezialitäten mit Alkohol	
Espresso Martini	25 ml braunen Kokoslikör, 15 ml Vanille- oder Zimt-Sirup, 30 ml Wodka und 30 ml Espresso auf Eis im Shaker mixen, in eine Cocktailschale abseihen und mit Schokopulver garnieren.
Irish Coffee	■ Zwei Kaffeelöffel braunen Rohrzucker und 4 cl Irish Whiskey im Irish-Coffee-Glas erhitzen. ■ Mit starkem Kaffee aufgießen. ■ Leicht geschlagene Sahne über einen Löffelrücken vorsichtig in das Glas gleiten lassen; eventuell mit einer Prise fein gemahlenem Kaffee garnieren. ■ Irish Coffee kann auch flambiert werden, was jedoch nicht dem Originalrezept entspricht. Flambierter Irish Coffee enthält weniger Alkohol, da der Großteil verdampft und nur die Extraktstoffe zurückbleiben.
Rüdesheimer Kaffee	Zwei bis drei Stück Würfelzucker und 4 cl Asbach Uralt in einer Rüdesheimer Tasse mit einem langen Streichholz entzünden und flambieren. Mit starkem Kaffee auffüllen, mit Vanillezucker verfeinerte halbfeste Schlagsahne aufsetzen und mit Schokoladenblättchen oder Schokoladenraspeln bestreuen.
Pharisäer	In einer vorgewärmten Tasse zwei Kaffeelöffel (braunen) Zucker und 4 cl Rum verrühren. Mit 125 ml starkem Filterkaffee auffüllen, mit einer Sahnehaube dekorieren.
Caffè corretto	Espresso mit 2 cl Grappa oder 2 cl Amaretto di Saronno (Mandellikör).

Corretto — *Korretto*
Irish Coffee — *Eirisch Koffie*

Irish Coffee

Der neue Trend ist Cold Brewing. Lesen Sie mehr darüber im digitalen Zusatzpaket.

4 Einkauf, Lagerung und Service

Kaffee in Aktion – ein Grund, möglichst viel auf Vorrat zu kaufen? Spricht etwas dagegen, ein günstiges Angebot zu nutzen und das Lager möglichst vollzufüllen?

Beim Einkauf von Kaffee sollte nicht der möglichst niedrige Preis, sondern die Qualität (bis zum Service) maßgebend sein.

4.1 Einkauf und Lagerung von Kaffee

Bei der Lagerung von Kaffee ist zu beachten, dass gerösteter Kaffee sehr rasch sein Aroma verliert. Vakuumverpackter, **ungeöffneter Kaffee** (mit Aromaventil) behält seine Röstfrische über einen längeren Zeitraum. Eine Mindesthaltbarkeit ist auf der Verpackung angegeben.

In geöffnetem Zustand sollte Bohnenkaffee nicht länger als zwei Wochen, gemahlener Kaffee nicht länger als eine Woche aufbewahrt werden. Daher ist es immer besser, kleinere Packungen zu kaufen. Geöffnete Packungen möglichst dicht wiederverschließen und zusätzlich in einer passenden Dose schützen.

Kaffee muss
- kühl,
- trocken,
- lichtgeschützt
- in luftdicht abschließenden Gefäßen gelagert werden.

4.2 Verkauf und Service von Kaffee

Wie verkaufe ich Kaffee?

Kaffee ist ein sehr beliebtes Getränk. Allgemein lassen sich mit dem Kaffeeumsatz gute Deckungsbeiträge erzielen.

Wie serviere ich Kaffee?

Servieren Sie heiße Kaffeegetränke ausschließlich in **vorgewärmten** Kaffeetassen bzw. -gläsern mit passenden Löffeln.

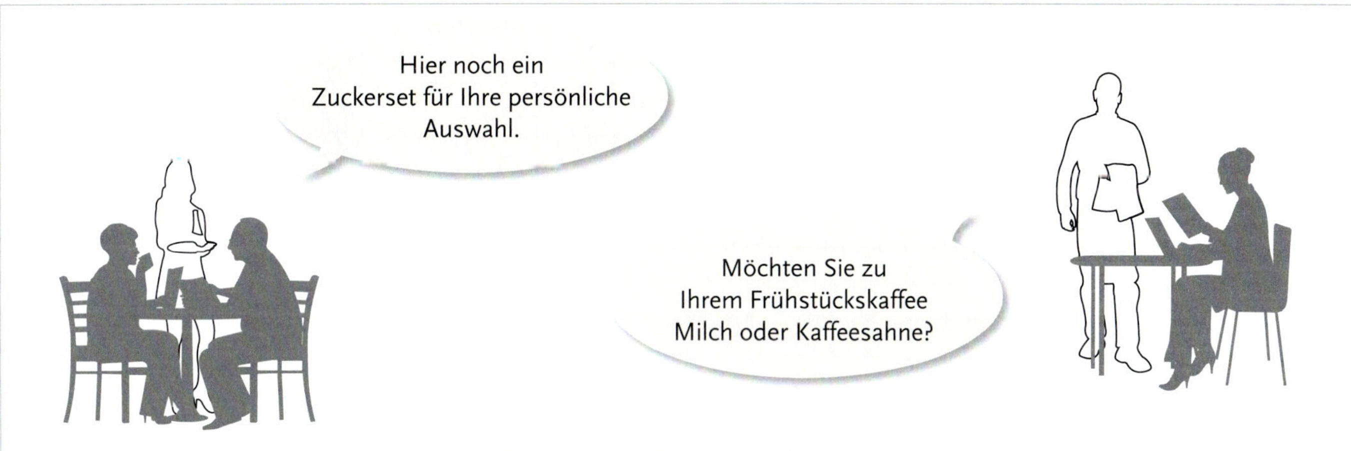

Porzellan und Gläser für Kaffee

Espressotasse mit Untertasse

Kaffeetasse mit Untertasse

Sahne- und Milchkännchen

Kaffeekanne

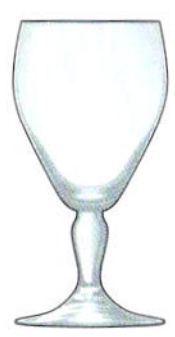
Irish-Coffee-Glas

Eiskaffeeglas

Ziele erreicht? – „Kaffee"

KOMPETENZ-ERWERB

1. Nach den Anbaugebieten unterscheidet man zwei Kaffeearten.
Nennen Sie die Eigenschaften der beiden.

	______ kaffee	______ kaffee
Anderer Name		
Eigenschaften		

2. Was passiert beim Rösten von Kaffeebohnen? Beschreiben Sie den Ablauf.

1. Schritt: ______

2. Schritt: ______

3. Schritt: ______

3. Worauf ist beim Einkauf und bei der Lagerung von Kaffee zu achten? Kreuzen Sie Richtiges an.

- ☐ Möglichst viel auf Vorrat kaufen
- ☐ Lichtgeschützt lagern
- ☐ Warm lagern
- ☐ Aromaventil beim Bohnenkaffee
- ☐ Luftdicht verschließen
- ☐ Offen stehen lassen

4. Welche Zubereitungsverfahren für Kaffee kennen Sie? Beschreiben Sie zwei näher.

5. Kreuzen Sie an.

	Stimmt	Stimmt nicht
Kaffee aus Robusta-Bohnen ist teurer als Kaffee aus Arabica-Bohnen.	☐	☐
Schonkaffee ist koffeinfrei.	☐	☐
Bei der türkischen Methode verwendet man mehlfein gemahlenen Kaffee.	☐	☐
Blue Mountain heißt ein sehr teurer Kaffee.	☐	☐
Latte Art bedeutet, Kaffeegetränke mit Milchschaum kunstvoll zu dekorieren.	☐	☐
Nass aufbereiteter Kaffee ist teurer. Meist sind es Arabica-Bohnen.	☐	☐
Die Kaffeemenge pro Portion wird grob geschätzt.	☐	☐
Die Wassertemperatur und der Wasserdruck spielen eine große Rolle bei der Kaffeezubereitung.	☐	☐
Ein hoher Kaffeeverkauf ist für den Betrieb relativ unwichtig.	☐	☐

Kakao

Kakao ist ein Aufgussgetränk aus den aufbereiteten Samen der Kakaofrucht. Die Azteken, Ureinwohner Mexikos, bereiteten ein würziges Getränk aus Wasser, Pfeffer und gemahlenen Kakaobohnen zu und nannten es „Xocolatl“. Vom Ursprungsland Mexiko kam der Kakao durch Eroberungen nach Europa.

Aus dem Süden kommt der **Trend zu immer dickflüssigeren Schokoladen,** die es teilweise schon in unterschiedlichen Geschmacksrichtungen gibt (z. B. Nuss-Nougat, Orange-Zimt). Neu sind auch **Varianten in der Produktpräsentation.** Es gibt Trinkschokolade am Stiel, Kakaogranulate im Trinkhalm – frei nach dem Motto: Spaß muss es machen. So lenkt auch der Service in ungewöhnlichen Tassen oder ausgefallenen Gläsern den Blick der Gäste auf diese Produktgruppe.

Damit ändert sich das Bild vom Kakao als Kinder- und Jugendgetränk – er wird ein passendes heißes oder kaltes Getränk für jedermann.

⚠ Kakao enthält Theobromin, das dem anregenden Koffein im Kaffee ähnlich ist, jedoch den Kreislauf nicht belastet.

Meine Ziele

KOMPETENZ-ERWERB

Nach Bearbeitung dieses Kapitels kann ich

- die Herkunft und die Aufbereitung von Kakao erklären;
- im Praxisunterricht unterschiedliche Kakaoprodukte und deren Zubereitung erklären und einen perfekten Kakaoservice durchführen;
- Gästen die Eigenheiten von Kakao je nach Herkunft erklären und ihnen edle Trinkschokoladen empfehlen.

1 Herkunft und Aufbereitung

Lukas kennt Kakao nur als Pulver für sein tägliches Frühstücksgetränk. Wie aber schaut die Frucht aus, die für die Herstellung dieses Kakaopulvers benötigt wird? Und wo wächst Kakao eigentlich?

Kakaofrucht mit den Kakaobohnen

Kakaobäume erreichen in Plantagen eine Höhe von zwei bis fünf Metern. Sie blühen ganzjährig und bilden in einem Jahr bis zu 10 000 Blüten. Die Früchte sind gurken- oder melonenähnlich. In jeder Frucht liegen 25 bis 50 Kakaobohnen.

Wichtige Kakaoproduzenten

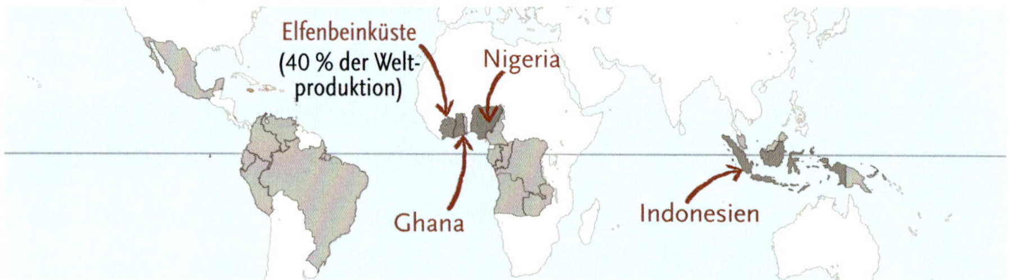

Alle Kakaoanbauländer befinden sich in Äquatornähe. Ein Großteil der Kakaomenge stammt aus Afrika.

Österreichs bekanntester Trinkschokoladenhersteller Zotter zeigt in Filmen seine Reisen zu Kakaoplantagen und bietet Sensorik-Koffer zum Thema an: www.zotter.at

1.1 Aufbereitung im Ernteland

Schritt 1

Zuerst werden die Früchte **geerntet.**

Schritt 2

Dann werden die Samen **ausgelöst.**

Schritt 3

Es folgt die **Fermentation,** ein Gärprozess, meist in großen Holzkisten mit Lochboden, durch den der Saft, der bei der Gärung entsteht, abfließen kann. Nach drei bis acht Tagen bildet sich das Aroma und die Bohnen färben sich braun.

Schritt 4

Das anschließende **Trocknen** der Bohnen dient ihrer Haltbarkeit. Außerdem entwickelt sich das Aroma weiter. Die getrockneten Bohnen werden in 60-Kilogramm-Säcken in Länder verschifft, wo sie verarbeitet werden.

Fermentieren oder Gären hilft bei Grundprodukten (z. B. Kakao, Tee, Weintrauben) mit gewissen Bitter- oder Gerbstoffen (wie auch Tanninen in Weintrauben), diese etwas abzubauen. Dadurch werden die Produkte **milder.**

1.2 Aufbereitung im Verarbeitungsland

Schritt 1

Die Kakaobohnen werden **gesäubert** (von Staub, Metall, Sand, Jutefasern ...).

Schritt 2

Die Kakaobohnen werden **geröstet** und dann rasch abgekühlt. So werden Aromastoffe entwickelt und bittere Geschmacksstoffe weiter abgebaut.

Schritt 3

Beim **Brechen** werden Schalen, Samenhäutchen und Keime entfernt und die Bohnen in kleine Stücke zerbrochen – es entsteht der Kakaobruch.

Schritt 4

Der Kakaobruch wird **gemahlen** und auf 70 °C erhitzt. So entsteht die braune, dicke Kakaomasse. Sie wird abgekühlt und erstarrt.

Schritt 5

Ein Teil der Kakaomasse wird als **Kakaobutter** (für die Schokoladenerzeugung) abgepresst.

Schritt 6

Übrig bleibt der Kakaopresskuchen, der zu **Kakaopulver verarbeitet wird.**

Das Kakaopulver besteht also vor allem aus trockenen Bestandteilen, enthält jedoch noch Kakaobutter. Je nach Butteranteil wird daher Voll- und Magerkakao unterschieden.

Kakao wird in Konsum- und Edelkakao-Sorten eingeteilt:

- **Forastero:** Konsumkakao; liefert rund 90 % der Weltproduktion. Ihr kräftiger Kakaogeschmack ist leicht bitter und säuerlich.
- **Criollo:** Edelkakao
- **Trinitario:** Kreuzung der oben genannten Sorten; je nach Ausprägung Edel- oder Konsumkakao

Kakaobruchstücke werden auch Nibs genannt.

FAIRTRADE

Fair-Trade-Produkte garantieren auch bei Kakao und Schokolade menschenwürdige Arbeits- und Lebensbedingungen.

Fair-Trade *Fähr Trähd*

Magerkakao enthält mindestens 8 % F. i. T. Er ist stark entölt, hell, herb im Geschmack und fein gemahlen.

Vorsicht bei Kakaogranulaten und Trinkschokoladen: Sie weisen einen hohen Zuckergehalt auf!

2 Kakaoprodukte und ihre Zubereitung

In Melinas Betrieb wird den Gästen Kakao, aber auch Trinkschokolade angeboten. Deshalb informiert sie sich bei einer Kollegin genau über die Unterschiede, bevor sie diese Produkte Gästen empfiehlt und serviert.

Edel- oder Vollkakao (reinste Form)

- Er enthält mindestens 20 % F. i. T. (Fettgehalt in der Trockenmasse). Das Kakaopulver ist nur schwach entölt. Er ist dunkel und mild im Geschmack.
- Pro Portion benötigt man etwa 20 Gramm. Da sich reines Kakaopulver in einer Flüssigkeit nur schwer auflöst, ist es ratsam, das Pulver mit etwas heißem Wasser in einer Schale anzurühren. Erst dann kann es gut in heißes Wasser oder heiße Milch eingerührt werden. Gesüßt wird nach Wunsch.
- **Bekannte Marken**
  Bensdorp, Monbana, Naturata

Kakaogranulate, aromatisierte Kakaopulver

- Sie bestehen aus Kakaopulver, viel Zucker, Eiweißstoffen sowie eventuell Geschmacksstoffen und Vitaminen. Diese Produkte werden mit kalter oder heißer Milch aufgegossen (lösen sich leicht und rasch). Nicht mehr süßen!
- **Bekannte Marken**
  Nesquik, Benco, Siggi, Suchard, Monbana

Trinkschokolade

- Sie besteht aus bis zu 80 % Schokoladenpulver sowie aus Zucker, Voll- und Magermilchprodukten, Kakaobutter, Kakaoaroma, Speisesalz, Soja und Vanillin. Trinkschokolade ist meist als fertiges Pulver, aber auch in Form von Tafeln, Flocken, Kugeln oder Pastillen erhältlich.
- Für die Zubereitung einer Tasse werden ca. 25 Gramm Pulver mit heißer Milch aufgegossen. Trinkschokolade muss nicht mehr gesüßt werden.
- **Bekannte Marken**
  Suchard, Pompadour, Van Houten, Zotter

Stellen Sie Trinkschokolade selbst her:

- Zartbitterschokolade fein reiben und in wenig heißer Milch auflösen
- Diese Mischung mit Zucker in einen Topf mit warmer Milch (darf nicht kochen!) am besten mit einem Schneebesen einrühren

In vorgewärmte Tassen füllen und genießen!

3 Einkauf, Lagerung und Service

Besonders dickflüssige Trinkschokolade, wie sie meist in Italien serviert wird, löffelt Melina am liebsten. Kalte Schokolade schmeckt ihr aber am besten mit einem Trinkhalm. Über kleine Beigaben, wie z. B. einen Keks, freut sie sich immer.

Durch Fremdgerüche (z. B. durch nebenbei gelagerte Gewürze) und Feuchtigkeit leidet das Aroma des Kakaos.

Je nach Umsatz und Stil des Betriebes werden die Produkte eher in Großpackungen oder in Einzelportionen verpackt gekauft. Kakao soll kühl, trocken, dunkel und verschlossen (aromageschützt) gelagert werden.

Wie verkaufe ich Kakao und Trinkschokolade?

Kreative Beigaben steigern den Umsatz beim Kakaoverkauf. Marshmallows, edle Pralinen zu ausgesuchten Trinkschokoladen, aber auch hausgemachte Kekse führen zu begeistertem „Ahh“ bei den Gästen.

Wie serviere ich Kakao und Trinkschokolade?

Servieren Sie die heißen Varianten immer in **vorgewärmten** Tassen bzw. Gläsern.

Denken Sie auch an passende Untertassen (mit Underlinern), entsprechende Löffel und eventuell Trinkhalme oder auch kleine Quirle (für Trinkschokolade zum Selbsteinrühren). Bei Edel- oder Vollkakao freut sich der Gast über ein vielfältiges Zuckerangebot.

Auch hitzefeste Gläser passen für Kakao und Trinkschokolade

Tassen und Gläser für Kakao und Trinkschokolade

Schokoladentasse mit Untertasse

Tumbler

Ziele erreicht? – „Kakao"

KOMPETENZ-ERWERB

1. Woraus wird Kakao gewonnen? Kreuzen Sie richtig an.

- ☐ Aus Schokoladenbohnen
- ☐ Aus Kakaobohnen
- ☐ Aus Blüten des Kakaobaumes
- ☐ Aus Kakaobutter

2. Was ist der Unterschied zwischen Vollkakao und Trinkschokolade? Ordnen Sie richtig zu.

Vollkakao (1) Trinkschokolade (2)

- ☐ Enthält mindestens 20 % F. i. T.
- ☐ Muss noch gesüßt werden
- ☐ Besteht aus bis zu 80 % Schokoladenpulver
- ☐ Löst sich schwer auf

3. Wie lagert man Kakao richtig? Kreuzen Sie an.

- ☐ Neben der dampfenden Kaffeemaschine
- ☐ In einer verschlossenen Metalldose
- ☐ Offen im Gewürzregal

4. Erkundigen Sie sich im Internet, was Wiener Schokolade ist und wie sie zubereitet wird.

5. Bilden Sie Gruppen. Erfinden Sie je Gruppe ein Rezept für eine schmackhafte Trinkschokolade, z. B. verfeinert mit Zimt und Ingwer. Präsentieren Sie Ihre Ergebnisse vor der Klasse.

Tee

„Erfunden" wurde Tee in China, wo schon vor 5 000 Jahren Wasser abgekocht und mit pflanzlichen Zusätzen aromatisiert wurde. Nach Europa kam Tee erst 1610 über Amsterdam mit Schiffen der Holländischen Ostindien-Kompanie.

In Europa werden hauptsächlich kräftige, aromatische Tees (z. B. aus Indien und Sri Lanka) getrunken. Tee aus China wird meist als zu weich und zu rauchig empfunden. Der Konsum von grünem Tee, dem eine gesundheitsfördernde Wirkung nachgesagt wird, ist in den letzten Jahren stark gestiegen.

Eine Neuentwicklung ist **Teesirup:** Fruchtsaftkonzentrate, Teeextrakte und Kräuterauszüge. Der Sirup wird in einem bestimmten Verhältnis mit kochend heißem Wasser aufgegossen (z. B. für Punsch, ein heißes Mischgetränk mit Alkohol).

Als trendige Abwandlung des Caffè Latte gibt es **Chai Latte** (schwarzen Tee mit Gewürzen wie Zimt, Ingwer, Kardamom, Gewürznelken mit geschäumter Milch).

Chai Latte, das warme Trendgetränk aus Asien

Chai Latte *Tschai Latte*

Meine Ziele

Nach Bearbeitung dieses Kapitels kann ich

- die wichtigsten Teeanbauländer und unterschiedliche Teequalitäten nennen;
- im Praxisunterricht die Eigenheiten von fermentiertem Tee (schwarzem Tee), grünem, weißem, gelbem und aromatisiertem Tee genau erklären und einen perfekten Teeservice durchführen;
- Gästen wertvolle Empfehlungen und Hintergrundinformationen zu kalten und warmen Tees bzw. auch zu teeähnlichen Getränken wie Früchte-, Kräuter- und Gewürztees geben.

1 Herkunft und Aufbereitung

Schwarzer Tee – warum ist der Aufguss ganz und gar nicht schwarz?
Warum wird er trotzdem schwarz genannt?
Wie ist das mit grünem, weißem oder aromatisiertem Tee?

Teesetzlinge

Tee ist der Aufguss von mehr oder weniger aufbereiteten Blättern und Knospen des **Teestrauches.** Tee enthält wie Kaffee das Alkaloid Koffein (früher Tein genannt).

Aufgüsse aus heimischen oder exotischen Kräutern, Früchten, Blüten oder Samen fallen gesetzlich unter den Begriff **„teeähnliche Erzeugnisse".**

1.1 Anbaugebiete von Tee

Teepflanzen wachsen wie Kaffee und Kakao nahe dem Äquator in den Tropen bzw. Subtropen. China produziert mehr als ein Drittel der Welternte.

Nähere Informationen zu Teeländern finden Sie im digitalen Zusatzpaket.

Wichtige Teeproduzenten

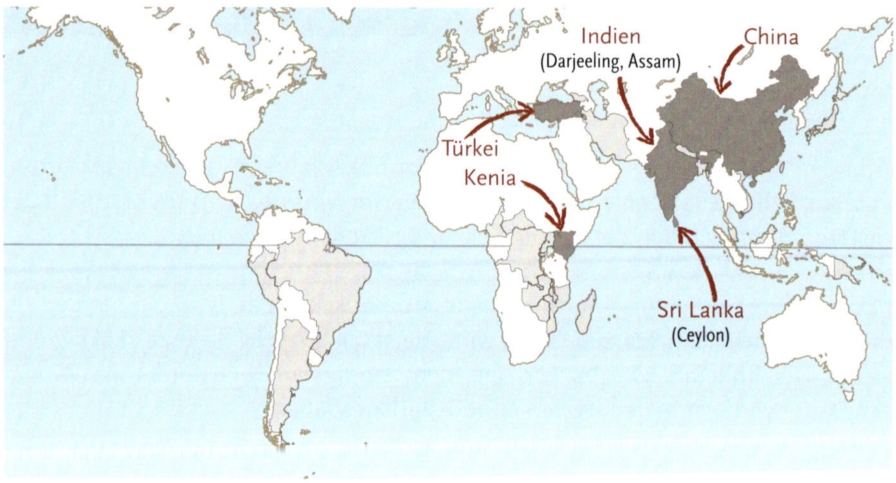

Die erste Ernte beginnt am etwa fünfjährigen Teestrauch. Tee wird fast immer mit der Hand gepflückt. Qualitätspflückungen beschränken sich auf die Blattknospe und die zwei jüngsten Blätter (two leaves and a bud).

Aus einem Kilogramm Teeblättern entstehen etwa 125–250 Gramm Schwarztee

Für die Charakteristik des Tees spielt wie bei allen Getränken aus der Natur nicht nur

- die Pflanze, sondern auch
- das Anbaugebiet,
- die Anbauhöhe (Klima),
- die Bodenbeschaffenheit und
- die Lage

eine große Rolle.

Tee liebt Hochplateaus, Temperaturen um 19 °C, hohe Luftfeuchtigkeit, viel Sonne und fruchtbare Böden.

Je nach Höhenlage der Plantage gibt es

High Grown (Hochlandtee)	Low Grown (Tieflandtee)

■ Höhenlage bis zu 2 500 Meter ■ Pflanze wächst langsamer, ganzjähriges Ernten nicht immer möglich ■ Zart duftende, fein aromatische, elegante Tees ■ Besondere Qualitäten: aus Indien (Darjeeling) und Sri Lanka/Ceylon (Uva, Dimbula, Nuwara Eliya)	■ Bis zu 600 Meter Höhe ■ Pflanze wächst sehr rasch ■ Aromatisch im Geschmack; kräftiger und würziger als High Grown ■ Meist für Teemischungen und aromatisierte Tees

Frisch gepflückter Tee auf seinem Weg zur Verarbeitung

Die Teegärten in **Darjeeling** befinden sich in 1 200 bis 2 500 Meter Höhe an den Südhängen des Himalaja.

Assam ist das größte zusammenhängende Teeanbaugebiet der Welt mit Teegärten in 300 bis 800 Meter Höhe.

High Grown	*Hai Grohn*
Low Grown	*Loh Grohn*
Darjeeling	*Dahtschieling*
Ceylon	*Seilon*
Nuwara Eliya	*Nuara Elia*

Die erste Ernte im Frühjahr **(First Flush)** ist von besonders hoher Qualität und sehr selten. Diese Tees haben ein blumiges Aroma und schmecken erfrischend fruchtig.

Spätere Ernten färben den Aufguss intensiver und schmecken körperreich, mild, wodurch sie ideal im Winter eingesetzt werden können.

Tee wird in den Produktionsländern an Börsen gehandelt, ist also nicht einfach direkt zu kaufen.

1.2 Aufbereitung von fermentiertem (schwarzem) Tee

Teeblätter werden in den Anbauländern bis zum fertigen Endprodukt aufbereitet. Nachfolgend ist die **orthodoxe Methode** dargestellt, also die traditionelle Vorgehensweise. Damit können Tees in beliebiger Blattgröße hergestellt werden.

Die sofortige Aufbereitung im Anbauland ist nötig, da frische Teeblätter viel Feuchtigkeit enthalten und daher nicht lange haltbar sind. Sie würden bei einem längeren Transport zu schimmeln beginnen.

CTC-Methode (industrielle Produktionsmethode)
1. **C**rushing = Zermalmen
2. **T**earing = Zerreißen
3. **C**urling = Rollen

Gewelkte Teeblätter werden also zermalmt, zerrissen und gerollt. Dadurch entstehen sehr kleine Blattteilchen, die rascher fermentieren und trocknen (für Teebeutel).

Crushing	*Krasching*
Tearing	*Tering*
Curling	*Körling*

Blattgrade

Schritt 1

Welken
Geerntete Blätter werden ausgebreitet und bis zu 18 Stunden gewelkt.

Schritt 2

Rollen
Rollmaschinen brechen durch ihre kreisenden Bewegungen die Blattzellen auf und das Blatt wird zerkleinert.

Schritt 3

Fermentieren (= Oxidieren)
Der beim Rollen austretende Zellsaft oxidiert durch den Kontakt mit Sauerstoff. Die Teeblätter färben sich zunächst kupferrot. Dabei bildet sich das typische Teearoma und die **bittere Gerbsäure** wird teilweise **abgebaut** (siehe auch Seite 48 Kakao/Fermentation).

Schritt 4

Die Fermentationszeit bestimmt den Geschmack des Tees:
Kurz: frischer, noch leicht bitterer Geschmack, heller Aufguss
Länger: kräftiger Geschmack, dunkler Aufguss

Schritt 5

Trocknen, Reinigen und Sortieren
Durch Heißluft kommt es zur typischen Schwarzfärbung der Blätter und sie werden haltbar.
Das Teematerial wird durch Stufensiebe in verschiedene Blattgrade/Größen sortiert und dabei gereinigt.

Schritt 6

Verpacken
Meist werden Papiersäcke, die mit Folie ausgekleidet sind (gegen den Aromaverlust), für den Transport verwendet.

2 Teequalitäten und Teeprodukte

Lukas mag nur Tees im Beutel, weil er das einfach praktisch findet. Seine Mutter hingegen liebt es, Grünteepulver anzurühren. Er kennt aber aus seinem Berufsalltag Gäste, die wegen der hohen Qualität nach offenen Blatt-Tees fragen.

2.1 Teequalitäten nach Blattgröße

Je stärker das Blatt gebrochen wurde, umso intensiver ist der Aufguss.

Blatt-Tee (Leaf Tea)

Diese Blätter werden bei der Aufbereitung nur **geringfügig gebrochen.** Das Aufgusswasser kann die Teeblätter nur wenig auslaugen, deshalb sind Blatt-Tees **leicht und aromatisch.** Etwa zwei Prozent der Weltproduktion sind Blatt-Tees.

Früher wurde die Qualität von Blatt-Tees nach der Stellung der gepflückten Blätter am Ast (Spitze, 1. Blatt, 2. Blatt usw.) eingeteilt, heute wird jede Teequalität durch Verkostung beurteilt.

Teequalitäten von Blatt-Tees (britisches System der Blattgrade)	
Flowery	Blumig (Duft/Aroma des Tees) mit kleinen Knospen im Tee
Orange	Der Begriff wird mit dem niederländischen Fürstengeschlecht Oranien in Verbindung gebracht und steht für „königlich" bzw. „Tee von besonderer Güte".
Pekoe	Chinesisch für „weißer Flaum" (feine Härchen der zarten Blätter)
Fine	Bezeichnung für besonders herausragende Teequalitäten
Tipps/Tippy	Tipps sind die Spitzen der ganz jungen Blätter und Knospen, die bei der Fermentation hell (goldbraun) bleiben, da sie wenig Zellsaft enthalten. Tipps/Tippy bedeutet einen besonders hohen Anteil dieser Knospen.
Golden	In Indien ein Hinweis auf besonders viele helle, goldbraune Blattspitzen

Meist werden die Qualitätsbezeichnungen abgekürzt, wie beispielsweise:

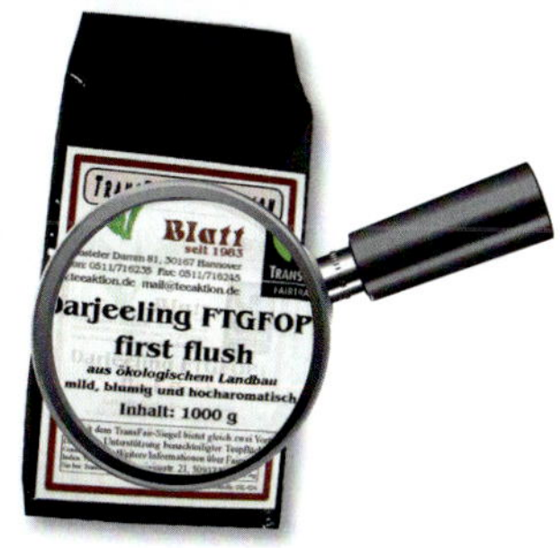

Darjeeling-FTGFOP-Tee (**F**ine **T**ippy **G**olden **F**lowery **O**range **P**ekoe) ist ein Tee von höchster Qualität mit vielen hellen und goldbraunen Spitzen von jungen Blättern und Knospen mit blumigem Duft und Aroma.

Broken Tea

Bezeichnung für **mehrmals gebrochene** Teeblätter. Broken Teas haben einen **kräftigeren Aufguss,** da wegen der größeren Oberfläche mehr Geschmacks- und Aromastoffe im Teewasser gelöst werden können. Broken Teas werden durch ein zusätzliches **B** gekennzeichnet, wie etwa bei F**B**OP (Flowery Broken Orange Pekoe).

Leaf Tea	*Lief Tie*
Flowery	*Flaueri*
Orange	*Oränsch*
Pekoe	*Pikoh*
Fine	*Fein*
Broken Tea	*Brohken Tie*
Fannings	*Fännings*
Dust	*Dast*
Fluff	*Flaff*

Fannings

Kleine Blattteilchen, die beim Sieben größerer Sortierungen durchfallen. Sie färben den Aufguss sehr rasch und **kräftig** und werden **für Teebeutel** verwendet.

Dust

Kleinstblättrige Aussiebung, die hauptsächlich zur Teebeutelproduktion und zur Herstellung von Eistees verwendet wird.

⚠ Fluff ist das englische Wort für Fussel und bezeichnet die allerfeinsten Teeteilchen, die nicht mehr in den Handel kommen.

2.2 Teeprodukte

Teeprodukte (nach ihrer Verarbeitung)

Fermentierter oder schwarzer Tee

Klassischer Tee aus den Blättern des Teestrauches, die eine volle Fermentation (Oxidation) durchlaufen

Beispiele

Darjeeling, Assam, Ceylon

Schwarzteemischungen, Blends

- Für einen gleichbleibenden Geschmack
- Um jahreszeitliche Qualitäts- und Preisschwankungen (z. B. durch unterschiedliche Pflückzeiten) auszugleichen

Beispiele

English Breakfast, Ostfriesenmischung

English Breakfast	*Inglisch Breikfast*
Oolong	*Ulong*

Spezialtees

- Tees mit kürzerem oder gar keinem Fermentationsprozess
- Tees, die mit Aromen angereichert sind

Beispiele

Grüner Tee, Oolong, Weißer Tee, Aromatisierter Tee

Industriell behandelte Tees

Speziell hergestellte Teeprodukte für besondere Verwendungen (z. B. raschen Einsatz)

Beispiele

Entkoffeinierter Tee, Tee-Extrakt, Instant-Tee, Eistee

Fair gehandelt

Biologischer Anbau und Fair-Trade-Produkte sind auch bei Tees vielen Menschen ein Anliegen.

Teeähnliche Aufgüsse

Produkte, die wie Tee mit heißem Wasser aufgegossen werden

Beispiele

Früchtetee, Kräutertee, Gewürztee

Schwarzteemischungen (Blends)

- **English Breakfast:** Auswahl aus Spitzentees aus Darjeeling, Assam, Sri Lanka/Ceylon und Ostafrika, meist Kenia
- **Ostfriesenmischung:** kräftige Mischung aus mindestens 50 % Assamtee und Tees aus Java, Sri Lanka/Ceylon, Sumatra und Südindien

Spezialtees

Neben dem Schwarztee, der eine vollständige Fermentation durchlaufen hat, gibt es weitere Tees, die alle vom Teestrauch stammen.

Manche Tees werden rasch getrocknet, um eine Fermentation zu verhindern. Manchmal wird die Fermentation vorzeitig beendet (halbfermentierte Tees).

Bei Schwarztees gibt es sogar reine Gartentees – also Tees, die aus einer bestimmten Plantage stammen –, aber eben auch Mischungen (Blends). Sprechen Sie in der Klasse über Vor- und Nachteile von Blends.

Spezialtees

Weißer Tee	Grüner Tee	Oolong-Tee	Aromatisierte Tees

Für diese südchinesische Spezialität werden nur weiß-silbrige, fein behaarte Blattknospen und die beiden nachstehenden Blättchen geerntet, an der Luft getrocknet und dann gleich verpackt. Weißer Tee wird weder fermentiert noch gedämpft. Er ist eine besondere und sehr teure Teeart, die spezielles Wissen bei der Zubereitung erfordert. Er wirkt leicht kühlend.	Bei der Grünteeproduktion wird die Fermentation verhindert. Dies geschieht durch kurzes Erhitzen oder auch Dämpfen der Blätter, wodurch sie ihre grüne Farbe behalten. Der zarte Pflanzengeschmack kann auch intensiv-herb sein. Bekannte Grüntees sind Gunpowder und Matcha.	Nach kurzem Welken werden bei einem sanften Rollvorgang nur die Blattränder aufgebrochen. Die geringere Fermentation wird durch Trocknen unterbrochen. Geschmacklich liegt er daher zwischen Schwarztee und grünem Tee.	Schwarz-, Grün- oder Oolong-Tees, denen ein zusätzliches Aroma durch Beigabe von Schalen, Blüten, Gewürzen oder ätherischen Ölen gegeben wird, z. B. Earl Grey (mit Bergamotteöl), Jasmintee (Jasminblüten).

Gunpowder = zu kleinen Kugeln gerollte Teeblätter.

Matcha = ein sehr belebender, pulverisierter Grüntee, der für die japanische Teezeremonie verwendet wird.

? **Pu-Erh-Tee** durchläuft eine spezielle Fermentation, die ihm den erdigen Geschmack und die rotbraune Farbe verleiht. Suchen Sie weitere Informationen zu Pu-Erh im Internet.

Earl Grey	*Örl Grej*
Gunpowder	*Ganpauder*
Matcha	*Matscha*
Pu-Erh-Tee	*Pu-Err*

Teeähnliche Aufgüsse von Früchten, Kräutern oder Gewürzen

Sie werden wie echter Tee zubereitet. Viele von ihnen haben eine medizinische Wirkung. Oft werden Mischungen zusammengestellt (Schwarz-, Kräuter- und Früchtetees, auch mit Gewürzen, z. B. Zimt, Ingwer).

In der Gastronomie werden vor allem drei sortenreine Aufgüsse und eine Fertigmischung angeboten:

Hagebuttentee

- Aus den Früchten der wilden Heckenrose, zart duftend mit einem ausgeprägt fruchtigen, leicht süßlichen Geschmack
- Wirkt entzündungshemmend sowie verdauungsfördernd und harntreibend

Kamillentee

- Aus den Blüten der Römischen Kamille, fein duftend mit einem leicht bitteren Geschmack
- Wirkt entzündungshemmend

Pfefferminztee

- Aus den Blättern der Pfefferminze, mit kräftigem Aroma und frischem Geschmack
- Wirkt schmerzstillend und krampflösend, speziell bei Magen- und Darmbeschwerden

Früchte- und Kräutertees sind sehr verträglich und haben einen hohen Vitamingehalt.

Früchtetee

Beliebte Mischungen aus mehreren Früchten, wie Beerenfrüchte, Apfel-Hagebutte

Kennen Sie Rooibos?
Der Rotbuschstrauch wächst nur in Südafrika. Seine nadelartigen Blätter enthalten kein anregendes Koffein, sind tanninarm (enthalten also keine Bitterstoffe), aber reich an Mineralstoffen und daher sehr begehrt.

3 Einkauf, Lagerung und Service

Tee haben viele Menschen immer zu Hause. Manche Packungen liegen allerdings schon sehr lange im Kasten. Ist das okay? Kann man diese Tees noch trinken?

Stellen Sie Nachforschungen an: Welche Unterschiede können Sie bei der Qualität von Teebeuteln finden?

3.1 Einkauf und Lagerung von Tee

Auch beim Einkauf von Tees muss auf Qualität geachtet werden. Selbst bei Tee in Teebeuteln gibt es qualitative Unterschiede.

Tee kann gut auf Vorrat eingekauft werden, er muss jedoch luftdicht und trocken gelagert werden. Tee, der einmal Feuchtigkeit (z. B. durch den Dampf beim Milchaufschäumen in der Nähe der Kaffeemaschine) aufgenommen hat, ist nicht mehr verwendbar.

Schwarztees bzw. Früchte- und Kräutertees müssen getrennt gelagert werden, da Schwarztee leicht Fremdgerüche annimmt. Das eigene Aroma wird dann überlagert.

Ein (offen) angebotenes Teesortiment ist vor allem bei Frühstücksbuffets ein toller Blickfang und wird von Gästen sehr geschätzt. Stellen Sie jedoch nur eine kleine Menge zur Verfügung, die in absehbarer Zeit verbraucht wird – sonst leidet der Genuss!

Bekannte große Teehandelshäuser

- Lipton
- Meßmer
- Ronnefeldt
- Teekanne (Sir Winston, Pompadour)
- Milford
- Twinings

3.2 Verkauf und Service von Tee

Tee bietet eine große Geschmacks- und Aromavielfalt, kann heiß oder mit Eiswürfeln getrunken werden und passt zu jeder Tages- und Jahreszeit.

Das Wort Chai steht in vielen Teilen der Welt einfach für Tee.

Wie verkaufe ich Tee?

Wie serviere ich Tee?

Tee wird in eine **vorgewärmte** Ton-, Porzellan- oder Glaskanne bzw. Tassen oder Gläser gegeben und mit **kochendem Wasser aufgegossen.** Teeliebhaberinnen und Teeliebhaber trinken ihren Tee am liebsten aus einer dünnwandigen Porzellantasse.

Die **Ziehdauer** entscheidet über den Genuss und die Wirkung des Tees:

- Lässt man **Schwarztee bis maximal drei Minuten** ziehen, wirkt er **belebend**, da drei Viertel des Koffeins bereits in den ersten zwei Minuten freigesetzt werden.
- Lässt man **Schwarztee länger** ziehen, lösen sich verstärkt die Tannine, die **beruhigend auf Magen und Darm** wirken. Er sollte jedoch nicht länger als fünf Minuten ziehen, da er sonst zu bitter schmeckt.
- **Aromatisierten Schwarztee** am besten nur bis 2 ½ Minuten ziehen lassen.

Sprechen Sie in der Klasse darüber, wie Sie Ihre Gäste über die optimale Ziehzeit informieren.

Ein Samowar hält heißes Wasser bereit. Er wird gerne am Frühstücksbuffet oder bei Seminarpausen verwendet.

- **Früchte- und Kräutertees** vertragen eine Ziehdauer von 5–10 Minuten.
- Für **grünen und weißen Tee** müssen Sie das Wasser etwas abkühlen lassen.
- Die Ziehzeiten von **Grüntee** sind verschieden:
  - chinesischer 2–3 Minuten,
  - japanischer 1–1 ½ Minuten und
  - aromatisierter 1–1 ½ Minuten.
- **Weißen Tee** sollte man circa 2–3 Minuten ziehen lassen.

Tipps zum Service von Grüntee

- Das kochende Wasser vor dem Aufguss auf circa 75 °C abkühlen. Dadurch bleiben wertvolle Vitamine erhalten.
- Es können bis zu vier Aufgüsse gemacht werden. Teeexperten kennen die feinen geschmacklichen Unterschiede.
- Grünen Tee pur und ungesüßt trinken, um sein Aroma nicht zu beeinträchtigen.
- Man kann grünen Tee auch wie Schwarztee zubereiten oder man macht mit 100 °C heißem Wasser einen ersten Aufguss, der abgegossen wird.

Es handelt sich hier um ungefähre Angaben; (2 Gramm = 1 Teelöffel) Bei der Zubereitung von Blatt-Tee brauchen Sie eine Spur mehr pro Tasse (etwa einen gehäuften Teelöffel), weil er vom Wasser schwerer ausgelaugt werden kann.

Teemenge pro Tasse

1–2 Gramm	2 Gramm	4 Gramm
Schwarztee und aromatisierter Schwarztee	Grüntee und aromatisierter Grüntee, Weißer Tee, Oolong-Tee	Früchte-, Kräuter- und Gewürztee, Schwarztee für Eisteeherstellung

Tassen und Gläser für Tee

Teetasse mit Untertasse

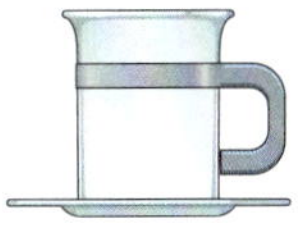

Teeglas mit Untertasse

Tumbler für Eistee

Ablageschale für Teesieb bzw. Teebeutel

Ziele erreicht? – „Tee"

KOMPETENZ-ERWERB

1. Wie wird schwarzer Tee aufbereitet? Bringen Sie die Schritte in die richtige Reihenfolge (1–6). Schreiben Sie diesen Ablauf zuletzt noch einmal durchgehend auf.

- ☐ Fermentieren
- ☐ Verpacken
- ☐ Rollen
- ☐ Welken
- ☐ Trocknen
- ☐ Reinigen und Sortieren

2. Kreuzen Sie die richtige Erklärung des Begriffes im Zusammenhang mit Tee an.

Flowery

- ☐ Geschmackvoll
- ☐ Blumenwiese
- ☐ Hippie
- ☐ Mehlig
- ☐ Fließend
- ☐ Blumiger Duft/Blumiges Aroma

Blend

- ☐ Teemischung
- ☐ Tee in weißem Porzellan
- ☐ Tee für weiße Zähne
- ☐ Weißer Tee
- ☐ Mittelstarker Aufguss
- ☐ Teekanne

Pekoe

- ☐ Bestimmtes Gebiet in den Bergen
- ☐ Weiße, feine Härchen von jungen, zarten Blättern
- ☐ Spezielle Teezubereitung
- ☐ Höchste Spitze des Teestrauches

Broken Tea

- ☐ Offene Teepackung
- ☐ Verdorbene Teeblätter
- ☐ Mehrmals gebrochene Blätter („B")
- ☐ Tee mit besonderer medizinischer Wirkung

Oolong-Tee

- ☐ Afrikanische Teesorte
- ☐ Nur kurz fermentierter Tee
- ☐ Tee, der lange ziehen muss
- ☐ Tee von schlechter Qualität

3. Checken Sie Ihr Teewissen! Kreuzen Sie das Richtige an.

	Stimmt	Stimmt nicht
Die Ziehdauer entscheidet über die Wirkung des Tees.	☐	☐
Schwarztee durchläuft einen vollständigen Fermentationsprozess.	☐	☐
Schwarztee belebt die Sinne und wirkt anregend.	☐	☐
Lässt man Schwarztee maximal drei Minuten ziehen, wirkt er beruhigend.	☐	☐
Grüner Tee ist ungesüßt am aromatischsten.	☐	☐
Grüner Tee wird wie Schwarztee fermentiert.	☐	☐
Rooibos ist Tee aus Blüten und sehr verträglich.	☐	☐

Alkohol

Als engagierter Mitarbeiter bzw. als engagierte Mitarbeiterin im Service sind Sie gefordert, Ihr Wissen immer zu aktualisieren. Neben Ihrem Fachwissen zu den einzelnen Produktgruppen sollen Sie auch über gesetzliche Bestimmungen Auskunft geben können, die Alkohol im Allgemeinen betreffen (z. B. für Autofahrer bzw. Autofahrerinnen oder Jugendliche).

Alkoholkonsum hat zwei Seiten – die gesellige bunte und die einsame dunkle. Seit Urzeiten leben die Menschen mit den beiden Seiten dieses Genuss-, Sucht-, Rausch- und Arzneimittels. Reiner Alkohol ist giftig und daher nur in Apotheken erhältlich. Er wird rein medizinisch verwendet.

In der westlichen Kultur (eben auch in Europa) ist der Genuss von alkoholischen Getränken Tradition, beispielsweise zum Essen. Alkohol wird vor allem bei besonderen Anlässen getrunken, wie bei einem Restaurantbesuch, einer Feier oder einem geselligen Beisammensein. Jedoch überschreiten viele Menschen mit ihren Trinkgewohnheiten die Grenze vom Genuss zum Rausch oder gar zur Sucht.

Vor allem durch mehr Gesundheitsbewusstsein und gestiegene Mobilität gibt es einen allgemeinen Trend zu weniger Alkohol. Das ist auch bei der Frage nach dem alkoholischen Getränkeangebot zu spüren (z. B. Leichtbier).

KOMPETENZ-ERWERB

Meine Ziele

Nach Bearbeitung dieses Kapitels kann ich

- zwei Alkoholtypen unterscheiden;
- erklären, wie Alkohol entsteht;
- die Wirkung von Alkohol beschreiben und Gäste bei der Alkoholauswahl und -menge beraten.

1 Entstehung von Alkohol

Für Hefeteige gären die Zutaten (Zucker, Stärke aus dem Mehl und Hefe) relativ kurz. Luftblasen entstehen und der Teig „geht auf“.
Welche Rolle spielt Gärung bei der Entstehung von Alkohol?

Alkohol (chemisch Ethanol, Monopolalkohol) entsteht in der Natur einfach durch Vergärung

von Zucker (beispielsweise aus Obst) oder

Stärke (beispielsweise aus Getreide)

durch einen Hefepilz.

Wir gewinnen bzw. konzentrieren heute Alkohol auf zwei Arten

Durch Gärung

Gärungsalkohol

- Bei Früchten (Kernobst, Steinobst und Beeren) wird der Frucht- und Traubenzucker in Alkohol und Kohlendioxid zu gleichen Teilen gespalten (beginnt rasch).
- Bei stärkehaltigen Pflanzen (Getreide, Reis und Kartoffeln) muss bei der Alkoholgewinnung die Stärke erst in Einfachzucker umgewandelt werden (dauert länger).
- Die Gärung endet, wenn
  - es entweder zu kalt ist,
  - zu viel Alkohol die Hefe tötet
  - oder kein Zucker mehr zum Umwandeln vorhanden ist.
- Alkohol, der durch Gärung gewonnen wird, nennt man Gärungsalkohol. Er ist **niedrigprozentig,** wie bei **Bier** und **Wein.**

Durch Destillation

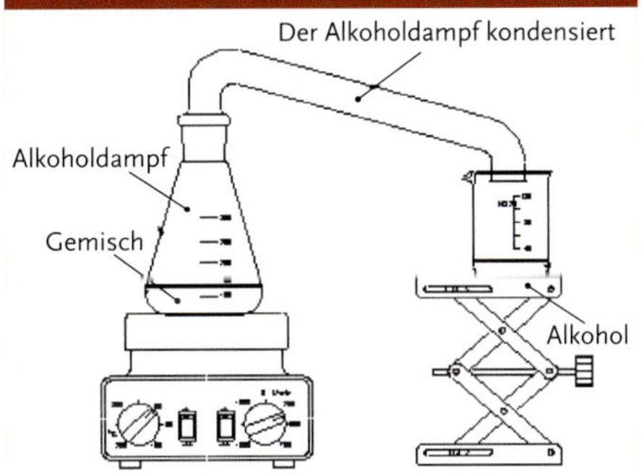

Destillationsalkohol

- Grundsätzlich kann man alles, was Zucker enthält und vergoren ist, destillieren (also vergorene Maischen oder alkoholhaltige Flüssigkeiten wie Wein).
- Als Grundmaterial dienen viele Arten von Obst, Getreide und Gemüse, z. B. Wein aus Weintrauben für Cognac, Saft vom Zuckerrohr für Rum, Maische vom Getreide für Whisk(e)y oder von Agaven für Tequila.
- Der **hochprozentige** Alkohol wird durch Destillation gewonnen und heißt **Branntwein, Destillat oder Spirituose.**

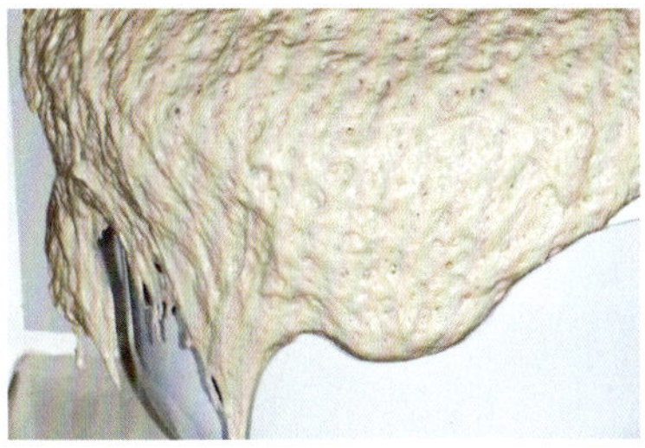

Hefeteig „geht“ (gärt)

Auch der in Alkohol umgewandelte Zucker hat noch viele Kalorien. Dies ist ein zusätzliches Problem von Alkoholkonsum bei Gewichtsproblemen und Zuckerkrankheit (Diabetes).

Frisst ein Elefant Obst (enthält Fruchtzucker), beginnt es durch die Hefepilze in seinem Magen zu gären und wird aufgespalten in CO_2 (Blähungen) und Alkohol (wird mit dem Urin ausgeschieden). Gleichzeitig entsteht bei dieser Gärung Wärme – je mehr Obst er frisst, umso hitziger und aufgeblähter fühlt er sich.
Ein Video dazu finden Sie im digitalen Zusatzpaket.

Maische = zerquetschte Menge von Obst oder Pflanzen, worin Zucker bzw. Stärke freigelegt ist und dadurch zu gären beginnt.

2 Alkoholische Getränke

„Alkopops sind ja nicht wirklich Alkohol. Da kann ich schon einige vertragen und bin gar nicht betrunken", meint Lukas.

Egal wie fantasievoll und harmlos die Getränkebezeichnungen auch sein mögen, kontrollieren Sie auf dem Etikett, ob bzw. wie viel Alkoholgehalt vorhanden ist!

Unter alkoholischen Getränken versteht das Gesetz all jene Getränke, die mehr als 5 ml Alkohol pro Liter enthalten (= 0,5 Vol.-%). Der Alkoholgehalt wird in Volumenprozent (Vol.-%) angegeben und ist auf den Flaschenetiketten angeführt.

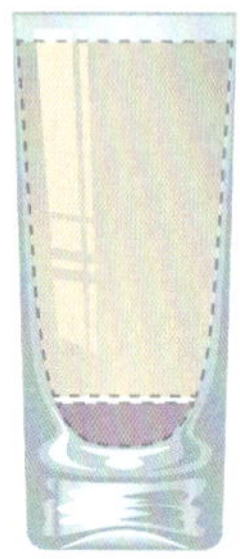

Alkoholische Getränkegruppen sind
- Bier,
- Wein, Obstweine, Schaumweine, Likörweine und aromatisierte Weine sowie
- Spirituosen

Mehr als 0,5 Vol.-% Alkohol

Nehmen Sie die Frage von Gästen nach **völlig** alkoholfreien Getränken (oder Speisen) immer sehr ernst und beraten Sie sie entsprechend.

Ist alkoholfreies Bier wirklich alkoholfrei?

So wie die meisten Fruchtsäfte von Natur aus durch Gärprozesse geringe Mengen an Alkohol enthalten, weist auch das alkoholfreie Bier je nach Herstellungsverfahren einen Alkoholgehalt zwischen 0,02 % und 0,5 % auf. Dies gilt als unbedenklich. Zum Problem kann es nur bei jenen Personen werden, die wegen einer früheren Alkoholkrankheit abstinent (völlig alkoholfrei!) leben müssen. Denn auch Restalkoholmengen können einen Rückfall herbeiführen.

3 Verträglichkeit und Wirkung von Alkohol

In vielen europäischen Ländern gilt wie in Deutschland auf der Straße eine 0,5-‰-Grenze. Das heißt, dass der gemessene Alkoholspiegel höchstens diese Grenze erreichen darf.

„Vor Kurzem ist bei meinem Freund bei einer Verkehrskontrolle mittags der Alkotest positiv ausgefallen. Er war sich nach einer durchfeierten Nacht sicher, dass er wieder fahrtauglich ist", erzählt Melina.

Die Verträglichkeit von Alkohol ist abhängig
- vom generellen Gesundheitszustand eines Menschen,
- vom Körpergewicht,
- vom Alter (der Körper eines jungen Menschen baut den Alkohol schneller ab),
- vom Geschlecht (Alkohol wird bei Frauen langsamer abgebaut als bei Männern),
- von der Tagesverfassung.

Ebenso kommt es darauf an, wie viel man gegessen hat (bei nüchternem Magen geht der Alkohol direkt ins Blut über) und wie schnell man trinkt. In circa zwölf Stunden wird 1 ‰ Blutalkohol im Körper abgebaut (tagsüber mehr, nachts weniger!).

Konsumiert jemand zu viel Alkohol, so fällt er in einen Rauschzustand. Dieser ist umso stärker, je mehr Alkohol im Körper ist.

Beim Konsum von mehr als 60 Gramm reinem Alkohol pro Tag (über einen langen Zeitraum und regelmäßig durchgeführt) kommt es zu einer Schädigung des Organismus. Diese Menge Alkohol ist etwa in zwei Flaschen Bier oder zwei Vierteln Wein oder zwei großen Schnäpsen enthalten.

Blutalkohol	Wirkung (körperlich und psychisch) bei Erwachsenen	Hinweise
0,2 ‰	Aufmerksamkeit und Konzentration lassen nach. Die Überschätzung der eigenen Leistungsfähigkeit beginnt.	Der Verlust der Selbstkontrolle beginnt, daher gilt für Fahranfänger bzw. -anfängerinnen 0,0 ‰.
0,5 ‰	Beschwipst. Die Reizbarkeit steigt. Seh- und Hörvermögen lassen nach. Die Kritikfähigkeit ist eingeschränkt, Leichtsinn und Sorglosigkeit nehmen zu. Geschwindigkeiten werden falsch eingeschätzt. Das Gedächtnis verschlechtert sich, Müdigkeit oder Bewegungsdrang setzt ein.	Ab diesem Wert gilt ein gesetzliches Fahrverbot!
0,8 ‰	Das räumliche Sehvermögen wird schlechter (Tunnelblick). Weiterer Reaktionsabfall und Abnahme des Verantwortungsgefühls erhöhen die Unfallgefahr.	
1,0 ‰	Schwere Ausfallserscheinungen, wie z. B. Sprach- und Gleichgewichtsprobleme, treten auf. Selbstüberschätzung und zunehmende Enthemmung folgen.	1 ‰ wird in etwa zwölf Stunden im Körper abgebaut.
2,0 ‰	Rauschzustand. Totale Selbstüberschätzung und massive körperliche Probleme treten durch Vergiftungserscheinungen auf.	Schwere Trunkenheit
3,0 ‰	Schwere Alkoholvergiftung. Bewusstlosigkeit, Koma, Atemlähmung, Kreislaufversagen und der Tod können die Folgen sein.	

Alkoholmissbrauch

In vielen Ländern ist der Alkoholmissbrauch ein schweres gesellschaftliches Problem. Ungehemmter Alkoholgenuss zerstört die körperliche und geistige Gesundheit sowie die Würde des Menschen. Besonders unter Jugendlichen nimmt der vermehrte Konsum von Alkohol in erschreckender Weise zu.

Jugendliche und Alkohol

Kinder und Jugendliche sind durch Alkohol stärker gefährdet, da ihr Körper empfindlicher darauf reagiert. Alkoholkonsum gilt leider für viele als Zeichen für Erwachsensein und erzeugt ein trügerisches Wir-Gefühl, was leicht zur Sucht führt.

Diskutieren Sie in der Klasse über folgende Aussage: „If you drink don't drive – if you drive don't drink." Holen Sie zu Ihren persönlichen Erfahrungen noch Wissen ein, z. B. unter www.ddad.de

Auch YouTube liefert eine Reihe von Beiträgen zum Thema „Alkohol im Verkehr".

Machen Sie zu Ihren persönlichen Alkoholgewohnheiten einen Selbsttest unter www.kontrolliertestrinken.de

Gesetzeslage für Jugendliche
Junge Menschen bis zur Vollendung des 16. Lebensjahres dürfen alkoholische Getränke (auch in Form von Mischgetränken wie z. B. Alkopops) an allgemein zugänglichen Orten und bei öffentlichen Veranstaltungen weder erwerben noch besitzen noch konsumieren. Für Tabakwaren gilt eine Altersgrenze von 18 Jahren. Weitere Informationen finden Sie unter www.jugendschutz-aktiv.de

4 Verkauf von Alkohol

Aperitif, ein kühles Bier, ein gutes Glas Wein zum Essen – all das ist Alltag in der Gastronomie. Alkoholische Getränke gehören in unseren Breiten zum kulinarischen Gesamtgenuss und sind wichtige Umsatzbringer. Dennoch müssen Sie bei der Empfehlung verantwortungsbewusst umgehen, Gesetze einhalten und auf besondere Umstände Ihrer Gäste eingehen (z. B. Religion).

Besonderen Wert legen Gäste heutzutage auf die Harmonie von Getränk und Speise, das betrifft antialkoholische und alkoholische Getränke gleichermaßen.

Viele alkoholische Getränke enthalten Histamine (besonders Rotwein, Sekt, Champagner, Bier). Diese verursachen bei manchen Menschen Kopfschmerzen, Hautrötungen, Allergien. Besser verträglich sind in diesem Fall alkoholfreie Biere oder Weine. Informationen dazu finden Sie unter www.histaminintolerant.de

Wie verkaufe ich Alkohol verantwortungsbewusst?

Falls Sie bei Bestellungen von Alkohol Bedenken haben oder bei der Beratung von Gästen unsicher sind, suchen Sie Hilfe bei erfahrenen Kolleginnen und Kollegen!

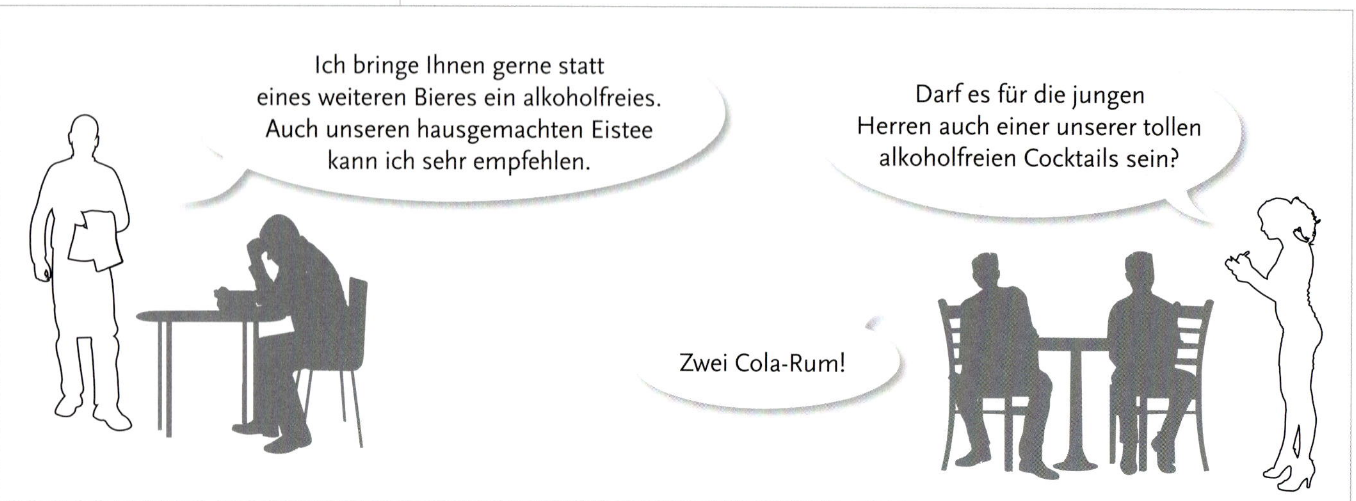

Ziele erreicht? – „Alkohol"

KOMPETENZ-ERWERB

1. Ab welchem Alkoholgehalt spricht man von einem alkoholischen Getränk? Kreuzen Sie den richtigen Wert an.

- ☐ ab 0,1 Vol.-%
- ☐ ab 0,5 Vol.-%
- ☐ ab 1 Vol.-%
- ☐ ab 1,5 Vol.-%

2. Nennen Sie drei Punkte, die die Verträglichkeit von Alkohol beeinflussen.

____

____

____

3. Ergänzen Sie folgende Übersicht zur Einteilung der Getränke, besonders der alkoholischen Getränke.

4. Kontrollieren Sie anhand verschiedener konkreter Flaschen(etiketten), welches Bier wirklich zu den alkoholfreien Getränken zählt.

5. Schauen Sie auf Etiketten von Weinen, Schaumweinen, Spirituosen oder auch Alkopops, wie hoch der Alkoholgehalt des jeweiligen Getränkes ist. Reihen Sie danach die Flaschen von niedrigem bis zu hohem Alkoholgehalt. Welche Überlegungen können Sie nun anstellen?

Bier

Der niederländische König Gambrinus galt lange als Erfinder des Bieres und noch heute werden Biere nach ihm benannt

Im Altertum war Bier kein Luxusartikel, sondern ein übliches Volksnahrungsmittel.

Bereits älteste Kulturvölker wie die Sumerer brauten Bier (6 000 v. Chr.). Babylonier und Ägypter kannten schon 20 verschiedene Sorten. Im Mittelalter sorgten vor allem Klöster für die Verbreitung des Bieres in Europa.

Durch die gesenkte Alkoholtoleranz im Verkehr ist zwar der Bierkonsum EU-weit rückläufig, doch der Trend zu immer neuen **Bierspezialitäten** ist unaufhaltsam.

Dunkle Biere, sogenannte Schnittbiere (Mischungen aus hellem und dunklem Bier) sowie dunkle Weizenbiere, kommen sehr gut an. **Biermischgetränke** verzeichnen das stärkste Wachstum. Ebenso sind **Zwick(e)lbiere** vor allem in der Gastronomie erfolgreich (Gäste schätzen den intensiveren Hefegeschmack). Jüngste Umsatzbringer sind **Craft-Biere**. Das sind sorgsam gebraute kreative Bierspezialitäten, die sich geschmacklich von der Masse abheben.

Craft *Krahft*

Gasthausbrauereien liegen mit ihrer Erlebnisatmosphäre und ihren hausgebrauten Spezialitäten voll im Trend. Beispiele unter vielen anderen sind das Brauhaus Lemke in Berlin, die Meierei in Potsdam, Brauberger in Lübeck, der Bayerische Bahnhof in Leipzig und Sophie's Brauhaus in Stuttgart.

KOMPETENZ-ERWERB

Meine Ziele

Nach Bearbeitung dieses Kapitels kann ich

- die Bierherstellung erklären und Bierarten unterscheiden;
- die Charakteristik von Bierarten genau erklären;
- im Praxisunterricht Bier richtig zapfen und einen perfekten Bierservice durchführen.

1 Zutaten und Herstellung

Lukas hat im letzten Skiurlaub in Österreich Preiselbier kennengelernt. Es schmeckt fruchtig und nicht bitter. Genau das Richtige für junge Leute, die die bittere Note von Bier überhaupt nicht mögen. Aber warum schmeckt Bier im Normalfall eigentlich bitter?

1.1 Zutaten für Bier

Bier ist ein **vergorenes alkoholisches Getränk mit Kohlensäure aus:**

Braugerste

Theoretisch können die meisten Getreidearten verwendet werden, in erster Linie wird

- zweizeilige Sommergerste verwendet, aber auch
- Weizen für Weizenbier oder
- Roggen für Roggenbier bzw.
- Dinkel, Mais, Hafer, Reis.

Das Malz gibt dem Bier seine Farbe und seinen vollmundigen Geschmack sowie den Alkoholgehalt.

Brauwasser

Die Qualität des Wassers ist entscheidend für den Biergeschmack, weil Bier hauptsächlich aus Wasser besteht. Brauwasser stammt meist aus Quellen (weiches Wasser) und wird vor dem Brauen aufbereitet, damit der Härtegrad dem Biertyp entspricht.

Hopfen

Die getrockneten weiblichen Blütendolden des Hopfens verleihen dem Bier

- den zartbitteren Geschmack, fördern
- die Schaumbildung und
- die Haltbarkeit des Bieres und wirken
- appetitanregend (also ideal als Aperitif!).

Man spricht vom Würzstoff bzw. von der „Seele" des Bieres. Es gibt aromareiche und bitterstoffreiche Arten.

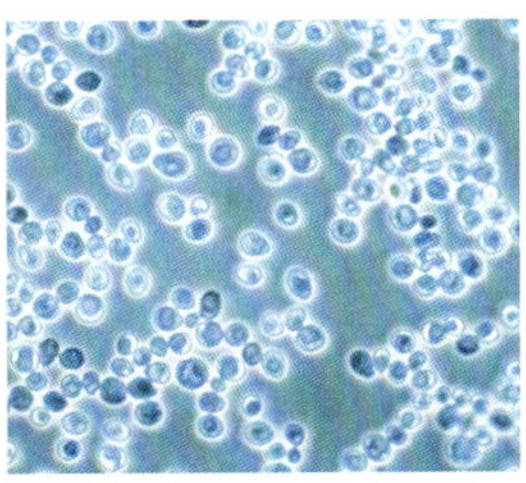

Reinzuchthefe

Es gibt

- untergärige und
- obergärige Bierhefe, je nach Temperatur.

Der winzige Pilz bewirkt die Umwandlung von Malzzucker in Alkohol und Kohlendioxid, also die alkoholische Gärung.

Die Hefe ist aber nicht nur für die alkoholische Gärung verantwortlich, sie verleiht dem Bier auch seinen unverwechselbaren Geschmack und Charakter.

Das deutsche Reinheitsgebot
Diese Verordnung aus dem Jahre 1516 besagt, dass Bier nur aus Gerste, Hopfen und Wasser gebraut werden darf. Die EU hat dieses Gebot aufgehoben.

Hopfenanbau wird vor allem betrieben in der Hallertau in Bayern, im Gebiet Elbe-Saale (Thüringen, Sachsen, Sachsen-Anhalt), in Tettnang in Baden-Württemberg und im bayerischen Anbaugebiet Spalt.

Heute ist es üblich, statt „Doldenhopfen" sogenannte Hopfenprodukte (Hopfenpulver, Hopfenextrakt) zu verwenden. Diese konzentrierten Hopfeninhaltsstoffe (mit dem leicht bitteren Lupulin) sind länger haltbar.

Die meisten Biere werden aus Getreidesorten hergestellt, die zu den 14 kennzeichnungspflichtigen Allergenen zählen (z. B. Gerste, Weizen). Es gibt aber auch glutenfreie Biere (z. B. aus Emmer).

Zu Beginn der Bierproduktion wird aus Getreide **Malz** hergestellt.

Eine Besonderheit ist das Darren über offenem Feuer. Dabei wird das Malz kräftig von Rauch durchzogen. Es wird für die Erzeugung von **Rauchbier**, einer Bierspezialität, verwendet. Dieses Bier schmeckt etwas nach Geräuchertem und hat in Süddeutschland, aber auch in den USA oder Japan seine Fans.

Auch die Treber werden weiterverwendet: Sie finden als Tierfutter Verwendung (für Rinder, Schweine).

1.2 Herstellung von Bier

Mälzen, Maischen und Läutern

Schritt 1

Mälzen

- Zuerst wird das Getreide gereinigt, eingeweicht und dadurch beginnt es zu keimen.
- So entsteht im Keimkasten das **Grünmalz.** Dabei werden Enzyme aktiviert. Diese beginnen, Stärke in Zucker umzuwandeln.

Schritt 2

Darren

- Darren (Heißlufttrocknen) des Grünmalzes zu **Darrmalz.** Je dunkler das Bier sein soll, desto höher ist die Temperatur.

Schritt 3

Maischen

- Einmaischen: Das Malz wird zu Schrot zerkleinert und mit Brauwasser im Maischebottich auf circa 70 °C erhitzt. Durch die aus der Keimung vorhandenen Enzyme wird dabei die Stärke ganz in Malzzucker umgewandelt.

Schritt 4

Läutern

Trennen von Würze und Treber

- Würze (Flüssigkeit) und nicht lösliche Malzbestandteile (Treber) werden getrennt.
- Die gefilterte Flüssigkeit nennt man **„ungehopfte Würze".**

Brauen (Würze kochen)

Schritt 5

- Die ungehopfte Würze wird zusammen mit dem Hopfen in der Sudpfanne gekocht. Durch das Kochen lösen sich die Aroma- und Bitterstoffe des Hopfens und die Würze wird keimfrei.

- Nach zweistündigem Kochen entsteht der gewünschte Stammwürzegehalt.
- Abkühlung der gehopften Würze (Stammwürze) mit Kühlapparaten.
- Weiterleiten der Stammwürze in Gärbehälter.

Die Hauptaufgabe des Brauens besteht darin, dem Bier den Geschmack zu geben.

Stammwürze = alle aus Malz und Hopfen gelösten Stoffe vor der Gärung. Sie bestimmt den Alkoholgehalt (siehe Seite 75).

Gären, Lagern und Abfüllen

Schritt 6

- Die Würze wird in Gärtanks oder im Gärkeller (in Gärbottichen) mit Reinzuchthefe (ober- oder untergäriger Hefe) versetzt. Nun wandelt die Hefe Zucker in Alkohol und Kohlensäure um.
- Nach etwa sieben Tagen entsteht das **Jungbier.**

Schritt 7

Nach der Hauptgärung wird das Jungbier zur **Nachgärung (stillen Gärung),** Reifung und geschmacklichen Abrundung in Lagerkellern bei etwa 0 °C eingelagert. Dabei klärt sich das Bier und baut Kohlensäure ab.

Schritt 8

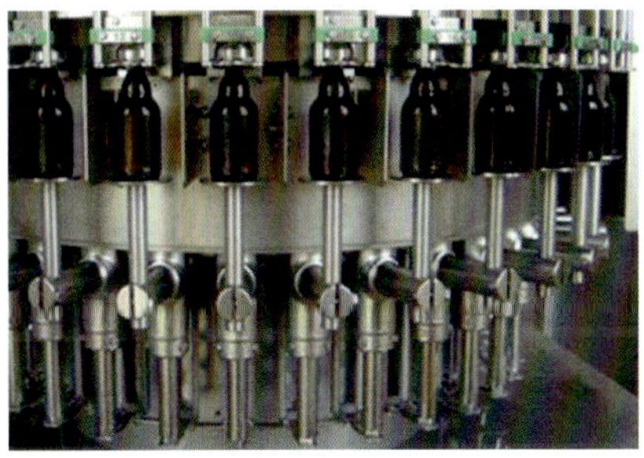

- Einfache Biere lagern nur sechs bis acht Wochen, Stark- und Spezialbiere bis zu vier Monate und länger.
- Das Bier wird abschließend **filtriert** (außer Zwickel- und Hefe-Weißbiere!) und
- dann in Dosen, Flaschen, Fässer oder Edelstahlbehälter (Kegs) **abgefüllt.**

Neben dem obergärigen Gärverfahren und dem untergärigen, gibt es noch ein drittes Verfahren. Die spontane Gärung wird beispielsweise in Belgien zur Herstellung des Lambic-Bieres angewendet. Dabei lösen wilde Hefen die Gärung aus.

2 Bierarten, Spezialitäten und Biermarken

Vor Kurzem war Melina mit Freunden in einem Bierpub und hellauf begeistert von dem Angebot. Sie wusste gar nicht, dass es so viele Biersorten gibt. Sie sah Weizenbier, Guinness und Pils, aber auch Bier, bei dem Sauerkirschen bei der zweiten Gärung ins Fass gelegt werden, oder eine Berliner Weiße mit Schuss!

Biere können nach verschiedenen Kriterien eingeteilt werden:
- Nach Getreideart
- Nach Farbe
- Nach Gärart
- Nach Alkohol- bzw. Stammwürzegehalt

Weizenbiere aus 100 Prozent Weizen sind heute genauso auf dem Markt wie alkoholfreie Weizenbiere. Der Alkoholgehalt von Weizenbier beträgt rund 5,5 Vol.-%. Es gibt helles und dunkles Weizenbier. Der hohe Kohlensäuregehalt ergibt sich durch die Abfüllung direkt nach der Hauptgärung.

Bierarten nach Getreideart

Gerstenbier

Überwiegend aus Gerstenmalz

Weizenbier (Weißbier)

Erfrischend-spritziges, kohlensäurereiches Bier aus mindestens 50 % Weizenmalz (Rest Gerste); entweder kristallklar (filtriert, Kristallweizen) oder hefetrüb/naturtrüb (unfiltriert, Hefeweizen)

Roggen-, Dinkel-, Mais- oder Reisbier

Aus mindestens 50 % des namensgebenden Getreides (teilweise auch reinsortig wie z. B. Corona aus Mais)

Bierarten nach Farbe

Helles Bier

Das Malz wird bei 70 °C bis 85 °C gedarrt. Es ist hellgelb oder gelb bzw. kräftig bernstein- oder kupferfarben.

Dunkles Bier

Das Malz wird bei 90 °C bis 110 °C gedarrt. Die dunkle Farbe kann auch durch Zusatz von Farbmalz (Darren bei 150 °C bis 200 °C) erreicht werden.

www.bier-guide.net

www.brauerbund.de
www.beerkeeper.eu
www.hopfenhelden.de

Bierarten nach Gärart

Untergäriges Bier (kalte Gärung)

- Untergäriges Bier wird bei 4 °C bis 9 °C vergoren.
- Die Gärdauer beträgt sieben bis zehn Tage und ist damit länger als bei obergärigem Bier. Dabei setzt sich die Hefe nach und nach am Boden des Gärbottichs ab.

Beispiele: Pils (Pilsener), Export, Helles, Märzen- und Bockbiere

Obergäriges Bier (warme Gärung)

- Obergäriges Bier entsteht bei 15 °C bis 20 °C und hat dadurch eine schnellere Hauptgärung (circa 4–6 Tage). Die Hefe sammelt sich durch die starke Kohlensäureentwicklung an der Oberfläche.
- Meist etwas süßlicher im Geschmack, weil die Hefe während der Gärung rasch aufsteigt und so der Zucker nicht komplett vergärt.

Beispiele: Weizen- und Altbier sowie Kölsch, Berliner Weiße

Die Gärart bestimmt nicht nur die Bierart, sondern beeinflusst auch massiv den Charakter des Getränks.

Die bayerische Kulmbacher Brauerei erzeugt unter dem Namen EKU 28 einen starken Doppelbock mit 11 Vol.-%.

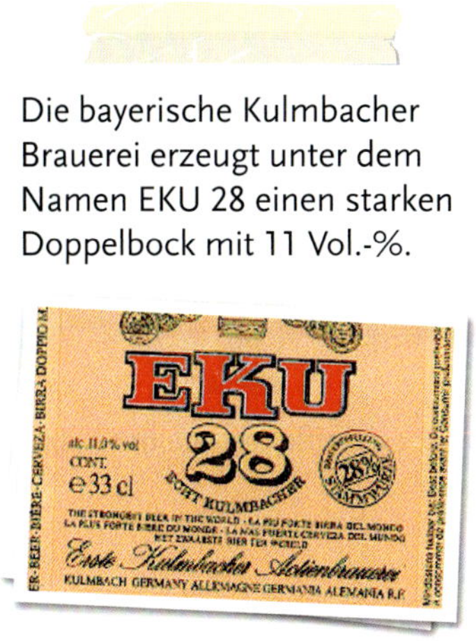

Bierarten nach Alkohol- bzw. Stammwürzegehalt

Alkoholfreies Bier

Sehr helles Bier mit einem Alkoholgehalt von höchstens 0,5 Vol.-%; siehe Malzlimonaden, Seite 25

Beispiele: Clausthaler, Jever Fun, Beck's Alkoholfrei, Null Komma Josef

Alkoholreduziertes Bier und Leichtbier

- Alkoholreduziertes Bier: sehr hell, extrem leicht und mild; wenig Charakter; Stammwürzegehalt unter 10°, Alkoholgehalt 3 Vol.-%
- Leichtbier: sehr hell; wenig Kalorien; Stammwürzegehalt unter 9°, Alkoholgehalt maximal 3,7 Vol.-%

Beispiele: Dortmunder Kronen, Feldschlösschen 2,4, Ellwanger Rotochsen leicht

Schankbier

Hellgelbes, leichtes, mild hopfenbitter schmeckendes Bier mit einem Stammwürzegehalt von 9° bis 11° und einem Alkoholgehalt bis 4,5 Vol.-%

Beispiel: Landskron, Berliner Weiße, Neumarkter Schankbier

Vollbier

Intensiv gelbes, ausgewogen malziges und mild hopfenbitteres Bier mit einem Stammwürzegehalt von mindestens 11°, Alkoholgehalt 5–5,9 Vol.-%. Dazu zählen u. a. Märzen(biere), Pils und Exportbiere.

Beispiele: Radeberger (Pilsener), Gaffel (Kölsch), Diebels (Alt), DBB Bergmann (Export)

Stark- bzw. Bockbier

Bernsteinfarbenes, starkes, vollmundiges, würziges und alkoholreiches Bier mit einem Stammwürzegehalt von mindestens 16°, Alkoholgehalt ca. 7 Vol.-%. Bockbier wird im Allgemeinen zu Weihnachten, Ostern und zum 1. Mai (Maibock) gebraut.

Beispiele: Apoldaer Festbock, Schneider Weisse Aventinus Eisbock, Riegele Ator 20

⚠ Der Alkoholgehalt ergibt sich aus dem Stammwürzegehalt (Extrakt- bzw. Zuckergehalt) der Würze vor der Gärung.
Extraktgrade : 2,5 = ungefährer Alkoholgehalt,
z. B. 12 : 2,5 = ca. 5 % Alkohol.

Berliner Weiße mit Waldmeistersirup

Bierspezialitäten im deutschsprachigen Raum

Altbier
Obergäriges, kupferfarbenes, herbes Bier (hauptsächlich aus der Gegend um Düsseldorf)

Berliner Weiße
Das klassische Berliner Weizenbier mit Milchsäuregärung ist obergärig und leicht hefetrüb. Mit ca. 2,8 Vol.-% ist es alkoholarm und wird mit einem Schuss Fruchtsirup (klassisch Himbeer- oder Waldmeistersirup) serviert.

Kölsch
Obergäriges, goldfarbenes Bier mit fruchtigem Geschmack (geschützt für den Kölner Raum)

Zwicklbier (Kellerbier)
Naturtrübes (unfiltriertes, also noch mit Hefe), untergäriges Bier. Der Name stammt vom Probierhahn, der in die Vorderseite des Fasses „gezwickt" wurde, um die Trübung zu überprüfen (abgesetzte Hefe).

Radler bzw. Alster (Biermischgetränk)
Eine Mischung aus Bier und Limonade in diversen Geschmacksrichtungen

Große Brauereien in Deutschland

Neben den vier größten Brauereien gibt es in den einzelnen Bundesländern noch viele Privat- und Stiftsbrauereien und auch immer mehr Gasthausbrauereien, die hervorragende Biere herstellen. Es werden außerdem zahlreiche Saisonbiere, Craft-Biere und Jahrgangsbiere gebraut.

Die **Radeberger Gruppe** mit Sitz in Frankfurt am Main ist die größte Brauereigruppe Deutschlands und gehört zur Dr. Oetker KG. Die Radeberger Exportbierbrauerei in Radeberg nahe Dresden ist nur einer von vielen Standorten. Weitere bekannte Biermarken sind u. a. Berliner Pilsner, Berliner Kindl, Binding, Jever, Schultheiss und Dortmunder Union.

Die **Bitburger Braugruppe** hat ihren Sitz in Bitburg in der Eifel. Hervorgegangen aus der Bitburger Brauerei zählt sie zu den führenden Getränkeherstellern in Deutschland. Neben „Bitburger" gehören u. a. die Marken „König Pilsener", „Licher", „Köstritzer" und „Wernesgrüner" zur Braugruppe.

Die **AB InBev Deutschland** ist ein Tochterunternehmen der größten Brauereigruppe der Welt, der AB InBev. Die deutschen Standorte sind u. a. in Bremen (Beck's), Issum (Diebels), München (Spatenbräu, Franziskaner und Löwenbräu).

Die **Krombacher Brauerei** aus der Stadt Kreuztal in Nordrhein-Westfalen liegt im namengebenden Stadtteil Krombach. Sie ist eine der größten deutschen Privatbrauereien. Neben Krombacher Pils und Cab (Biermischgetränk aus Cola und Bier) vertreibt das Unternehmen die Marken Schweppes, Orangina und Dr Pepper in Deutschland und Österreich.

Brauereien in anderen Ländern

(A) **Österreich:** Brau Union mit den Brauereien Schwechat, Wieselburg, Zipf, Göss, Puntigam, Schladming, Falkenstein und Hofbräu Kaltenhausen; Stiegl Brauerei; Brauerei Egger; Ottakringer Brauerei

(B) **Belgien:** Cantillon (Lambic, Gueuze, Kriek), AB InBev (u. a. mit Stella Artois), Lindemans

(NL) **Niederlande:** Grolsch, Heineken (mit u. a. Amstel, Desperados, Affligem); La Trappe (Trappistenbier)

Trappistenbiere aus Klöstern sind Starkbiere (6–12 Vol.-%, oft in 0,33-Liter-Flaschen). Die Klöster Chimay und Westmalle erzeugen auch 0,75-Liter-Flaschen mit Champagnerkorken.

Lambic = „wilde, spontan vergorene Biere"; die Hefe wird nicht zugesetzt, sondern gelangt durch wilde Hefesporen aus der Luft in die offenen Gärbottiche.

Gueuze = Verschnitt aus alten und jungen Lambics; gärt in der Flasche nach, was zu einem erhöhten Kohlensäuregehalt führt.

Kriek = rotes, säuerliches Fruchtlambic, in das Sauerkirschen zur zweiten Gärung ins Fass eingelegt werden.

(F) **Frankreich:** Kronenbourg, Pelforth

(CH) **Schweiz:** Feldschlösschen-Hürlimann, Schützengarten, Turbinenbräu

(GB) **Großbritannien:** Carling, Fuller's, Scottish & Newcastle, Thornbridge, Worthington

Ale: obergäriges Bier; in Großbritannien ein Synonym für „beer"
Barley Wine ist ein kupferfarbenes Ale mit ausgeprägter Hopfenbitterkeit und etwa 10 Vol.-% Alkohol (ähnlich stark und edel wie Wein)
Porter: obergärig, malzbetont, sehr bitter
Stout: obergäriges Bier; schwarzbraun, sehr bitter, mit cremefarbener Schaumkrone

Lambic	*Lohmbik*
Gueuze	*Gjöse*
Cantillon	*Kantijo*
Stella Artois	*Stella Artoa*
La Trappe	*Latrapp*
Kronenbourg	*Kronobuhr*
Scottish & Newcastle	*Skotisch end Njukassl*
Thornbridge	*Ssohrnbridsch*
Worthington	*Worssingtn*
Ale	*Ehl*
Beer	*Bier*
Barley Wine	*Barli Wein*
Stout	*Staut*
Guinness	*Giness*
Starobrno	*Starbrrno*
Carlsberg	*Karlsberg*
(USA) Budweiser	*Baddweiser*
Michelob	*Meikelob*
Chang	*Tschang*

(IRL) **Irland:** Guinness (das Stout ist tiefdunkel, fast schwarz), Kilkenny, Murphy's
Irland hat eine ausgeprägte Pubkultur. Irisches Bier verfügt über weniger Kohlensäure und hat meist einen niedrigeren Alkoholgehalt. Am Saint Patrick's Day (17. März), dem irischen Nationalfeiertag, wandert so manches Guinness über den Tresen.

(CZ) **Tschechien:** Budweiser Budvar, Pilsner Urquell, Starobrno

(DK) **Dänemark:** Carlsberg, Tuborg

(I) **Italien:** Dreher, Forst, Moretti

(USA) **USA:** AB InBev (mit den Marken Budweiser und Michelob)

(MEX) **Mexiko:** Corona

(AUS) **Australien:** Foster's

Asien (vor allem China) ist der größte Bierproduzent der Welt. Von hier kommen z. B. Snow, Kirin, Tsingtao, Chang.

Wie kommt es zu dem geringen Alkoholgehalt im „alkoholfreien Bier"?
Es gibt grundsätzlich zwei Möglichkeiten:

- Einerseits kann die alkoholische Gärung unterbrochen bzw. reduziert werden, bevor sich Hefe und Zucker im Gärbottich „austoben".
- Andererseits kann der Alkohol nach der Gärung entzogen werden.

3 Einkauf, Lagerung und Service

Mitteleuropäische Biere bilden beim Einschenken eine große Schaumkrone. Bei englischem oder irischem Bier fehlt sie jedoch, da diese Biere weniger Kohlensäure enthalten.

In englischen Filmen sieht Lukas oft, dass Bier ohne Bierschaum serviert wird. Er dachte immer, eine schöne Schaumkrone sei ein Qualitätsmerkmal. Sind diese Biere verdorben?

3.1 Einkauf und Lagerung von Bier

Biereinkauf muss sich nach dem Geschäftsgang richten. Für Fassbier muss eine **Ruhezeit** von mindestens zwei Tagen vor dem Anzapfen einkalkuliert werden.

Ein eigener Bierlagerraum ist für Fassbier, aber auch für Flaschenbier (lichtgeschützt!) empfehlenswert. Die **Lagertemperatur** sollte gleichmäßig zwischen 6 °C und 8 °C betragen und nicht unter 5 °C fallen, da das Bier sonst trüb wird (Eiweißausflockung, die bei richtiger Temperatur wieder verschwindet).

Beachten Sie auch die Angabe der **Haltbarkeit** des Produktes auf dem Etikett. Bei Flaschen bewährt sich das „Fifo-Prinzip" (first in, first out), also die Entnahme der schon länger gelagerten Flaschen. Einkäufe immer hinten einschichten.

Bier wird in der Gastronomie meist aus folgenden Gebinden angeboten:

Frisches Bier schmeckt einfach am besten – ist ein Fass einmal angezapft, sollte es innerhalb von fünf Tagen ausgeschenkt sein.

Flaschen (0,33, 0,5 oder 0,75 Liter Inhalt; bei speziellen Sorten auch kleinere), auch mit Bügelverschluss

Fässer (meist Aluminiumfässer; die sogenannten Kegs oder Container) enthalten 12, 20, 30 oder 50 Liter

Tanks werden nur in Betrieben mit einem entsprechend großen Bierabsatz eingesetzt

3.2 Verkauf und Service von Bier

Die angebotenen Ausschankmaße müssen in der Getränke- oder Bierkarte angegeben werden.

Typische **Ausschankmaße** sind:

- Stange = 0,2 l
- Seidel = 0,3 l, 0,4 l
- Krug (Halbe) = 0,5 l
- Mass = 1 l

Bekannte Maße aus dem Ausland:

- **Half-Pint:** 0,22 l (USA); 0,284 l (GB)
- **Pint:** 0,47 l (USA); 0,568 l (GB)
- **Pitcher:** 1,8 l Krug

Half-Pint *hahf-paint*
Pitcher *pitscha*

Bier zapfen – Grundregeln

Schritt 1

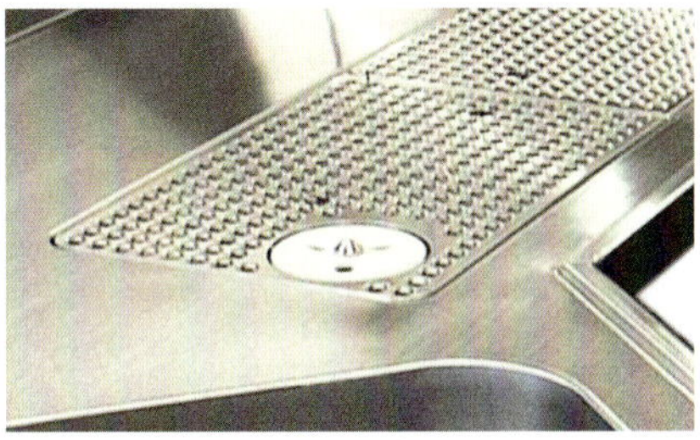

Das Bierglas gründlich mit der Gläserdusche spülen und abtropfen lassen.

Schritt 2

Das Bier auf drei Mal zapfen:
- Das schräg gehaltene Glas zügig so weit befüllen, bis der Schaum gut zur Hälfte im Glas steht.

Schritt 3

- Anschließend nachzapfen. Der Zapfhahn darf nicht ins Bier eintauchen!

Schritt 4

- Beim dritten Mal die Schaumkrone aufsetzen

Die Zapfdauer nicht übertreiben, ideal sind zwei bis drei Minuten. Zapft man zu lange, landet ein Großteil der Kohlensäure im Schaum und das Bier wird schal.

Informationen zu Schanksystemen finden Sie im Kapitel „Erfrischungsgetränke" auf Seite 27.

Das erste Glas des Tages, das sogenannte Leitungsbier bzw. der „Nachtwächter", darf Gästen nicht zugemutet werden.

Klassische Fehler beim Bierzapfen

Zu viel Schaum
- Das Bier wurde nicht ausreichend ruhig gelagert oder
- das Glas ist zu warm,
- der Druck zu hoch oder
- das Bier wurde zu rasch gezapft.

Zu wenig Schaum
- Das Bier ist zu kalt,
- der Druck zu schwach,
- die Leitung oder das Glas ist nicht rein.

Halten Sie beim Zapfen nicht das Glas gerade und tauchen Sie nie den Zapfhahn in das Bier

Cool Kegs

- Mechanisches Kühlsystem ohne Eis, Strom oder Wasser
- Zapfen ohne CO_2
- Keine Bierleitung
- Wiederverwendbar
- Ideal z. B. bei Caterings

Das Prinzip basiert auf einem natürlichen physikalischen Kühlverfahren ganz ohne Chemie (Mineral Zeolith verdampft durch Öffnen eines Ventils unter Vakuum – Wasserdampf lagert sich am Fass an und kühlt in 30–40 Minuten das Bier für mindestens 12 Stunden auf 7–9 °C).

„Biertipps für Profis" mit einer Checkliste, was vor Betriebsbeginn, während des Betriebs sowie nach Betriebsschluss zu beachten ist, finden Sie im digitalen Zusatzpaket.

Wie verkaufe ich Bier?

Das Image von Bier ist in den letzten Jahren beachtlich gestiegen, sodass Biere schon zu allen Gängen der gehobenen Restaurantküche empfohlen werden. Zur leichten Sommerküche gibt es von fast jeder Brauerei eigene leichte Bierprodukte, die perfekt dazu passen.

Wie serviere ich Bier?

Servieren Sie richtig gekühltes Bier entweder frisch gezapft (siehe Seite 79) oder schenken Sie es vor dem Gast aus der Flasche ein.

Richtiges Einschenken von Flaschenbier

Schritt 1

Hefeweizenbier aus Flaschen: Damit die Hefe mit ins Glas kommt, halten Sie einen letzten Schluck zurück.

Schritt 2

Schwenken Sie zum Schluss die Flasche, um die Hefe aufzuwirbeln, und gießen Sie nun das Ganze in das Glas.

Ideale Trinktemperatur: ca. 8 °C
- Alkoholfreies Bier kühler
- Dunkles bzw. alkoholreiches Bier wärmer

Zitrone schadet dem Schaum und verfälscht den Geschmack. Daher nur auf Wunsch des Gastes zum klaren Weizenbier servieren.

Gläser für Bier

Damit sich Bukett und Aroma richtig entwickeln können, verlangen die verschiedenen Biertypen nach unterschiedlichen Gläsern.

Biertulpe für Pils

Weizenbierglas

Bierstange für Kölsch

Henkelglas (Krug) für Lager-/Märzenbier

Mass

Bierbecher für Lager-/Märzenbier, Ale, Stout, Gueuze

Berliner-Weiße-Pokal

Bierschwenker für Bock oder Doppelbock, Kriek

Stielglas für Craft-Bier oder zur Degustation

⚠ Für alle Biere gilt, dass Gläser verwendet werden sollen, die nach oben hin nicht allzu breit werden. Sonst zerfließt der Schaum und ein wesentlicher Teil des Biergenusses geht verloren.

Ziele erreicht? – „Bier"

KOMPETENZ-ERWERB

1. Aus welchen Grundmaterialien wird Bier hergestellt? Reihen Sie die richtigen von der größten bis zur kleinsten Menge von 1 bis 4 und streichen Sie falsche Zutaten durch.

___ Sauerteig ___ Gerste (bzw. Getreide) ___ Hopfenblätter ___ Hopfendolden

___ Reinzuchthefe ___ Mineralwasser ___ Quellwasser ___ Backpulver

2. Erklären Sie in einem Rollengespräch mit Ihrer Nachbarin/Ihrem Nachbarn folgende Begriffe:

Weizenbier ▪ obergäriges Bier ▪ alkoholfreies Bier ▪ Bockbier ▪ Zwick(e)lbier

3. Beschreiben Sie richtiges Bierzapfen.

___

___

___

___

4. Nennen Sie Biermarken aus

Ihrer Region in Deutschland ___

Tschechien ___

Wein

Verbreitung von Wein in Europa

Sonne allein macht noch keinen guten Wein – sonst würde Wein aus Äquatorgegenden kommen. Doch Weinbau gibt es nur in den gemäßigten Zonen der Erde.

Wein gibt es „schon ewig" – geschätzte 10 000 Jahre. Als Heimat der Weinrebe gilt der Landstrich von Damaskus (Syrien) bis zur Schwarzmeerküste. Erste Quellen zu Weinbau und Weinerzeugung lieferten uns die Griechen. Über das Römische Reich, wo die Weinrebe als wild wachsende Kletterpflanze auf Bäumen gezogen wurde (wie heute noch in Teilen Süditaliens und Spaniens), kam die Weinrebe nach Gallien (Frankreich) und bis zum Mittelalter ins übrige Europa.

Der **Trend zu qualitativ hochwertigem Wein** hält an. Exquisite Weine zu einem guten Essen gehören zur Lebensqualität vieler Menschen. Der glasweise Ausschank von hochwertigen Weinen findet großen Anklang, da ein zunehmend größer werdender Gästekreis gerne verschiedene Weine verkostet.

Stärker gefragt sind auch **Bioweine.** In ökologisch bewirtschafteten Weingärten wachsen Reben in einem intakten Ökosystem. Im bio-dynamischen Weinbau wird der Sonnen- und Mondkalender mit einbezogen.

KOMPETENZ-ERWERB

Meine Ziele

Nach Bearbeitung dieses Kapitels kann ich

- über den Weinbau und seine Voraussetzungen berichten und die Erziehungsformen eines Weinstockes unterscheiden;
- die Unterschiede zwischen Vorlese, Hauptlese und Spätlese erklären und einen Überblick über die Erzeugung von Weiß-, Rosé- und Rotwein sowie andere Produkte aus der Weintraube geben;
- die klassischen Grundregeln für die Korrespondenz von Wein und Speisen bei der Gästebetreuung berücksichtigen und beim Gespräch Weinfachausdrücke verwenden.

1 Ausgangsprodukt Weintraube

Lukas isst seit Jahren gerne Weintrauben. Nun hört er aber von einem Freund zum ersten Mal, dass die einzelnen Kugeln eigentlich Weinbeeren und erst mehrere zusammen an einem Stiel Weintraube heißen. Das verwirrt ihn anfangs und er muss immer daran denken, wenn er sich jetzt eine „Weinbeere" in den Mund steckt.

Wein ist ein alkoholisches Getränk, das aus dem Saft von frischen Weintrauben hergestellt wird. Nur vollreife Trauben bestimmter Rebsorten sind für Wein geeignet.

Jede Weintraube besteht aus dem dicken zentralen Stiel, den Kämmen und den vielen Weinbeeren. Die Stiele bzw. Kämme enthalten am meisten vom sogenannten **Tannin** (Gerbsäure – bei der Weinerzeugung unerwünscht).

Weinbeere

Kerne (Fett, Tannine)

Fruchtfleisch (Wasser, Zucker und Säuren, Aroma, Mineralstoffe)

Schale (Farbstoffe, Tannine)

Kamm/Stiel (Tannine)

Dieses Naturprodukt kommt einerseits als Tafeltraube in die Obstregale und wird als gesunder Snack vernascht, andererseits werden aus dem Saft bestimmter Rebsorten verschiedenste Getränke hergestellt. Am bekanntesten darunter ist bestimmt der Wein.

Aus Weintrauben wird aber nicht nur Wein (Stillwein) erzeugt, sie sind das Ausgangsprodukt für die Herstellung einer Reihe von Getränken:

Stillwein: „Still" bedeutet, dass der Wein nicht perlend bzw. schäumend ist, also keine oder nur sehr wenig Kohlensäure enthält (im Gegensatz zu Schaumwein).

Traubensäfte

Traubensüßmost, Traubennektar (siehe Seite 18)

Stillweine

Weißwein, Roséwein, Rotwein

Schäumende Weine/Schaumweine

z. B. Champagner, Sekt, Crémant, Cava, Prosecco, Frizzante, Asti spumante, Sparkling wine

Likörweine bzw. aromatisierte Weine

z. B. Sherry, Portwein, Madeira, Samos, Marsala, Malaga, Wermut

Destillate/Spirituosen

z. B. Cognac, Armagnac, Weinbrand, Grappa

Kosten Sie einmal weißen oder roten Traubensaft. Sie werden rasch bemerken, dass Trauben im Vergleich zu anderen Obstsaftsorten wie Äpfeln oder Orangen besonders starke Zuckersammler sind.

Champagner	*Schampanjer*
Crémant	*Kremoh*
Cava	*Kawa*
Prosecco	*Prosekko*
Asti spumante	*Asti sspumante*
Sherry	*Scherri*
Cognac	*Konjak*
Armagnac	*Armanjak*

2 Weinbau

Ein Freund von Melina arbeitete im letzten Herbst auf einem Weingut. Laut seiner Erzählung war es eine wahre Knochenarbeit und sein Rücken schmerzte nach einem langen Arbeitstag oft höllisch. Seit er weiß, wie aufwendig die Arbeit eines Winzers bzw. einer Winzerin ist, versteht er auch, dass man eine gute Flasche Wein nicht um zwei Euro bekommt.

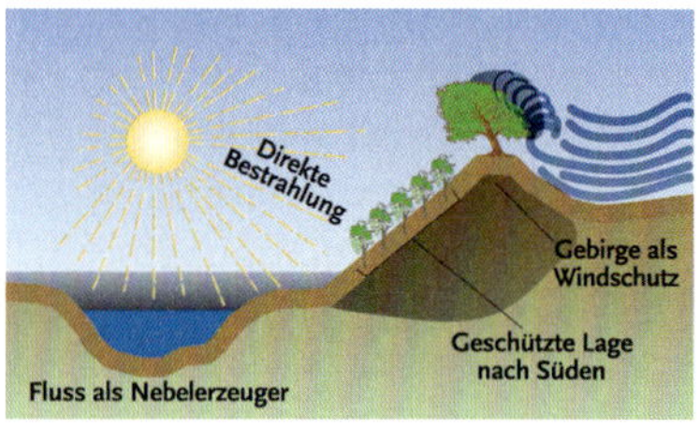

Am besten ist eine vor Nordwind geschützte Lage mit direkter Sonnenbestrahlung (besonders mittags und abends). Weinreben lieben warme Tage und kühle Nächte (ohne Frost!). In Deutschland zählt jede Sonnenstunde, weshalb Steillagen mit Südwest-Ausrichtung mehr Sonne am Nachmittag zur Reifung der Trauben abbekommen.

Gute Weine sind kein Zufall, sondern das Ergebnis des Zusammenwirkens von Natur bzw. Terroir und Winzer bzw. Winzerin (Sortenwahl, Erziehungsformen, Lesezeitpunkt, Leseverfahren etc.).

Wein wird beeinflusst vom Terroir, also von

Klima	Boden	Lage

■ Wachstumszeit der Rebe: 180–240 Tage ■ Ideal sind viel Licht, viel Sonne (Wärme) und eine relativ hohe Luftfeuchtigkeit. ■ Die Jahresdurchschnittstemperatur sollte nicht unter 10 °C sinken. ■ Ein sonniger Herbst ist optimal.	■ Für jede Rebsorte muss der geeignete Boden ausgewählt werden. ■ Jeder Boden gibt dem Wein seinen ureigenen Charakter.	■ Seehöhe des Weingartens ■ Neigungsrichtung und -winkel zur Sonne ■ Reihenabstand zwischen den Weinstöcken (Pflanzdichte) ■ Nähe zu Flüssen oder Seen (Feuchtigkeitsspender und Nebelerzeuger zum Schutz vor Frost) ■ Nähe zu einem Wald (günstig)

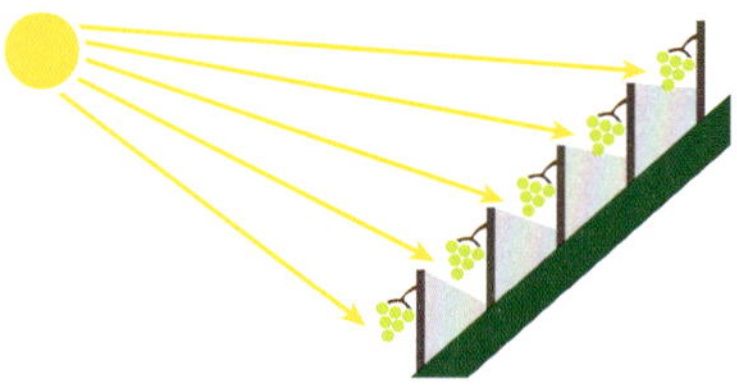

Steillagen – Südwest-Ausrichtung, länger Sonne am Nachmittag

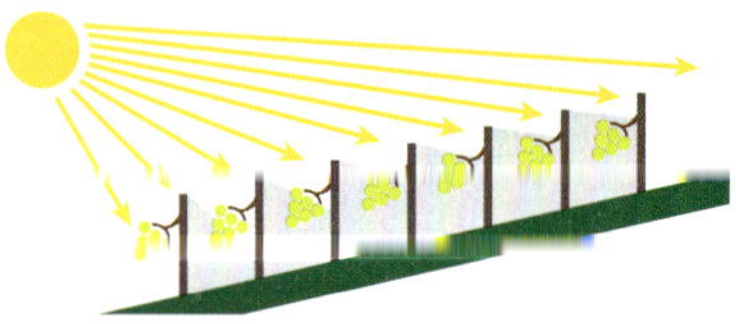

Flachere Lagen – mehr Schatten je tiefer die Sonne steht

Im Laufe der Geschichte des Weinbaues hat sich eine Vielzahl von Rebsorten entwickelt, aus denen der Winzer oder die Winzerin wählen kann. Es gibt weltweit einige Tausend Rebsorten, doch nur ausgewählte davon eignen sich für den Qualitätsweinbau.

Terroir – *Terroa*
Chardonnay – *Schardonnä*
Merlot – *Merloh*
Cabernet – *Kaberneh*
Sauvignon – *Sowinjo*

Neben den internationalen Rebsorten, wie Chardonnay, Merlot oder Cabernet Sauvignon, gibt es bei uns spezifisch deutsche Rebsorten (siehe Seite 104/105) wie Riesling, Silvaner, Müller-Thurgau, Lemberger, Dornfelder, Portugieser und Trollinger.

Man unterscheidet

Es vergehen rund drei Jahre, bis ein Rebstock die ersten Trauben ansetzt. Nach fünf Jahren trägt er voll. Die erste Lese nennt man Jungfernlese. Nach 25 Jahren beginnen Wachstum und Erträge nachzulassen.

Die Weinrebe als Kletterpflanze kann auf verschiedene Arten kultiviert (formiert) werden. Man spricht von den Erziehungsformen des Weinstocks. Hier die wichtigsten im Überblick:

Drahtrahmenerziehung

- Die Reben werden auf Pfählen und gespannten Drähten formiert. Der Weingarten ist in Zeilen angeordnet, dazwischen liegen breite Gassen, die eine mechanische Bearbeitung ermöglichen.

Lyraerziehung

- Die Triebe werden geteilt, sodass zwei Laubwände mit einem Hohlraum in der Mitte entstehen, wodurch eine bessere Durchflutung von Licht und Luft möglich ist. Durch die günstige Sonneneinstrahlung wird die Traubenqualität verbessert.
- Das Lyrasystem wird vor allem in den Weinbauländern der Neuen Welt, z. B. Australien, Neuseeland, Chile und Argentinien, angewendet.

Pergolasystem

- Es ist eine hohe, dachartige Erziehungsform, die großteils aus einer Holzkonstruktion besteht, an der die Reben formiert werden.
- Das Pergolasystem ist vorwiegend in Oberitalien verbreitet. In Südtirol wird es als Pergl bzw. Perglsystem bezeichnet.

Oechsle ist die in Deutschland, in der Schweiz und in Luxemburg gültige Maßeinheit für das Mostgewicht der gepressten Trauben. Sie ist nach dem Erfinder der Mostwaage, Ch. F. Oechsle, benannt.

Die Mostwaage gibt an, um wie viel Gramm ein Liter Most bei 20 °C schwerer ist als ein Liter Wasser. Daraus kann man Rückschlüsse auf den späteren Alkoholgehalt ziehen. Die Formel lautet: Alkohol in % = °Oe : 8.

In Österreich wird der Zuckergehalt der Trauben mithilfe der sogenannten Klosterneuburger Mostwaage (KMW) gemessen. Zum Vergleich: 1 °KMW = 5 °Oe

Versuchen Sie, sich Informationen über die reblausresistente Unterlagsrebe bzw. über das Veredeln von Weinstöcken zu beschaffen. Recherchieren Sie u. a. den Begriff „Omegaschnitt“.

Lyraerziehung – das Aussehen ähnelt einer Lyra, also einem antiken Zupfinstrument

Der natürliche Zuckergehalt kann auch mit einem Handrefraktometer gemessen werden, am besten im Weingarten

3 Weinerzeugung

Weinskandal erschüttert 2010 Italien …

Wein zu machen ist eine Wissenschaft – sie heißt Önologie. Doch immer wieder hört man von Weinskandalen, Weinpantscherei oder unerlaubter Aufbesserung bei der Weinerzeugung. Was ist wirklich in jedem Wein zu finden?

Diskutieren Sie diese Problematik in Ihrer Klasse.

Weinerzeugung beginnt mit der Ernte, also der Lese der Weintrauben. Der Zeitpunkt der **Weinlese** richtet sich

- nach dem Reifegrad der Trauben und
- den Wetterverhältnissen zur Lesezeit.

Die Lesezeit liegt je nach Region und Rebsorte zwischen Mitte August und Mitte November. Vollreife Trauben erkennt man an den verholzten Traubenstielen. Mit zunehmender Reife nehmen der Säuregehalt der Trauben ab und der Zuckergehalt zu.

Maschinelle Ernte

Die Traubenernte wird bei uns größtenteils per Hand durchgeführt. Die Beeren sollen bei der Lese möglichst nicht beschädigt werden.

Bei der Lese kann die Winzerin bzw. der Winzer durch die Einschätzung der Traubenqualität in etwa sagen, wie die Weinqualität in diesem Erntejahr ausfallen wird.

Bukettreife *Bukehreife*

Eine rasche Lese (teilweise mit Kühlwagen) und sofortige Weiterverarbeitung verhindern eine Oxidation (Veränderungen durch Sauerstoff aus der Luft)

Weinlese

Vorlese

Traubenkrankheiten und Witterungseinflüsse, z. B. Hagelschäden, können eine vorzeitige Lese erzwingen. Die Qualität ist dadurch viel geringer.

Hauptlese

Spätestens mit dem Eintreten der Vollreife (bzw. Bukettreife) setzt die Hauptlese ein.

Spätlese

Bei besonders günstigen Wetterbedingungen (milder, sonniger Herbst) bleiben die Trauben länger am Stock. Die daraus hergestellten Weine nennt man Prädikatsweine (siehe Seite 108).

3.1 Weißweinerzeugung

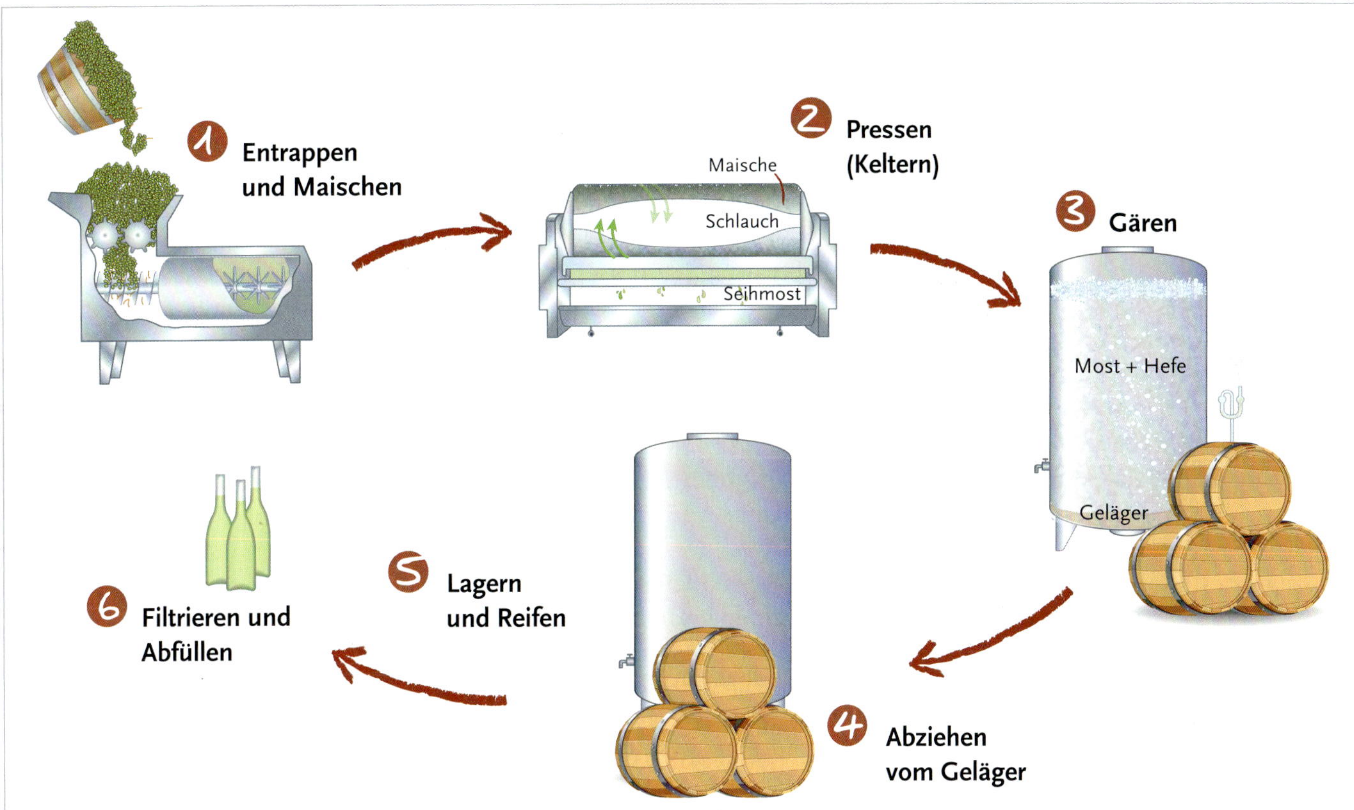

Schritt 1

Maische

Entrappen und Maischen

- Zuerst entscheidet der Winzer bzw. die Winzerin, ob **entrappt** oder das gesamte Lesegut gepresst wird (Ganztraubenpressung). Beim Entrappen werden die Beeren von den Stielen und Kämmen getrennt.
- Die Beeren werden mit Walzen zerkleinert bzw. **zerquetscht (gemaischt),** um das anschließende Pressen zu erleichtern. Der Maischebrei wird entweder sofort in Pressen oder zum Auslaugen der Aroma- und Extraktstoffe in Abseihbehälter gepumpt.

Um die Maische vor Lufteinwirkung (Braunfärbung) und schädlichen Mikroorganismen zu schützen, kann eventuell Schwefeldioxid beigegeben werden.

Schritt 2

Trester

Pressen (Keltern)

- In der Presse wird der Saft (Most) von den festen Bestandteilen (Trestern) getrennt. Der hochwertige Seihmost fließt gleich zu Beginn durch das Eigengewicht der Trauben und bei geringer Rotation (Drehung) der Presse von selbst ab.
- Dann wird die Maische durch das Aufpumpen des Innenteils der Presse (Schlauch wird mit Luft gefüllt) gegen die Presswände gedrückt – Most fließt ab.

Der Most ist trüb. Er enthält noch Unreinheiten, die sich entweder langsam am Boden absetzen oder schneller mit Schleudern (im Separator) entfernt werden.

Schritt 3

Wenn eine Aufbesserung vorzunehmen ist, hat sie nun zu erfolgen. Nach der Gärung kann aber auch Alkohol entzogen werden, um alkoholfreie Weine herzustellen.

Gären

- Der gereinigte Most wird in Stahltanks, Holzfässer oder Zisternen (unterirdische/abgedeckte Sammelbehälter) gefüllt. **Nun beginnt die Gärung:** Durch Hefepilze, die schon im Weingarten auf den reifen Beeren vorkommen, bzw. durch extra zugesetzte Reinzuchthefe wird bei mindestens 15 °C Zucker in Alkohol und Kohlensäure umgewandelt. Je mehr Zucker enthalten ist, umso höher wird der Alkoholgehalt (siehe Seite 65).

- Die Hauptgärung (stürmische Gärung) erkennt man daran, dass Kohlendioxid unter starkem Schäumen entweicht. Deshalb werden Fässer mit dem sogenannten Gärspund oder einem Gärröhrchen versehen, damit die Luft entweichen kann. Der Most bekommt eine milchige Trübung. Man nennt ihn **Federweißer.**

- Nach Abschluss der stürmischen Gärung beginnt die ruhigere Phase, bis die Hefe den gesamten Zucker der Trauben verarbeitet hat bzw. ein Alkoholgehalt von maximal etwa 15 Vol.-% erreicht ist (ab diesem Alkoholgehalt stirbt die Hefe).

In modern ausgestatteten Kellereien wird temperaturgesteuert vergoren. Die Stahltanks werden gekühlt, um Temperaturen über 35 °C durch die chemischen Vorgänge während der Gärung zu vermeiden (Hefe stirbt ab).

Schritt 4

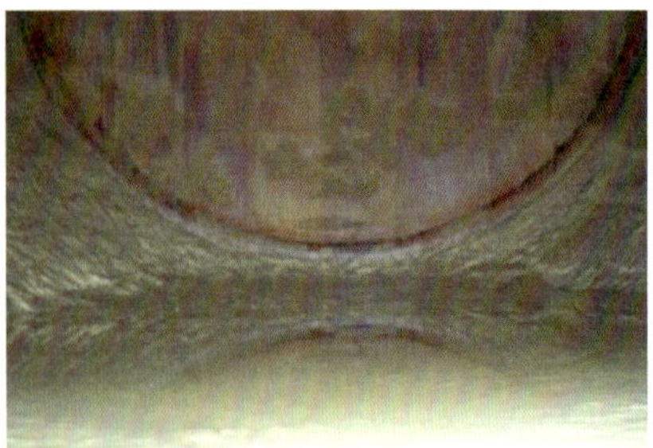

Abziehen vom Geläger

- Die abgestorbene Hefe setzt sich nach der Gärung als Bodensatz (Geläger, mehr zu seiner Verwendung siehe Seite 187) ab.

- Der fast klare **Jungwein** fließt durch den etwas höher liegenden Zapfhahn aus dem Gärbehälter in einen Lagerbehälter ab. Manchmal wird er dabei filtriert. Manchmal wird er auch in den Lagerbehälter gepumpt. Anschließend wird der Jungwein geschwefelt, um mehr Haltbarkeit zu erlangen und das Bukett besser zu entfalten.

Schritt 5

Lagern und Reifen

- Die Reifung erfolgt in Holzfässern, Kunststofftanks oder gasdichten Behältern wie Stahltanks. Durch Zusatz bestimmter Stoffe werden nun die letzten Trubstoffe entfernt. Dies nennt man **Stabilisieren bzw. Schönen.**

- Ein **Verschneiden,** also ein Vermischen von zwei oder mehreren Weinen, kann sinnvoll sein, um dem Endprodukt (Cuvée) eine bestimmte Geschmacksrichtung zu geben.

Schritt 6

Filtrieren und Abfüllen

- Wenn der Wein das optimale Ausbaustadium erreicht hat, wird er noch einmal filtriert und dann **in Flaschen gefüllt.** Dieser Zeitpunkt ist von der Sorte und der Herkunft abhängig.

- Die Flaschen werden mit einem Naturkorken, Presskorken, Kronenkorken, Kunststoffstopfen, Schraubverschluss oder Glasverschluss verschlossen.

- Nach der Flaschenfüllung soll der Wein ruhen.

3.2 Besonderheiten der Roséweinerzeugung

Die entrappte Maische aus roten Trauben wird zum Auslaugen der Farbstoffe, die sich in den Beerenschalen befinden, einige Stunden stehen gelassen (Maischestandzeit) und anschließend abgepresst.

Roséwein ist besonders in den Sommermonaten als Aperitif bzw. als erfrischendes Glas Wein sehr beliebt.

Beim sogenannten „Weißherbst" wird sofort abgepresst. Es entsteht ein sehr heller Rosé.

Eine schnellere Farbausbeute kann durch Rühren, Umpumpen oder Maischeerwärmung erzielt werden.

3.3 Besonderheiten der Rotweinerzeugung

Bei der Erzeugung von Rotweinen steht die Farbgewinnung im Mittelpunkt. Die häufigste Methode der Rotweinbereitung ist die **Maischegärung.** Rote Trauben werden entrappt und gemaischt. Die gesamte Maische (nicht der abgepresste Most!) gärt bis zu zwei Wochen in Gärbehältern. Erst danach wird gepresst.

Eine weitere Besonderheit bei der Rotweinerzeugung ist der sogenannte **biologische Säureabbau (BSA).** Dabei wird durch die Einwirkung von Milchsäurebakterien die sauer (aggressiv) schmeckende Apfelsäure in die mildere Milchsäure umgewandelt. Diese „malolaktische Gärung" wird meist durch Starterkulturen gezielt eingeleitet. Ziel ist eine geringere Säure als bei Weiß- oder Roséweinen. Rotwein soll harmonisch rund und milder schmecken.

Ausbau und Reifung von Rotweinen erfolgen entweder wie bei kräftigen Weißweinen oft im **großen Holzfass** oder im **Barrique**, einem kleinen Eichenholzfass mit einem klassischen Fassungsvermögen von 225 Litern (300 Flaschen à 0,75 l).

Das Holz, z. B. von Eichen aus Frankreich, enthält viele Substanzen, die dem Wein einen ganz bestimmten Aromaton verleihen. Für spezielle Weine mit besonderen Aromanoten wird das Fass auch getoastet, also ausgebrannt.

Toasting (Ausbrennen) des Fasses verleiht dem Wein ein besonderes Aroma:

- Leichtes Toasting: Vanille
- Mittleres Toasting: Karamell
- Starkes Toasting: Bitterschokolade

Toasting *Tohsting*
Barrique *Barikk*

4 Weinbeurteilung

„Um Wein zu verkaufen und einen Gast bei der Weinauswahl zu beraten, ist es ganz wichtig, Weine selbst beurteilen zu können", sagt der Chefsommelier zu Lukas. Deshalb übt Lukas, wie er seine Sinne schärft, um selbst Wein nach seinem Aussehen, seinem Geruch und seinem Geschmack bewerten zu können.

Eine **Degustation,** also eine professionelle Weinbeurteilung, muss gut vorbereitet werden. Nur so gelingt eine optimale Verkostung.

Die Broschüre „Sensorik" inklusive der Aromaräder für Weiß- und Rotwein finden Sie im digitalen Zusatzpaket.

Unmittelbar vor dem Kosten sollte man nicht rauchen, kein Parfum benutzen und keine scharf gewürzten, salzigen oder sehr süßen Speisen essen bzw. aromareiche Getränke wie z. B. Kaffee trinken

Bereits die Römer prüften eifrig die Qualität von Weinen und stellten die Formel **COS** auf, das heißt

- **C**olor (Farbe),
- **O**dor (Geruch) und
- **S**apor (Geschmack).

Diese Reihenfolge wird noch heute bei Weindegustationen eingehalten.

Gute Voraussetzungen für eine Weindegustation

Ein heller Raum, der gut gelüftet ist

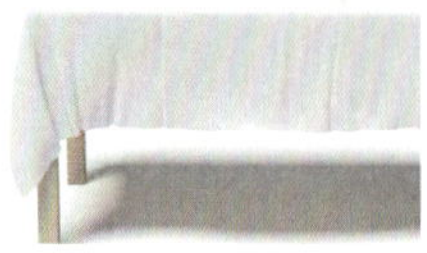

Weiß gedeckte Tische (oder ein weißes Papierblatt, um es als Hintergrund zu verwenden)

Die Weine müssen die richtige Temperatur aufweisen

Weißweine sollten meist unmittelbar vor der Verkostung geöffnet werden, Rotweinen gibt man gerne Zeit zum „Atmen“

Wasser und Weißbrot dienen zum Neutralisieren des Geschmacks

Absolute Konzentration ist erforderlich

Das ideale Weinglas zur Degustation ist

- dünnwandig und farblos,
- unverziert und ohne Rollrand,
- tulpenförmig und für alle Degustationsweine gleich

Ablauf einer Weinbeurteilung

Schritt 1

Schritt 1
Das Auge prüft das Aussehen.

Schritt 2

Schritt 2
Die Nase nimmt den Duft auf.

Schritt 3

Schritt 3
Der Gaumen prüft den Geschmack.

4.1 Aussehen

Man betrachtet das Glas, das höchstens zu einem Drittel gefüllt sein sollte.

- Zuerst **direkt von oben,** um die Klarheit zu beurteilen; anschließend achtet man auf die Kohlensäure: sind Bläschen am Rand bzw. auf der Weinoberfläche?
- Dann hält man das geneigte Glas **gegen einen weißen Hintergrund** (Tischtuch, Blatt Papier, Serviette etc.) und beurteilt den Farbton.
- Schließlich schwenkt man das Glas leicht und wirft einen **Blick auf den Weinrand.** Anhand der Bögen (Schlieren) kann die Konsistenz (Viskosität) beurteilt werden.

Wortschatz zum Aussehen	
Klarheit	Strahlend, spiegelblank, kristallklar, transparent, matt, trüb
Kohlensäure	Kann bei jungen Weißweinen auftreten, bei Rotweinen ein Fehler (Nachgärung)
Farbton bzw. Farbtiefe	**Weißwein:** blass, grüngelb, hellgelb, gelb, strohgelb, goldgelb, bernstein, braun **Rotwein:** blassrot, hellrot, ziegelrot, rubinrot, feurig rot, violett-rot, dunkelrot, braunrot, schwarzrot **Roséwein:** blassrosa, hellrosa, orange, zwiebelschalenfarbig, braunrot
Viskosität	Wässrig, dünn, ölig, dick, zähflüssig

Beispiel einer Kostnotiz:
Dieser Wein ist spiegelblank, transparent und hat einen grüngelben Farbton. Die Bläschen zeigen etwas Kohlensäure an. Die ausgeprägten Schlieren am Glasrand weisen auf einen gehaltvollen Wein hin.

In den folgenden drei Tabellen werden verschiedene Ausprägungen von Wein aufgezählt. Die roten Begriffe sind erwünscht, die anderen hingegen unerwünscht.

Weinverkosten muss gelernt werden

4.2 Geruch

Der Geruchssinn ist bei der Weinbeurteilung am wichtigsten.

- Der Wein wird vorerst **in ruhendem Zustand** geprüft.
- Anschließend **schwenkt man das Glas,** um die flüchtigen Duftstoffe freizusetzen.
- Nun kann man feststellen, ob der Wein sortentypisch und reintönig riecht bzw. wie intensiv und harmonisch der Geruch ist.

Wortschatz zum Geruch	
Reintönigkeit	Sauber, unsauber, dumpf, muffig
Intensität	Zart, dezent ausgeprägt, verhalten, aufdringlich
Entwicklungsstadium	Traubig, jugendlich, gereift, heftig, müde, oxidativ
Geruchsklasse, -kategorie	Fruchtig, blumig, pflanzlich/vegetativ, würzig, karamellisiert, rauchig/gebrannt, erdig, mikrobiologisch

Beispiel einer Kostnotiz:
Dieser Wein ist im Geruch reintönig und sehr ausgeprägt. Ich rieche sehr fruchtig-würzige Aromen nach Grapefruit und Pfeffer.

Eine Blindprobe ermöglicht eine objektivere Bewertung

Geruchsklassen/ Geruchskategorien

Bei der Beurteilung von Weinen wird den Weinaromen größte Aufmerksamkeit geschenkt. Eine Zusammenstellung von speziellen Beispielen finden Sie im digitalen Zusatzpaket.

4.3 Geschmack

Ein japanischer Wissenschaftler entdeckte, dass Glutamat den Geschmack eiweißreicher Speisen verstärkt, und nannte die Geschmacksrichtung „umami“ (= Wohlgeschmack).

Man nimmt einen kräftigen Schluck und „beißt“ den Wein wie eine feste Speise.

- Man darf sogar **schlürfen,** ja man sollte es sogar. Dabei wird Luft eingesogen, die flüchtigen Bestandteile können sich somit entfalten.
- Dann **rollt man den Wein im Mund,** damit er mit möglichst vielen Geschmackspapillen in Berührung kommt. Dieses „Herumspülen“ im Mund wiederholt man so oft, bis man sich ein Urteil über den Wein gebildet hat.
- Nach dem Ausspucken oder Schlucken bleiben noch aromatische Eindrücke bestehen. Je nachdem, wie lange diese anhalten, spricht man von einem kurz oder lang anhaltenden Nachhall.

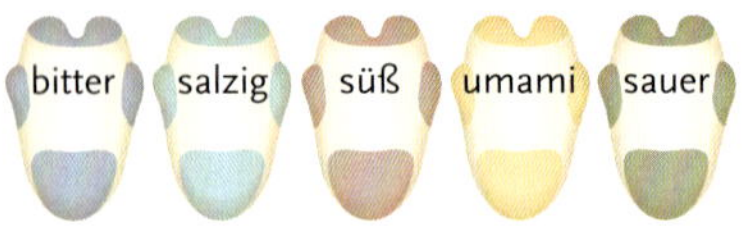

Manche „Zungenlandkarten“ zeigen, dass man die Süße nur an der Zungenspitze wahrnimmt, sauer und salzig nur am Zungenrand und bitter hinten am Zungengrund. Das ist falsch. Alle fünf Grundgeschmacksrichtungen werden gleichermaßen auf der ganzen Zunge wahrgenommen.

Wortschatz zum Geschmack	
Säure	Mild, frisch, gut eingebunden, rassig, resch, stahlig, schal, spitz, scharf, aggressiv, bissig, unreif
Süße	Trocken, halbtrocken, lieblich, deutlicher Zuckerrest, edelsüß, plump, klebrig, Zuckerwasser
Tannin (bei Rotweinen)	Samtig, weich, abgerundet, zartherb, herb, gerbstoffreich, rau, bitter, sperrig, pelzig
Körper (Extrakte)	Schlank, zart, gut gebaut, kompakt, gehaltvoll, leer, dünn, flach, plump
Geschmackskategorie	Fruchtig, blumig, pflanzlich/vegetativ, würzig, karamellisiert, rauchig/gebrannt, erdig, mikrobiologisch
Alter	Jung, jugendlich, ausgebaut, reif, edelfirnig, mostig, abgebaut, überlagert, firnig
Alkohol	Leicht, mittelschwer, kräftig, schwer, brandig, dünn
Nachhall (Abgang)	Kurz, mittel, lang anhaltend, sehr kurz (reißt ab)
Harmonie	Harmonisch, unharmonisch
Gesamteindruck	Gefällig, ausgewogen, vielschichtig, edel, vollmundig, derb, ausdruckslos, eindimensional, unsauber

Nach Abschluss der drei Verkostungsschritte werden die Einzelbewertungen zusammengefasst.

Beispiel einer Kostnotiz:
Dieser Wein ist trocken ausgebaut und angenehm säurereich. Es handelt sich um einen fülligen Wein, der flüssige Eindrücke hinterlässt und einen lang anhaltenden Nachhall hat. Struktur, Körper und Aroma harmonieren elegant.

Aufgabenstellung – „Weindegustation“

- Führen Sie eine Weinverkostung durch! Füllen Sie das Degustationsprotokoll aus! Ein Beispiel finden Sie im digitalen Zusatzpaket.

Wein A	**Wein B**
Aussehen:	Aussehen:
Geruch:	Geruch:
Geschmack:	Geschmack:
Zusammenfassender Eindruck:	Zusammenfassender Eindruck:
Empfehlung zu:	Empfehlung zu:

Degustationssprache

Bei der sensorischen Beurteilung von Wein bedienen sich die Fachleute einer eigenen Sprache. Damit sind also jene Vokabeln gemeint, die der Fachmann bzw. die Fachfrau verwendet, um einen Wein zu beschreiben.

Degustationssprache	
Nachhall (auch Abgang)	Eindruck, den der Wein beim und nach dem Schlucken hinterlässt (Nachgeschmack). Ein langer Nachhall ist immer ein gutes Qualitätsmerkmal.
Adstringierend	Zusammenziehend (bei Rotwein)
Aroma	Duft des Weines
Blank	Klar
Blumig	An Blüten erinnernd
Bukett	Duftnote, die sich aus verschiedenen Aromakomponenten zusammensetzt; Sorten-, Gär-, Lager- und Edelfäulebukett
Dichte	Konzentration von Duft, Aroma und Extraktstoffen
Duftig	Mit eleganter, leichter Blume
Elegant	Harmonisch; meist leichtere, spritzige und nicht zu milde Weine
Fruchtig	Geschmack und Geruch erinnern an die Traube oder an eine Obstart
Füllig	Extrakt- und alkoholreich
Gehaltvoll	Mit Extrakt
Grün	Unreif
Harmonisch	Bestandteile des Weines sind im richtigen Verhältnis zueinander
Körperarm	Dünn, leicht
Körperreich	Extraktreich, voll
Mild	Säurearm
Mousseux, moussierend	Mousseux ist das auf der Zunge spürbare CO_2. Ein Wein, der stark kohlensäurehaltig ist, wird als moussierend bezeichnet.
Oxidativ	Geruch und Geschmack sind flach und verbraucht
Perlage	Sichtbares CO_2 beim Schaumwein
Reif	Höhepunkt in der Entwicklung
Reduktiv	Weine, die kaum mit Luft in Berührung kommen und daher ohne Nebengeschmack (reintönig) sind
Reintönig	Sauberer Wein; ohne Nebengeschmack
Rund	Voller, abgerundeter Geschmack
Samtig	Tannin- und säurearm; bei Rotweinen
Schwer	Alkoholreich; mit viel Extrakt
Sortenbukett	Im Wein ist die Traubensorte typisch zu erkennen
Spritzig	Moussierend; stark kohlensäurehaltig
Staubig	Wein mit leichter Trübung; ein ungefilterter, leicht hefetrüber Wein heißt „junger Wein", „Bitzler" oder einfach nur Jungwein

Unsere Sinnesorgane erkennen Unterschiede – auch bei scheinbar gleichen Weinen

Bukett	*Bukeh*
Mousseux	*Mussöh*
moussierend	*mussierend*
Perlage	*Perlahsch*

Finden Sie weitere Beispiele für Weinbeschreibungen aus Ihrem Berufsalltag oder auf Weinseiten im Internet und schreiben Sie diese Begriffe samt Erklärung auf:

Struktur	Weine mit einer Ausgewogenheit von Säure- und/oder Tanningehalt sowie Alkohol und Extrakt
Süffig	Harmonisch, leicht; regt zum Trinken an
Tannin	Der während der Gärung aus Beerenhäuten und Kernen extrahierte Gerbstoff. Er baut in der Flasche langsam ab und ist bei Rotweinen wichtig.
Trocken	Durchgegoren; geringer Restzuckergehalt
Verschlossen	Zeigt nur andeutungsweise seine Entwicklungsmöglichkeiten; meist sehr junger Wein
Würzig	Wein, der nach Gewürzen riecht und schmeckt
Zart	Nicht sehr kräftig, aber fein und elegant

Extrahieren = einen Auszug machen.

Die komplette Einteilung der Weine nach Restzuckergehalt sehen Sie auf Seite 106.

4.4 Weinfehler

Weinfehler sind unerwünschte Veränderungen des Weines in Bezug auf Geruch, Geschmack oder/und Aussehen. Die Weine sind zwar nicht gesundheitsschädlich, dürfen aber nicht mehr ausgeschenkt werden.

Korkgeschmack	Häufigster Fehler; entsteht beim Zusammentreffen von Phenolen (in jedem Naturkorken enthalten) mit chlorhaltigen Stoffen und Schimmelpilzen; Wein riecht und schmeckt modrig-muffig.
Muffton (Schimmelgeschmack)	Durch schimmeliges Traubengut; Wein riecht muffig, dumpf, nach Schimmel.
Böckser	Durch Zersetzen des Schwefels und der Hefe verursacht; Wein riecht und schmeckt nach faulen Eiern (Schwefelwasserstoff).
Brett-Ton (Pferdeschweißton)	Ausgelöst durch bestimmte Hefen; besonders Rotweine können aufdringlich nach Pferdeschweiß riechen. Durch regelmäßiges Schwefeln der Fässer werden Brett-Töne vermieden.
Essigstich	Durch Essigbakterien verursacht, die sich im Herbst auf den Beeren entwickeln und beim Keltern in den Most gelangen. Mit Luft wandeln sie den Alkohol des Weines in Essigsäure um; Wein riecht nach Essig.
Zähwerden	Durch Bakterien verursacht, die aus Zuckerresten Schleim erzeugen. Der Wein wird trüb und ölig bzw. schleimig.

Der oft unerwünschte **Oxidationston** entsteht durch unsachgemäße Lagerung (zu viel Sauerstoffzufuhr). Der Wein verliert an Frische und Fruchtigkeit. Er riecht nach überreifen Äpfeln und schmeckt schal.

Brett = stammt vom Wort Brettanomyces (ein Hefestamm).

Weinkristalle/Weinstein: Diese Ablagerungen am Korken und am Flaschenboden sind Säurekristalle (Wein hat Säure abgebaut!). **Sie beeinträchtigen die Weinqualität nicht.** Sie sollen aber auch nicht ins Glas kommen.

5 Einkauf, Lagerung und Service

Weinkauf online – garantiert günstiger!

Bieten Sie Ihren Gästen ausreichend alkoholfreie Weine zur Fastenzeit

Weineinkauf ist ein heikles Thema. Woher weiß der Sommelier bzw. die Sommelière, was die zu erwartenden Gäste wünschen? Wie weiß er/sie überhaupt, welcher Wein lagerfähig ist und welcher nicht?

5.1 Einkauf und Lagerung von Wein

Beim Einkauf von Wein sollte man beachten, dass das Warenangebot zum Speisenangebot bzw. zum Stil des Restaurants passt und im Idealfall die einzelnen Qualitätsstufen (siehe Seite 107) umfasst. Wein lagert man aus verschiedenen Gründen in **Vorratshaltung.**

- Zumindest eine kurze **Lagerzeit** (zwei bis drei Wochen) ist bei jedem Wein nötig, damit der Wein nach der Unruhe während des Transportes wieder seine ursprüngliche Qualität ausbalancieren kann.
- Überdies ist eine gewisse **Angebotsvielfalt** für Gäste nötig.
- Ein weiterer Punkt sind die **Kosten** – junge Rotweine sind günstiger im Einkauf als bereits gereifte, ältere.

Der Weineinkauf ist – wie jeder Wareneinkauf – abhängig

- von der Betriebsart (Imbisslokal oder Gourmetrestaurant) und
- von der Betriebsgröße (30 oder 1 000 Gästeplätze),
- vom Verkauf (Hoch- oder Nebensaison, Gastgartenbetrieb oder Wildwochen),
- vom Gästekreis (Alltagsgeschäft oder Anlass wie eine Hochzeit) und
- vom Einkaufspreis.

Wie schon erwähnt, ist es wichtig, den Weineinkauf auf das Speisenangebot abzustimmen. Welcher Wein mit welcher Speise wirklich gut harmoniert, ist ein heikles Thema. Da jedoch jeder Wein besondere Eigenschaften hat, die den Geschmack gewisser Speisen ergänzen, haben sich Grundregeln für die Korrespondenz von Wein und Speisen entwickelt (mehr dazu erfahren Sie ab Seite 210).

Gebindeformen

Je nach Einsatz des Weines gibt es verschiedenste Flaschengrößen bzw. Gebinde:

0,25 l **0,375 l** **0,75 l** **1,5 l (Magnum)**

Bioweine eignen sich für Veganer, da viele Betriebe auf eine Weinschönung verzichten bzw. keine Präparate aus tierischem Eiweiß (Albumin, Hausenblase) verwenden. Achten Sie auf die Kennzeichnung!

Im Trend ist die Herstellung von „Orange Wines“. Näheres dazu finden Sie im digitalen Zusatzpaket.

Großflaschen werden gerne mit Wachs versiegelt

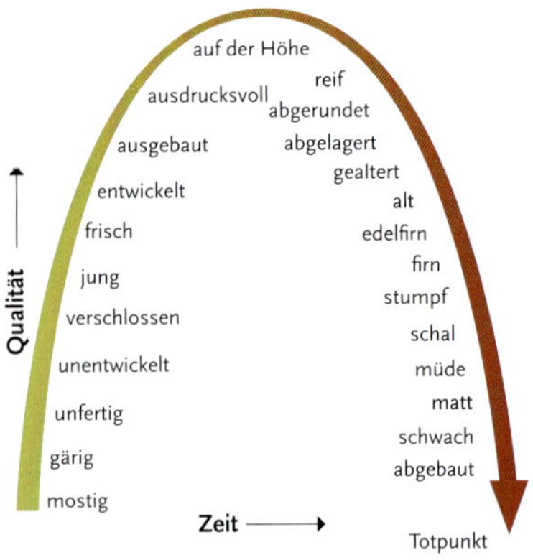

Lebenslauf des Weines

Weinflaschen können auch in einem Weinklimaschrank im Restaurant aufbewahrt werden – das empfiehlt sich für jene Weine, die häufig verkauft werden

Es gibt eine klassische Abfolge von Weinen bei mehrgängigen Menüs. Diese Abfolge ist jedoch kein unverrückbares „Gesetz“:

- Weiß vor rosé und rot
- Leicht vor kräftig
- Jung vor alt
- Trocken vor süß
- Einfach vor qualitativ höherwertig
- Körperarm vor körperreich
- Säurearm vor säurereich

Weitere Gebindegrößen:

- **1 l** (eher für den offenen Ausschank)
- **2 l** (für den offenen Ausschank)
- **diverse Großformate** (z. B. 3 l/Doppelmagnum, für Anlässe/größere Gruppen)
- **verschiedene Fassgrößen** für Schankanlagen (für den offenen Ausschank)

Lagerung

Weine, die mit Naturkorken verschlossen sind, werden immer liegend (mit dem Etikett nach oben) aufbewahrt, denn der Naturkorken trocknet aus und verliert seine Elastizität, wenn er nicht ständig mit Wein benetzt wird. Bei allen anderen Verschlüssen, ist diese Praxis überflüssig. Alternative Verschlüsse sind Kronenkorken, Kunststoffstopfen, Schraub- oder Glasverschlüsse.

Diese Weine haben eine höhere Haltbarkeit

- Weine mit hohem Alkohol-, Extrakt-, Restzucker- und Tanningehalt
- Weine mit einem höheren Säuregehalt
- Qualitäts- und Prädikatsweine (je höher das Mostgewicht ist, umso besser – je länger die Trauben reifen durften, umso länger reift der Wein)

Um die Haltbarkeit der Weine optimal zu unterstützen, soll der Lagerraum

- dunkel,
- erschütterungs- und
- geruchsfrei sein und
- eine Frischluftzufuhr haben.

Ideal ist eine gleichbleibende Temperatur zwischen 8 °C und 12 °C. Die Luftfeuchtigkeit sollte um 70 Prozent liegen, der Lagerraum darf jedoch keine nassen Wände aufweisen.

5.2 Verkauf und Service von Wein

Wie verkaufe ich Wein?

Gehen Sie davon aus, dass Ihre Gäste gut bis sehr gut über Wein im Allgemeinen informiert sind und sich vielleicht auch schon das Weinangebot Ihres Betriebes genauer angesehen haben (z. B. im Internet). Deshalb ist es wichtig, dass Sie selbst auch bestens Bescheid wissen, um ein erfolgreiches Gespräch beim Weinverkauf führen zu können.

Gibt es in Ihrem Betrieb eine eigene Weinkarte? Gibt es Weinschautische oder einen Weinklimaschrank im Gästebereich? Gibt es einen für Gäste zugänglichen Weinkeller? Wenn ja, dann schauen Sie sich diese ganz genau an und befragen Sie dazu auch Kolleginnen und Kollegen oder Ihre Chefs.

Im Gästegespräch ist es besser, kurz und einfach Weine zu empfehlen. **Gäste freuen sich über Tipps, wollen aber keine „Weinbelehrung“.**

Beachten Sie: Der persönliche Geschmack und der Wunsch eines Gastes haben immer Vorrang vor jeglichen Grundsätzen. Es kommt nicht gut an, wenn Sie versuchen, einen Gast von seiner Wahl abzubringen!

Als Aperitif könnte ich Ihnen heute einen leichten, frischen Muskateller vom ... anbieten.
Prädikatsweine im trockenen oder halbtrockenen Bereich eignen sich auch als Aperitif.
Zu Ihrem gewählten Menü wäre zur Vorspeise ein junger Weißwein die perfekte Ergänzung. Darf ich Ihnen einen ... vom Weingut ... aus ... vorschlagen?
Fragen Sie Ihre Gäste, was ihnen lieber ist (z. B. trockene oder Weine mit Restsüße) oder ob sie z. B. Weine mögen, die im Barrique ausgebaut sind. Sie erfahren nur durch Fragen, worauf Ihre Gäste Wert legen und was ihnen als Weinempfehlung gefallen könnte.
Bevorzugen Sie einen leichten oder einen kräftigen Wein?
Zu Ihrem Käse-Schinken-Hörnchen bringe ich Ihnen wie gewünscht eine Weißweinschorle.
Für Sie beide würde ich eine Halbflasche empfehlen.
Bieten Sie Ihren Gästen eine für sie ideale Menge an. Suchen Sie also bei Einzelgästen einen passenden Wein aus dem glasweisen Weinsortiment.

⚠ Beachten Sie, dass diese Liste nur generelle Weinfachausdrücke enthält, nicht jedoch die Degustationssprache (siehe Seite 93).

Avinieren

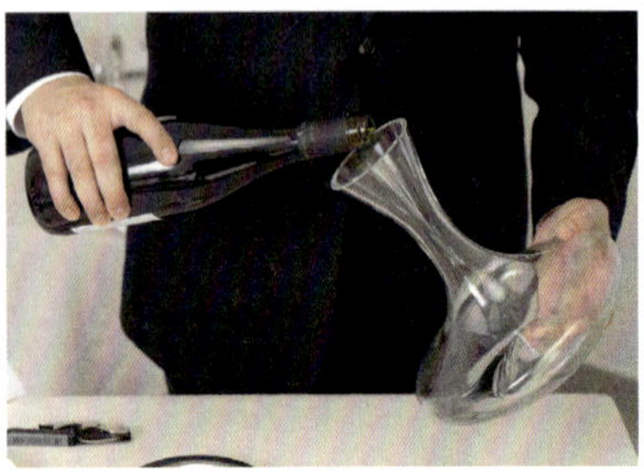

Dekantieren

Weinfachausdrücke für das Gästegespräch	
Aromasorten	Rebsorten mit intensivem Aroma (z. B. Muskateller)
Assemblage, Verschnitt	Französischer Ausdruck für den Vorgang des Verschneidens verschiedener Weine zu einer Cuvée oder für das Vermischen verschiedener Traubensorten (um die Qualität zu verbessern oder für eine bestimmte, möglichst gleichbleibende Geschmacksrichtung)
Ausbau	Reifung des Weines nach der Gärung
Autochthone Rebe	Alteingesessene Rebe, die nur regional verbreitet ist
Avinieren	Ausschwenken von Gläsern bzw. Karaffen mit Wein
Barrique (kleines Holzfass)	Traditionelles französisches Fassmaß von 225 Litern (heute auch bis 350 Liter). Beim Ausbau von Wein in ungebrauchten Eichenfässern (Barriqueausbau) übernimmt der Wein Aromen und Geschmack vom Holz.
Belüften	Umfüllen eines Weines zur besseren Entwicklung durch vermehrten Kontakt mit Sauerstoff (in Karaffen)
Botrytis cinerea	**Edelfäulepilz;** für den Ausbau von Weinen mit Restsüße
Chambrieren	Kellerkühle Weine auf Trinktemperatur bringen (maximal auf 18 °C – nicht auf Zimmertemperatur!)
Cru	Französische Bezeichnung für eine genau abgegrenzte Lage
Cuvée (die)	Fertiger Verschnitt von verschiedenen Weinen
Dekantieren	Vorsichtiges Umgießen des Weines aus der Flasche in eine Dekantierkaraffe, um das Depot abzutrennen. Bei Bordeauxflaschen kann sich das Depot in der sogenannten „Schulter" sammeln.
Depot	Trubstoffe (bitter), die sich mit der Alterung am Flaschenboden absetzen
Extrakt	Mineralsalze, Glycerin, Zucker und Säuren, die im Wein gelöst sind. Je mehr Extrakt, desto voller der Wein.
Frappieren	Kühlen von Weinen, die nicht die gewünschte Serviertemperatur haben
Gemischter Satz	Trauben verschiedener Rebsorten aus einem Weingarten werden gemeinsam geerntet und gepresst
Klassik	Begriff für einen Weinstil, bei dem Frucht- und Rebsortenausdruck im Vordergrund stehen
Komplexität	Subtiles Zusammenspiel von Duft und Geschmack
Mistella	Traubenmost, bei dem durch die Zugabe von Weindestillat die Gärung verhindert wird; wie der französische Pineau des Charentes als Aperitif serviert
Oak chips	Eichenholzchips, die einem Wein im Fass oder Stahltank beigegeben werden, um ihm ein Holzaroma zu verleihen
Orange wine, Natural wine, Raw wine	Wein, der hauptsächlich aus weißen Trauben hergestellt, jedoch wie Rotwein auf der Maische bzw. mit den Schalen vergoren wird; oft ein Biowein bzw. ein Wein, der so wenig wie möglich behandelt wurde
Reserve	Kräftigerer Weinstil mit langer Reifelagerung und höherem Alkoholgehalt (mit oder ohne Barriqueausbau)
Terroir	Zusammenspiel von Boden, Lage und Kleinklima; auch der Einfluss durch das Arbeiten des Winzers/der Winzerin
Vinifizierung	Verarbeitung der Trauben

Subtil = zart, fein.

Assemblage	*Assomblahsch*
Barrique	*Barikk*
Cru	*Krüh*
Cuvée	*Küweh*
Depot	*Depoh*
Oak chips	*Auk tschips*
Terroir	*Terroa*
Pineau des Charentes	*Pinoh de Scharohnt*

Wie serviere ich Wein?

Wein kommt in den meisten Fällen in der klassischen 0,75-l-Flasche zum Gast und wird in immer gleicher Abfolge bei Tisch serviert: also Präsentieren, Öffnen vor dem Gast, Korkenkontrolle, Probeschluck, Einschenken, Versorgen der Flasche und Nachservice.

Seien Sie bei der laufenden **Weinbetreuung aufmerksam** (beispielsweise beim Nachservice bei einer bestellten Weinflasche). Es soll weder aufdringlich häufig noch nachlässig spät sein.

Schenken Sie auch glasweise angebotene Weine, wenn möglich, aus der Originalflasche beim Tisch des Gastes in ein Glas mit Füllstrich ein. Beachten Sie dabei die in Ihrer Getränkekarte angegebenen Ausschankmaße (z. B. 0,125 l, also 1/8 l).

Wiederholen Sie das fachgerechte Servieren von Weinen aus dem Servierunterricht.

Im Idealfall servieren Sie zu jedem Glas Wein ein Glas (Leitungs-) Wasser, damit der Gast ein neutrales Begleitgetränk hat.

Ideale Trinktemperatur für Wein

Im Sommer bei hohen Außentemperaturen können auch etwas kühler servierte Weine von Ihren Gästen als ideal empfunden werden.

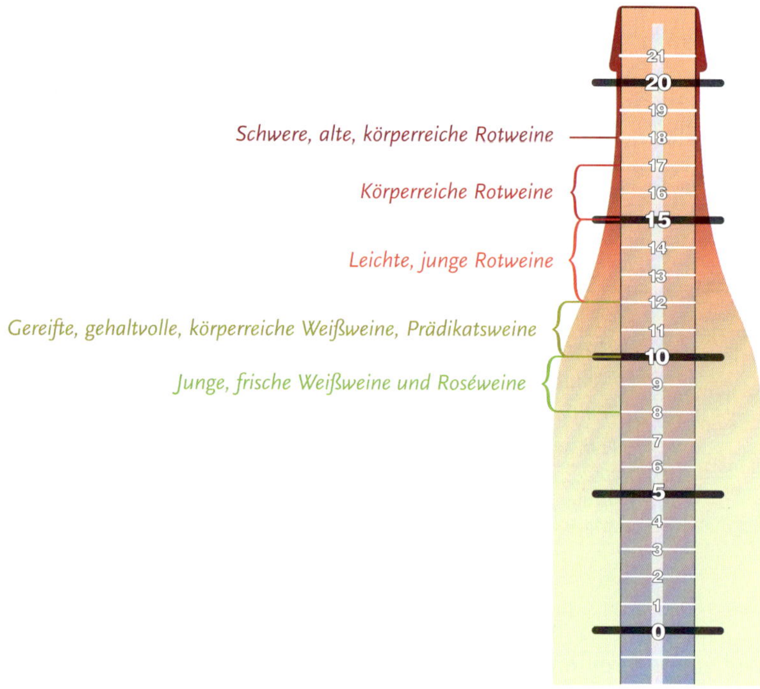

Gläser für Wein

Für einen optimalen Trinkgenuss ist auch beim Wein die Glasform von großer Bedeutung. Kontrollieren Sie Gläser durch leichtes Anschnipsen oder Anklopfen immer wieder auf Defekte. Ein feiner Haarriss ist kaum sichtbar, aber Sie „hören" ihn sofort.

Standard-Weißweinglas

Standard-Rotweinglas

Bordeauxglas

Burgunderglas

Eselsbrücke: Burgund ist „rund"; Bordeaux mit „0"

Ziele erreicht? – „Wein“

KOMPETENZ-ERWERB

1. Wonach richtet sich der Zeitpunkt der Weinlese? Streichen Sie Falsches durch.

Nach dem Wetter des Erntetages	Nach der Tagesverfassung der Winzerin/des Winzers
Nach der Farbe der Weintrauben	Nach der Reife der Weintrauben
Nach der Stärke des Weinstockes	Nach dem Blattgrün des Weinstockes

2. Nennen Sie die Schritte der Weißweinerzeugung und zeichnen Sie die Besonderheiten der Erzeugung von Rotweinen in die Grafik ein.

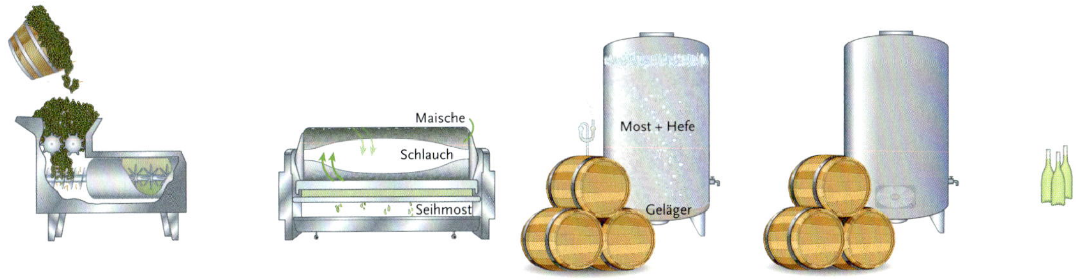

3. Ein Gast hat Spargel mit Sauce Hollandaise und Schinken bestellt und fragt Sie, welchen Wein Sie ihm empfehlen.

4. Kreuzen Sie bei den folgenden Satzanfängen richtige Fortsetzungen an. Schreiben Sie bei den falschen Erklärungen den richtigen Fachbegriff bzw. die richtige Rebsorte daneben.

Beim Dekantieren …

- ☐ gießen Sie den Wein vorsichtig in eine Karaffe ______
- ☐ kühlen Sie den Wein auf die richtige Temperatur ______

Autochthone Reben bedeuten …

- ☐ alteingesessene, regionale Reben ______
- ☐ erster Ertrag einer Neupflanzung ______
- ☐ verschiedene Rebsorten in einem Weingarten mit einer gemeinsamen Ernte und Pressung ______

Sichtbare Kristalle im Wein (Weinstein) …

- ☐ mindern seine Qualität ______
- ☐ sollen aus optischen Gründen nicht ins Glas ______

5. Nach welchen Kriterien wird Wein beurteilt? Kreuzen Sie richtige Antworten an.

☐ Geruch ☐ Temperatur ☐ Geschmack ☐ Abfüllung ☐ Aussehen

Weinbau in Deutschland

Deutschland im europäischen Vergleich

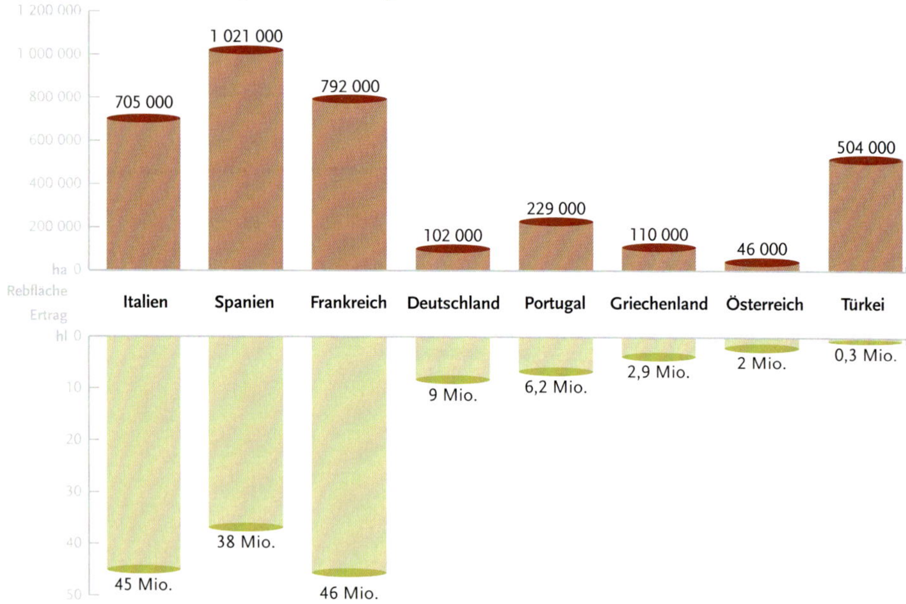

Alle Angaben schwanken von Jahr zu Jahr etwas.

Quelle: OIV (Internationale Organisation für Rebe und Wein) Weltbericht April 2014/2015

Diese Übersicht zeigt, dass eine große Weinbaufläche nicht automatisch viel Wein ausmacht (z. B. hat Spanien zwischen den Rebzeilen mehr Abstand). Außerdem ist ersichtlich, dass in manchen Ländern andere Produkte aus Weintrauben die Weinmenge dämpfen (z. B. Rosinen oder Traubensaft in Griechenland oder der Türkei bzw. Brandygrundweine in Spanien).

Im Vergleich zu anderen Weinbauländern hat der Weinbau in Deutschland anteilsmäßig eine geringe Bedeutung. Sein Prestige verdankt er der Qualität seiner Weißweine. In Deutschland gibt es fast reine Weißweingebiete, wie etwa an der Mosel.

Der Pro-Kopf-Verbrauch an Wein liegt bei jährlich ca. 21 Litern, in Frankreich bei beachtlichen 53 Litern, in der Türkei hingegen nur bei ungefähr 1,5 Litern.

Eine beachtenswerte Rotweintradition haben hingegen südlich gelegene Regionen, wie Württemberg und Baden, aber auch das nördliche Anbaugebiet Ahr. Die Weingärten liegen meist entlang großer Flüsse (z. B. am Rhein), die Trauben finden hier ideale Wachstumsbedingungen.

Das deutsche Weingesetz ist dem österreichischen sehr ähnlich. In beiden Ländern wird der Wein nach dem Zuckergehalt des Mostes klassifiziert. Aber auch regionstypische Weine (angelehnt an Weine romanischer Länder) gewinnen mehr und mehr an Bedeutung.

KOMPETENZ-ERWERB

Meine Ziele

Nach Bearbeitung dieses Kapitels kann ich

- sagen, welche Bezeichnungen laut deutschem Weingesetz auf den Etiketten deutscher Weine zu finden sind;
- die deutschen Rebsorten charakterisieren, ihre Hauptaromen nennen und erklären, in welchen Anbaugebieten sie hauptsächlich angebaut werden;
- das erworbene Wissen über bekannte Weinbaugebiete, ihre Weine und Weingüter in einem Verkaufsgespräch mit Gästen anwenden.

1 Deutsches Weingesetz

„Ich dachte, es gibt ein EU-weites Weinrecht! Warum müssen wir dann für jedes Weinland die gesetzlichen Bestimmungen lernen?“, wundert sich Melina.

Wein im Sinne des EU-Gesetzes ist das durch alkoholische Gärung aus dem Saft frischer und für die Weinbereitung geeigneter Weintrauben hergestellte Getränk.

Ganz allgemein gesagt, werden in einem Gesetz von Regierungen Regeln festgelegt. Es umfasst also verpflichtende Vorschriften, im Falle des Weingesetzes über den Anbau, die Herstellung und den Verkauf von Wein.

§ Die sogenannte Weinbezeichnungsverordnung enthält eine Reihe von Bezeichnungen, die auf den Flaschenetiketten angegeben werden **müssen bzw. dürfen.**
Dürfen: Die zusätzliche Angabe von regionalen Herkunftszeichen ist zum Beispiel erlaubt.

Die grobe Basis des deutschen Weingesetzes bildet die EU-Weinmarktordnung von 2009, die für alle Mitgliedsstaaten gültig ist.

EU-Weinmarktordnung

▽

Nationale, detaillierte Weingesetze der EU-Mitgliedsstaaten
z. B. deutsches Weingesetz

Auch die Beschriftung des fertigen Produktes Wein wird gesetzlich geregelt. Steht auf dem Etikett nur „Europäischer Wein“ bzw. „Verschnitt aus mehreren Ländern der EU“, kommt der Inhalt aus EU-Ländern.

Nach dem Alkoholgehalt lassen sich Weine gut einteilen:
Leichter Wein: bis 11,5 Vol.-%
Mittelkräftiger bzw. gehaltvoller Wein: 11,5 bis 12,5 Vol.-%
Kräftiger Wein: über 13 Vol.-%

1.1. Rebsorten

Nahezu 140 Rebsorten sind in Deutschland heimisch, große Marktbedeutung haben aber viel weniger, allen voran der Riesling und der Müller-Thurgau (Rivaner) für Weißweine. Auf diese beiden Sorten entfällt ein gutes Drittel der Rebfläche. Bei den Rotweinsorten dominieren Spätburgunder und Dornfelder.

Unter dem Motto „Riesling = Germany“ versteht sich der Verein „Generation Riesling“ als Netzwerk für junge Menschen in der deutschen Weinwirtschaft

Weißweinsorten

Riesling
(Rheinriesling, Weißer Riesling)

Charakteristik:
hellgelb, trocken, fruchtig, elegant, spritzig, rassige Säure; große Bandbreite von Landwein bis Trockenbeerenauslese mit enormem Alterungspotenzial; auch als Aperitifwein

Hauptaromen:
Steinobst (Pfirsich, Aprikose), Zitrone, Honig, exotische Früchte, mineralischer Ton (z. B. Schiefergestein)

Anbaugebiete:
in fast allen Anbaugebieten

Müller-Thurgau
(Rivaner)

Charakteristik:
hellgelb, leicht, duftig, feine Säure; meist als Jungwein eingesetzt, auch für höhere Prädikatsweinstufen geeignet

Hauptaromen:
Muskat, zarte Frucht (z. B. Holunder)

Anbaugebiete:
Rheinhessen, Pfalz, Franken

Grauburgunder
(Grauer Burgunder, Pinot gris, Ruländer, Malvoisie)

Charakteristik:
Blassgelb mit Kupferschimmer; kräftige, körperreiche Weine mit ausgewogener Säure

Hauptaromen:
Mandeln, Honig, Netzmelone, Biskuit

Anbaugebiete:
Baden, Rheinhessen, Pfalz

Silvaner
(Grüner Silvaner, Frankenriesling, Österreicher)

Charakteristik:
Fruchtig bis würzig; die Weine weisen eine geringe Säure auf und sind daher jung zu trinken

Hauptaromen:
Grüne Noten, Blumenwiese, Stachelbeere, weißer Pfeffer

Anbaugebiete:
Rheinhessen, Franken, Pfalz

Weißburgunder
(Weißer Burgunder, Pinot blanc, Clevner)

Charakteristik:
gelbgrün, dezent, elegant; universeller Speisenbegleiter

Hauptaromen:
Gelbe Frucht (z. B. Ananas, Quitten, Birnen), Nüsse, Lindenblüten

Anbaugebiete:
Baden, Rheinhessen, Pfalz

Kerner
(Weißer Herold)

Charakteristik:
Hell- bis gelbgrün; fruchtig, ertragreiche Sorte

Hauptaromen:
Grüner Apfel, Johannisbeeren, Eisbonbon

Anbaugebiete:
Rheinhessen, Pfalz, Franken

Rotweinsorten

Spätburgunder
(Blauer Burgunder, Pinot noir)

Charakteristik:
rubinrot, extrakt- und alkoholreich, elegant, zart, samtig, würzig; sehr alte Sorte, die in gemäßigten, kühleren Lagen die besten Ergebnisse bringt; gut lagerfähig

Hauptaromen:
Himbeere, Erdbeere, Sauerkirsche, Bittermandeln

Anbaugebiete:
Ahr, Baden, Pfalz

Dornfelder

Charakteristik:
Dunkelrot; ergibt fruchtige Weine; weiche Tannine

Hauptaromen:
Sauerkirsche, Pflaume, Brombeere

Anbaugebiete:
Rheinhessen, Pfalz, Nahe

Lemberger
(Blaufränkisch)

Charakteristik:
rubinrot bis bläulich rot, leicht bis gehaltvoll, markante Säure, würzig, tanninreich; hervorragender Cuvéepartner für Cabernet Sauvignon, Zweigelt und Merlot; autochthone Sorte

Hauptaromen:
Dunkle Beeren (z. B. Brombeere), Kirsche, Kräuter

Anbaugebiete:
Württemberg

Blauer Portugieser
(Portugieser, Vöslauer)

Charakteristik:
hell- bis dunkelrot; tannin- und säurearm; ergibt leichte Weine, die jung zu trinken sind

Hauptaromen:
zarte Beerenfrüchte (z. B. Himbeere, Johannisbeere, Erdbeere)

Anbaugebiete:
Rheinhessen, Pfalz, Württemberg

Blauer Trollinger
(Vernatsch, Schiava)

Charakteristik:
Hellrot, würzig, herzhaft, hohe Säure (rassig)

Hauptaromen:
Floral, Wildkirsche, etwas Muskat

Anbaugebiete:
Württemberg, Baden

Schwarzriesling
(Müllerrebe, Pinot Meunier)

Charakteristik:
Samtig, feingliedrig, rubin- bis ziegelrot

Hauptaromen:
Rote Beeren, schwarzer Tee

Anbaugebiete:
Württemberg

Spätburgunder

Dornfelder

Pinot blanc	*Pinoh bloh*
Pinot noir	*Pinoh noa*

1.2 Angaben auf dem Etikett

Das EU-Recht unterscheidet zwischen obligatorischen Angaben (vorgeschriebenen Angaben) und fakultativen Angaben (zulässige Angaben unter bestimmten Voraussetzungen).

❶ **Banderole** (in der Flaschenkapsel oder im Verschluss)

❷ **Herkunftsbezeichnung:** Für die Aufschrift „Deutscher Wein" oder „Wein aus Deutschland" müssen die Trauben zu 100 % aus Deutschland sein. Örtliche Herkunftsbezeichnungen (Trauben 100 % aus diesem Bereich) sind Weinbauregionen, Weinbaugebiete, Großlagen, Gemeinden oder Einzellagen in Verbindung mit dem Gemeindenamen.

❸ **Anbaugebiet**

❹ **Bezeichnung „Qualitätswein" und die verliehene Prüfnummer:** Qualitätsweine müssen die Bezeichnung „Qualitätswein", „Prädikatswein" oder „Qualitätswein mit amtlicher Prüfnummer" sowie die verliehene Prüfnummer (nach Analyse durch eine staatliche Verkostung) tragen.

❺ **Nenninhalt: Inhaltsmenge in Litern:** Das Inhaltsvolumen ist nach EU-Recht anzugeben; e (= EU-Norm) und z. B. 0,75 l, 75 cl oder 750 ml.

❻ **Jahrgangs- und Sortenbezeichnung:** Bei einer Angabe der Sorte bzw. des Jahrgangs muss der Wein zu mindestens 85 % aus der genannten Sorte bzw. dem Jahrgang stammen.

❼ **Restzuckergehalt:** Dieser Wert gibt den Gehalt an unvergorenem, also noch vorhandenem (schmeckbarem) Zucker im Wein an. Es handelt sich um eine zulässige, jedoch freiwillige Angabe.

- **Trocken:** bis 4 g Zucker pro Liter oder höchstens 9 g pro Liter, wenn der in Weinsäure ausgedrückte Gesamtsäuregehalt höchstens 2 g pro Liter niedriger ist als der Restzuckergehalt
- **Halbtrocken:** bis 12 g Zucker pro Liter oder höchstens 18 g pro Liter, wenn der in Weinsäure ausgedrückte Gesamtsäuregehalt höchstens 10 g pro Liter niedriger ist als der Restzuckergehalt
- **Lieblich:** höchstens 45 g Restzucker pro Liter
- **Süß:** über 45 g Restzucker pro Liter

Beispiel zu trockenem Wein:
8 g Restzucker bei 6 g Säure

Beispiel zu halbtrockenem Wein:
18 g Restzucker bei 8 g Säure

❽ **Name und Standort des Weingutes** (also des Erzeugers, Abfüllers oder des Verkäufers)

❾ **Alkoholgehalt:** Gehalt an Alkohol in ganzen oder halben Volumenprozenten (z. B. 11 %, 11,5 %)

❿ **Allergene:** „Enthält Sulfite" muss seit 2011, „Enthält Ei" und „Enthält Milch" muss seit 2012 angegeben werden

Großlage = Weinbaufläche innerhalb eines Weinbaugebietes, das gleichartige und gleichwertige Weine erwarten lässt.

Einzellage = oft auch nur Lage; ein Gebietsteil einer Gemeinde. Sie bringt gleichartige und gleichwertige Weine hervor.

1.3 Deutsche Weingüteklassen

Nachdem die EU-Weinmarktordnung über allem steht, sind die ländertypischen Unterschiede nur gering, aber dennoch vorhanden. Das deutsche Weingesetz klassifiziert den Wein nach dem Zuckergehalt des Mostes.

Qualitätsstufen

Qualitätswein
Aus deutschem Anbaugebiet für Qualitätswein (z. B. Baden)
Höchste Qualität mit vielen Unterstufen

Landwein
Aus deutschem Landweingebiet (z. B. Badischer Landwein)
Einfache Qualität

Wein aus Deutschland
Aus deutschen Trauben
Einfachste Qualität

Jede Qualitätsstufe muss mindestens die Anforderungen der vorigen erfüllen und hat darüber hinaus noch weitere Auflagen, um eine höhere Qualität zu garantieren.

Das Mostgewicht wird mit der Öchsle-Mostwaage gemessen, siehe Seite 85. Ein Grad Oechsle (°Oe) entspricht circa 2,3 Gramm Zucker pro Liter.

Deutscher Wein bzw. Wein aus Deutschland

Eine Rebsorte und/oder der Jahrgang können angegeben sein; häufig jedoch ohne dieser Angabe.

- Der Wein darf nur aus im Inland geernteten Trauben hergestellt werden.
- Nur zugelassene Rebsorten dürfen verarbeitet werden.
- Der natürliche Mindestalkoholgehalt muss in Zone A mindestens 5 Vol.-% (44 °Oe) und in Zone B mindestens 6 Vol.-% (50 °Oe) betragen.
- Nach einer eventuellen Anreicherung muss mindestens 8,5 Vol.-% Alkohol vorhanden sein.
- Der Gesamtsäuregehalt liegt bei mindestens 3,5 g/l.

Da auch das Weingesetz immer wieder novelliert, also erneuert wird, sollten Sie zur Sicherheit die ganz aktuellen Daten (z. B. zum Hektarhöchstertrag) aus der letztgültigen Weingesetz-Fassung lesen: z. B. auf www.deutscheweine.de

Landwein/Wein mit geschützter geografischer Angabe

Die Bezeichnung „Landwein" wurde 1982 eingeführt, die zusätzliche Kennzeichnung „Wein mit geschützter geografischer Angabe" ist seit 1. 1. 2012 möglich, aber nicht verpflichtend.

- Mindestens 85 % der Trauben stammen aus dem angegebenen Landweingebiet.
- Mit Ausnahme der Weine aus den vier 2009 neu aufgenommenen Landweingebieten (Oberrhein, Rhein, Rhein-Neckar, Neckar) müssen die Weine der Geschmacksstufe trocken oder halbtrocken entsprechen.

26 deutsche Landweingebiete	
Ahrtaler Landwein	Mitteldeutscher Landwein
Badischer Landwein	Nahegauer Landwein
Bayrischer-Bodensee-Landwein	Pfälzer Landwein
Brandenburger Landwein	Regensburger Landwein
Landwein Main	Rheinburgen Landwein
Landwein der Mosel	Rheingauer Landwein
Landwein Neckar	Rheinischer Landwein
Landwein Oberrhein	Saarländischer Landwein
Landwein Rhein	Sächsischer Landwein
Landwein Rhein-Neckar	Schleswig-Holsteiner-Landwein
Landwein der Ruwer	Schwäbischer Landwein
Landwein der Saar	Starkenburger Landwein
Mecklenburger Landwein	Taubertäler Landwein

Zusätzliche Anforderungen an Prädikatsweine

- Eine Anreicherung zur Erhöhung des Alkoholgehaltes ist verboten.
- Eichenholzstücke („Chips") dürfen nicht verwendet werden.
- Das Entalkoholisieren ist nicht erlaubt.

Qualitäts- und Prädikatswein/Wein mit geschützter Ursprungsbezeichnung

Die zusätzliche Kennzeichnung „Wein mit geschützter Ursprungsbezeichnung" ist seit 1. 1. 2012 möglich, aber nicht verpflichtend.

Anforderungen:

- Sie dürfen nur aus der Spezies Vitis vinifera bereitet werden.
- Der vorhandene Alkoholgehalt beträgt mindestens 7 Vol.-%.
- Je nach Anbaugebiet gelten bestimmte Vorschriften bezüglich Rebsorten, Maximalerträge und erlaubte kellertechnische Verfahren.
- Die Weine müssen einer sensorischen und analytischen Prüfung unterzogen werden und erhalten nach deren Bestehen eine amtliche Prüfnummer (A. P. Nr.).
- Die Ernte und die Verarbeitung erfolgen in einem einzigen bestimmten Anbaugebiet.
- Konzentrierter Traubenmost darf nicht zugesetzt und eine Kältekonzentrierung nicht vorgenommen werden.
- Der Wein muss fehlerfrei sein und typische Bewertungsmerkmale aufweisen.

Die Prädikatsstufen im Überblick

Prädikatsstufen	Oechsle Mindestgrade (unterscheiden sich nach Anbaugebiet)	Kriterium bei der Lese
Kabinett	67° Oe bis 82° Oe	Reife Trauben
Spätlese	76° Oe bis 90° Oe	Späte Lese und „vollreifer" Zustand
Auslese	83° Oe bis 100° Oe	Auslese aller kranken/unreifen Trauben
Beerenauslese	110° Oe bis 128° Oe	Zum Teil edelfaule, mindestens überreife Trauben
Trockenbeerenauslese	150° Oe bis 154° Oe	Weitgehend edelfaule Trauben
Eiswein	110° Oe bis 128° Oe	Gefrorene Trauben

Nur bei der **Handlese** können nicht vollreife, fehlerhafte und kranke Beeren ausgesondert werden. Man spricht von Positivlese.

Mögliche zusätzliche Bezeichnungen und Auszeichnungen

- **Classic:** Wein aus einer klassischen, gebietstypischen Rebsorte, gehaltvoll, kräftig, aromatisch und trocken; höheres Mostgewicht
- **Selection:** trockene Spitzenklasse der deutschen Weine, ausgewählte Standorte, geringer Ertrag und Handlese
- **Prämierungsstreifen:** Weinflaschen tragen auf dem Flaschenhals oft streifenförmige Zusatzetiketten (Gold, Silber, Bronze), auf denen die Preise verzeichnet sind, die der Wein bei verschiedenen Prämierungen errungen hat.

Edelfäule (Botrytis cinerea) macht die Beerenhaut löchrig und Wasser verdunstet (durch Sonne und Wind). Damit werden die mit diesem Schimmelpilz befallenen Beeren konzentrierter und süßer. In natürlicher Form kommt dieser Pilz z. B. an der Mosel, in Tokaj und im Sauternes vor – an anderen Orten wird er künstlich gesprüht.

Besondere deutsche Weinarten

Weißherbst ist ein besonderer Roséwein, der folgende Anforderungen erfüllen muss:

- Mindestens Qualitätswein.
- Nur aus einer einzigen roten Rebsorte gewonnen.
- Zu mindestens 95 % aus hell gekeltertem Most.

Rotling ist ebenfalls eine Spezialität des deutschen Weingesetzes. Es handelt sich hierbei um einen blass-hellroten Verschnitt von Weiß- und Rotweintrauben bzw. deren Maischen. Die genauere Bezeichnung ist abhängig davon, aus welchem Anbaugebiet er stammt. In Württemberg spricht man von Schillerwein, in Baden von Badisch Rotgold und in Sachsen existiert dafür die Bezeichnung Schieler.

Verband Deutscher Prädikatsweingüter (VDP)

Gegründet wurde dieser Verband 1910 mit dem Ziel, gleichgesinnte Verbände zu vereinen und gemeinsame Auktionen durchzuführen. Mittlerweile ist dieser Verband der einflussreichste und angesehenste deutsche Winzerverband mit rund 200 Mitgliedern. Sein Erkennungszeichen ist der Traubenadler als Logo auf der Kapsel und dem Etikett. Ziel des VDP ist es, die deutsche Weinkultur durch das Erreichen höchstmöglicher Weinqualität zu fördern.

Folgende Maßnahmen bzw. Bestrebungen sind darauf abgestimmt:

- Die Weine dürfen nur aus Spitzenlagen stammen.
- Angestrebt werden niedrigere Erträge und höhere Mostgewichte als im Weingesetz vorgeschrieben.
- Nur traditionelle Rebsorten dürfen angebaut werden.
- Die Anwendung umweltverträglicher Methoden soll gefördert werden.

Die Prädikatsstufe **Spätlese** wurde im Schloss Johannisberg erfunden. Seit 1718 musste die Leseerlaubnis mithilfe eines sogenannten Herbstkuriers aus Fulda eingeholt werden. Im Jahr 1775 kam dieser jedoch 14 Tage später als erhofft mit der Genehmigung zur Lese zurück. Mittlerweile waren die Trauben am Stock eingeschrumpft. Dennoch hat man sie gelesen und verarbeitet.

Bezeichnung	Voraussetzungen	Etikettierung und Vermarktung
Grosse Lage	■ Herkunft von klassifizierten Spitzenlagen ■ Weine mit Lagencharakter und besonderem Reifepotenzial ■ Aus regional festgelegten traditionellen Rebsorten ■ Strenge Ertragsbegrenzung auf höchstens 50 hl/ha und Handlese ■ Bestimmtes Mostgewicht muss erreicht werden ■ Prüfung der Weine vor Abfüllung	**Etikettierung** ■ Spezielle Flasche mit GG-Traube als Glasprägung ■ Name des Weinguts, Rebsorten- und Lagenangabe ohne Ortsnamen ■ Angabe trocken ist Pflicht, alle anderen Geschmacksangaben erfolgen freiwillig **Vermarktung** ■ Frucht- und edelsüße Weine ab dem 1. 5. des Folgejahres ■ Trockene Weißweine ab dem 1. 9. des Folgejahres ■ Trockene Rotweine ab dem 1. 9. des zweiten auf die Lese folgenden Jahres
Erste Lage	■ Stammen aus erstklassigen Lagen ■ Nur ausgewählte Rebsorten zulässig ■ Ertragsbegrenzung auf höchstens 60 hl/ha und Handlese	**Etikettierung** ■ Kennzeichnung „VDP. Erste Lage“ auf der Kapsel ■ Name des Weinguts, Rebsortenangabe sowie Kombination aus Orts- und Lagennamen **Vermarktung** ■ Zur Mainzer Weinbörse (Ende April des auf die Lese folgenden Jahres)
Ortswein	■ Botschafter der Gemeinden und bester Böden ■ Alle Rebsorten sind zugelassen ■ Ertragsbegrenzung auf höchstens 75 hl/ha	**Etikettierung** ■ Freiwillige Kennzeichnung als „VDP. Ortswein“ auf dem Etikett oder der Kapsel ■ Name des Weinguts, Rebsortenangabe und Ortsname **Vermarktung** ■ Ab 1. 3. des auf die Lese folgenden Jahres
Gutswein	■ Gutseigene Lagen ■ Alle Rebsorten sind zugelassen ■ Ertragsbegrenzung auf höchstens 75 hl/ha	**Etikettierung** ■ Freiwillige Kennzeichnung als „VDP. Gutswein“ auf dem Etikett oder der Kapsel ■ Name des Weinguts, der Region und der Rebsorte **Vermarktung** ■ Keine Bestimmungen

Neu ist die Bestimmung, dass die Prädikatsbezeichnungen (z. B. Kabinett) nur noch für restsüße Weine erlaubt sind (außer bei den Gutsweinen).

Das Doppel-S (zum Beispiel beim GROSSEN GEWÄCHS) anstelle eines „ß“ wurde vom VDP gewählt, damit die Auszeichnung international verständlich ist.

Seit der Ernte 2012 bilden folgende 4 Stufen die Qualitätspyramide des VDP.

VDP.GROSSE LAGE klassifiziert nur Weine aus besten Lagen. Trockene Weine dieser Kategorie heißen „GROSSES GEWÄCHS“

Trockene Weine

www.vdp.de

2 Deutsche Weinbaugebiete

Lukas erzählt: „Mein Onkel hat von seiner Weinreise eine sehr eigenartige Weinflasche mitgebracht. Ich frage mich, wo die wohl herkommt.“

Die Weinbaugebiete Deutschlands liegen vorwiegend im **Südwesten des Landes.** Sie zählen zu den nördlichsten Weinanbaugebieten der Welt und befinden sich im Grenzbereich zwischen dem feuchtwarmen Golfstromklima im Westen und dem trockenen Kontinentalklima im Osten.

Auch die Bodenvielfalt – großteils Vulkan- und Schieferböden, Muschelkalk- sowie Löss- und Lehmböden – trägt zu den vielfältigen Weinqualitäten bei. Deutschland verfügt daher auch über eine dementsprechende Sortenbreite.

Die deutschen Weinreben wachsen in relativ kühlem Klima. Die Ausrichtung nach Süden und die Neigung der Weinberglagen sind daher besonders wichtig.

Bis in die 1990er-Jahre wurden deutsche Weine meist durch Winzergenossenschaften vermarktet. Sie waren für ihren Hang zur Restsüße bekannt. Dies änderte sich in den letzten Jahren und man begann, sich auf die besten Rebsorten und Lagen zu konzentrieren. Viele Genossenschaften sowie Weingüter erkannten den Trend der internationalen Weinwelt und reagierten darauf mit modernen Vinifikationsmethoden und Weinstilen.

Eine Übersichtstabelle zur Bedeutung und Charakteristik der Qualitätsrebsorten finden Sie im digitalen Zusatzpaket.

Deutsche Weine werden heute in viele Länder **exportiert – besonders die Rieslinge und Prädikatsweine** haben international einen guten Ruf. Das Verhältnis Weißwein zu Rotwein hat sich in den letzten Jahren von 80 zu 20 auf 65 zu 35 verschoben.

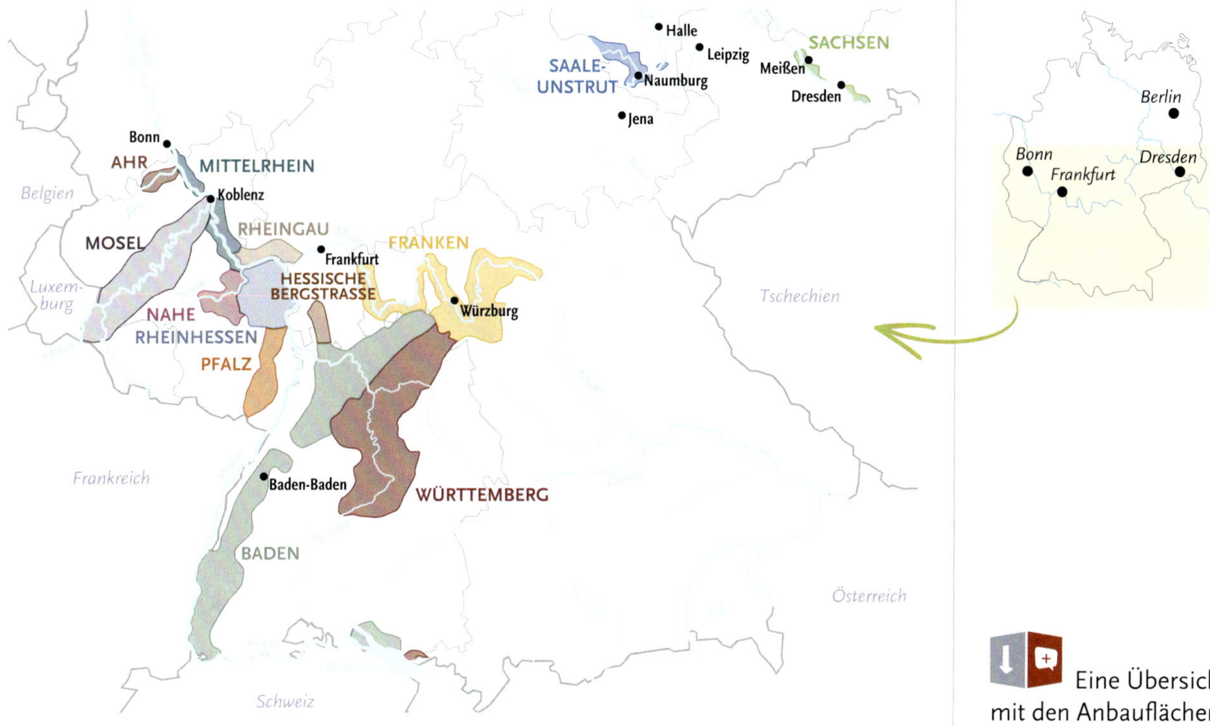

Insgesamt gibt es in Deutschland 13 Qualitätsweinbaugebiete, wobei sich ein Gebiet aus mehreren Bereichen, ein Bereich aus mehreren Großlagen und eine Großlage aus verschiedenen Einzellagen zusammensetzt.

Eine Übersichtstabelle mit den Anbauflächen der einzelnen Weinbaugebiete sowie deren Anteil an der Weiß bzw. Rotweinproduktion finden Sie im digitalen Zusatzpaket.

Im Ahrtal

2.1 Ahr

Das Gebiet Ahr gehört zu den nördlichsten und kleinsten Anbaugebieten Deutschlands. Sehr steile, felsige Hänge bestimmen das milde Klima. Die Böden sind vulkanischen Ursprungs und bestehen meist aus Schiefer, Basalt und Grauwacke.

Bekannt ist dieses Gebiet vor allem aufgrund seiner herausragenden Spätburgunder-Rotweine. Im Fachhandel und in der Gastronomie werden sie als Spezialität zu hohen Preisen vermarktet.

Auch weingeschichtlich ist dieses Gebiet interessant, denn hier entstand mit der „Winzergenossenschaft Mayschoß“ (1868) die erste Winzergenossenschaft der Welt. Des Weiteren ist die „Walporzheimer Gärkammer“ mit 6400 m² eine der kleinsten Einzellagen Deutschlands.

Ahr

Weinorte

❶ Altenahr (Kreuzberg)

❷ Walporzheim

❸ Bad Neuenahr

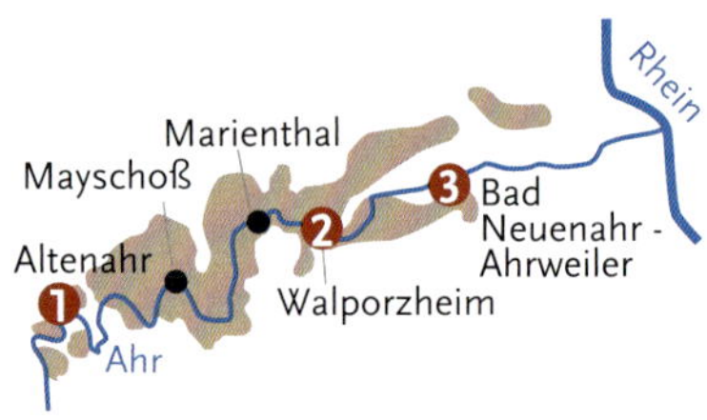

Rebsorten

Riesling, Müller-Thurgau

Spätburgunder, Frühburgunder, Portugieser

Landweingebiete
- Ahrtaler Landwein
- Landwein Rhein

Bekannte Weingüter
Adeneuer, Deutzerhof, Meyer-Näkel, Stodden

Wussten Sie, dass ...
die Rebsorte Frühburgunder von der Slow-Food-Vereinigung in die „Arche des Geschmacks“ aufgenommen wurde, u. a. mit dem Ziel, die Biodiversität im Weinbau zu fördern?

Das Weingut Meyer-Näkel gewann 2008 die „International Pinot Noir Trophy“ und sorgte so für weltweite Beachtung und Anerkennung des kleinen, aber herausragenden Rotweingebietes.

2.2 Baden

Baden ist das südlichste Anbaugebiet, das sich auch am längsten ausdehnt. Es erstreckt sich über 300 km entlang des rechten Rheinufers vom Bodensee bis Mannheim und gilt als die Burgunder-Hochburg Deutschlands. Da hier die Sonnenscheindauer wesentlich höher und damit das Klima deutlich wärmer ist als in den anderen Anbaugebieten, zählt Baden zur Weinbauzone B.

Die Böden sind in den neun Bereichen sehr unterschiedlich (Vulkangestein, Kalk-, Ton- und Lössablagerungen). Die bekanntesten Bereiche sind Kaiserstuhl (seltene Querterrassierung) und Ortenau. Eine Besonderheit Badens ist die herausragende Stellung der Winzergenossenschaften. 85 % der Weine werden von diesen vermarktet. Eine weitere Eigenart ist die Rebsorte Gutedel im Bereich Markgräflerland. Die Weine Badens sind im deutschen Vergleich in der Regel korpulenter und trockener.

Baden

Weinorte

❶ Baden-Baden

❷ Durbach

❸ Ihringen

❹ Meersburg

Rebsorten

Müller-Thurgau, Grauburgunder, Weißburgunder, Gutedel

Spätburgunder

Der Badische Winzerkeller in Breisach ist mit ca. 2500 ha Rebfläche die größte deutsche und eine der größten europäischen Winzergenossenschaften.

Landweingebiete

- Badischer Landwein
- Landwein Oberrhein
- Landwein Rhein-Neckar
- Taubentäler Landwein

Bekannte Weingüter

Dr. Heger, Huber, Schwarzer Adler, Stiegler, Ziereisen

Die heißeste Weinlage Deutschlands befindet sich mit dem Ihringer Winklerberg am Kaiserstuhl.

Staatliches Weininstitut in Meersburg am Bodensee

2.3 Franken

Die Weine sind größtenteils rebsortenrein und weiß (81 %) und gelten als besonders herzhaft und kernig. Das Klima ist kontinental geprägt. Bei den Böden reicht die Vielfalt von Muschelkalk (Maindreieck), über Buntsandstein (Mainviereck) bis zum Keuper (Steigerwald).

Besonderheiten Frankens sind, dass

- es im Vergleich zu den anderen Anbaugebieten vom Rotweinboom der 1990er-Jahre kaum berührt wurde,
- der Silvaner die edelste und typischste Sorte ist,
- vier von fünf Flaschen im Gebiet selbst getrunken werden und
- Riesling mit ca. 4 % der Anbaufläche so gut wie keine Rolle spielt.

Mit dem Begriff „fränkisch trocken“ werden Weine beschrieben, die weniger als vier Gramm Restsüße pro Liter aufweisen.

Die legendäre Lage „Würzburger Stein“ war die erste Lage Deutschlands, die eine eigene Bezeichnung erhielt. Sie ist mit 85 ha auch die größte Einzellage.

Der Bocksbeutel ist das Markenzeichen des Frankenweins. Nur Qualitäts- und Prädikatsweine dürfen in den Bocksbeutel. In Franken werden ca. 40 % der Weine darin abgefüllt. Laut deutschem Weingesetz dürfen außerhalb Frankens nur noch Weine aus dem württembergischen Bereich Kocher-Jagst-Tauber, dem badischen Bereich Tauberfranken und aus vier Gemeinden des badischen Bereichs Ortenau diese Flaschenform verwenden.

Franken

Weinorte

❶ Bürgstadt

❷ Würzburg

❸ Sommerhausen

❹ Escherndorf

Rebsorten

Müller-Thurgau, Silvaner, Bacchus

Domina, Spätburgunder, Dornfelder

Landweingebiete

- Landwein Main
- Regensburger Landwein

Bekannte Weingüter

Bürgerspital, Fürst, Juliusspital, Sauer

2.4 Hessische Bergstraße

Die Hessische Bergstraße liegt nördlich von Mannheim und ist das kleinste Anbaugebiet Deutschlands. Es liegt im Schutz des Odenwaldes und hat nur lokale Bedeutung. Granit ist die vorherrschende Bodenform.

Der größte Weinbergsbesitzer ist der hessische Staat. Ansonsten dominieren hier, ähnlich wie in Baden, Winzergenossenschaften das Weingeschäft.

Hessische Bergstraße

Weinorte

❶ Bensheim

❷ Heppenheim

Rebsorten

Riesling, Grauburgunder, Müller-Thurgau

Spätburgunder

Landweingebiete

- Starkenburger Landwein

Bekannte Weingüter

Staatsweingut Bergstraße, Weingut der Stadt Bensheim

2.5 Mittelrhein

Neben der Hessischen Bergstraße ist das Gebiet Mittelrhein eines der kleinsten Deutschlands. Es erstreckt sich am linken Rheinufer von Bingen bis Koblenz und Bonn, am rechten Ufer von Kaub flussabwärts. Milde Sommer und der Rhein als Wärmespeicher sowie Löss-, Schiefer-, Quarzit- und Vulkanverwitterungsböden sind ideale Voraussetzungen für reifes Lesegut.

Berühmt ist das Anbaugebiet für seine steilen Felsen und zahlreichen Burgen. Der Loreley-Felsen ist zugleich Patron und Wahrzeichen. In diesem von Riesling dominierten Gebiet wird Weinbau vor allem im Nebenerwerb oder als Hobby durchgeführt. Gegenwärtig ist jedoch eine dramatische Aufgabe von Rebhängen vor allem in Steillagen zu beobachten. So gingen in 30 Jahren etwa 40 % der Rebfläche verloren.

Loreleyfelsen

Mittelrhein

Weinorte

❶ Boppart

❷ St. Goar

❸ Kaub

❹ Bacharach

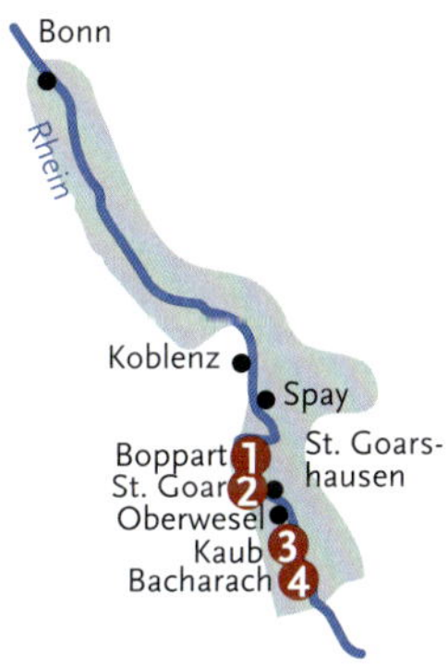

Rebsorten

Riesling, Müller-Thurgau, Kerner, Silvaner

Spätburgunder

Landweingebiete

- Landwein Rhein
- Rheinburgen Landwein

Bekannte Weingüter

Bastian, Matthias Müller, Ratzenberger, Jost

Wussten Sie, dass …
die UNESCO Teile des Gebietes Mittelrhein zum Weltkulturerbe erklärt hat?

2.6 Mosel

Die hier wachsenden Rieslinge haben internationalen Ruf. Die Rebsorten Kerner, Elbling und Müller-Thurgau werden auch als Grundwein zur Versektung herangezogen.

Das Verhältnis von Temperatur und Niederschlagsmengen ist optimal. Während in den Tallagen Sand-, Kies- und Schotterböden vorherrschen, zeichnen sich die Steillagen durch roten und blauen Schiefer sowie Quarzit aus. Letztere weisen ein Gefälle von über 30 % auf und machen ein Drittel der Rebfläche aus. Der „Calmont" gilt sogar als die steilste Lage Europas.

Aber das ist nicht der einzige Superlativ dieses Gebiets. Weitere sind, dass es sich hier um eines der ältesten deutschen Anbaugebiete und die größte zusammenhängende Rieslingfläche handelt. Darüber hinaus ist das Anbaugebiet Mosel die Heimat des „Scharzhofberg", der weltberühmten Toplage, aus der die teuersten Weine Deutschlands stammen.

Mosel

Weinorte

❶ Cochem

❷ Wehlen

Rebsorten

Riesling, Müller-Thurgau, Elbling

Rote Sorten haben kaum Bedeutung

❸ Zell

❹ Bernkastel

❺ Trier

Landweingebiete

- Landwein der Mosel
- Landwein der Saar
- Landwein Rhein
- Landwein der Ruwer
- Saarländischer Landwein

Bekannte Weingüter

Dr. Loosen, Egon Müller-Scharzhof, Haart, Heymann-Löwenstein, Prüm, Volxem

Wussten Sie, dass ...
die berühmte Lage „Wehlener Sonnenuhr" ihren Namen der 1848 von Jodocus Prüm im Weinberg gebauten Sonnenuhr verdankt?

Der Scharzhofberg ist eine Einzellage im Bereich Saar (südlich von Konz), die aufgrund des Mikroklimas und der stark verwitterten Schieferböden besonders für edelfaule Weine aus alten, zum Teil noch wurzelechten Rieslingstöcken bekannt ist.

2.7 Nahe

Das Gebiet Nahe, zwischen Mosel und Rhein gelegen, ist ebenfalls für seine Rieslinge bekannt. Aufgrund des milden, frostarmen Klimas und der vielfältigen Bodentypen wächst hier fast alles. Daher gilt dieses Gebiet auch als „Probierstübchen Deutschlands". Die Böden bestehen vorwiegend aus Quarz, Schiefer, Ton, Löss und Porphyr.

Lange Zeit wurden die Weine unter Ihrem Wert gehandelt. Mittlerweile stellen sie sowohl bei nationalen als auch internationalen Prämierungen erfolgreich ihre herausragende Qualität unter Beweis. Auch die Preise sind im Zuge dessen auf Rheingau-Niveau gestiegen. Trotzdem kommt es auch hier zur Aufgabe vieler renommierter Steillagen, da sich kaum jemand findet, der die mühsame Arbeit auf sich nehmen will.

Nahe

Weinorte

❶ Oberhausen

❷ Bad Kreuznach

❸ Langenlonsheim

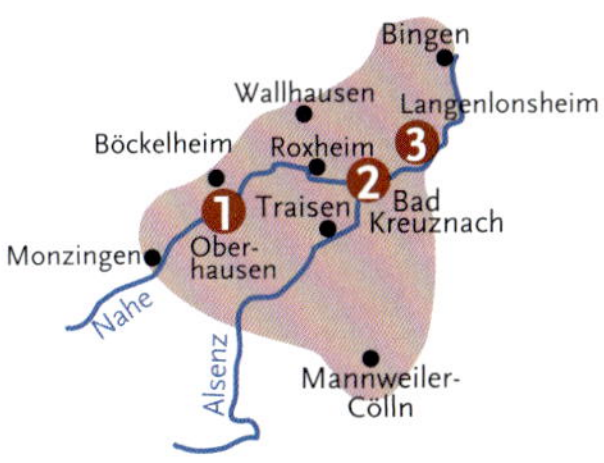

Rebsorten

Riesling, Müller-Thurgau, Silvaner

Dornfelder, Spätburgunder

Wussten Sie, dass ...
das Anbaugebiet Nahe mit mehr als 180 Bodenarten deutschlandweit die größte Bodenvielfalt aufweist?

Landweingebiete

- Landwein Rhein
- Nahegauer Landwein

Bekannte Weingüter
Dönnhoff, Schönleber, Schäfer-Fröhlich

2.8 Pfalz

Die Pfalz ist nach Rheinhessen zwar nur das zweitgrößte Anbaugebiet Deutschlands, aber bei der Produktion die Nummer eins. Ein Viertel der deutschen Weine wachsen in dem Gebiet, das sich entlang der Deutschen und Südlichen Weinstraße von Worms bis zur französischen Grenze erstreckt.

Es bildet somit die Schnittstelle zwischen den eleganten Weinen des Nordens und den kraftvollen Weinen des Südens. Kalk, Sand, Schiefer, Ton, Löss und Lehm sind die vorherrschenden Bodenarten.

Bei den Rebsorten fällt auf, dass in der Pfalz der Portugieser (7 % der Fläche) und die Neuzüchtung Dornfelder (13 % der Fläche) eine größere Bedeutung haben als in den anderen zwölf Gebieten. Aus dem Portugieser wird in erster Linie Weißherbst bereitet.

Wussten Sie, dass …
in Bad Dürkheim das größte Weinfass der Welt mit einem Fassungsvolumen von 1,7 Millionen Litern steht? Es wurde 1934 aus 200 Schwarzwälder Tannen gefertigt und hat einen Durchmesser von 13,5 m. Mit Wein gefüllt wurde es nie und heute beherbergt es das Restaurant Dürkheimer Fass.

Pfalz

Weinorte

❶ Laumersheim

❷ Bad Dürkheim

❸ Deidesheim

❹ Neustadt an der Weinstraße

Rebsorten

Riesling, Müller-Thurgau, Grauburgunder

Dornfelder, Portugieser, Spätburgunder

Landweingebiete

- Landwein Rhein
- Pfälzer Landwein

Bekannte Weingüter

Becker, Dr. Bürklin-Wolf, Knipser, Reichsrat von Buhl

Mit insgesamt 5 779 Hektar weist die Pfalz die größte Riesling-Dichte der Welt auf. Auch einer der ältesten noch tragenden Weinberge der Welt mit über 400 Jahre alten Rebstöcken (Gewürztraminer und Silvaner), der „Rhodter Rosengarten", liegt in der Pfalz. Des Weiteren ist das Gebiet durch seine große Sektkellerei in Wachenheim bekannt.

2.9 Rheingau

Der Rheingau gilt als eines der besten Weinanbaugebiete Deutschlands. International ist es neben der Mosel auf alle Fälle das bekannteste. Es erstreckt sich von Hochheim bis Assmannshausen am rechten Rheinufer.

Das Klima ist durch den Schutz des Taunus ausgeglichen und die Böden sind mit denen der Nahe vergleichbar. Mit ca. 78 % Flächenanteil ist hier alles auf Riesling ausgerichtet. Auf den Schieferböden rund um Assmannshausen spielt jedoch auch Spätburgunder eine große Rolle.

Das Gebiet ist auch weingeschichtlich interessant, denn hier wurde erstmalig Wein aus edelfaulen Trauben produziert und die Bezeichnung „Kabinett“ (Kloster Eberbach) eingeführt. Auch heutzutage gehen viele Neuerungen, so z. B. im Bezeichnungsrecht vom Gebiet Rheingau aus. Die Einführung der „Ersten Gewächse“ 1999 und die damit verbundene Orientierung an den Cru-Weinen Frankreichs hat maßgeblich zur Qualitätssteigerung des deutschen Weines beigetragen. Nicht zuletzt ist mit der Forschungs- und Rebzuchtanstalt Geisenheim gewährleistet, dass das Gebiet auch in Zukunft innovativ bleibt.

Das Schloss Johannisberg begann bereits 1720 mit dem reinen Rieslinganbau – damals eine Weltpremiere

Rheingau

Weinorte

❶ Assmannshausen

❷ Rüdesheim

❸ Geisenheim

❹ Eltville

Rebsorten

Riesling, Weißburgunder

Spätburgunder

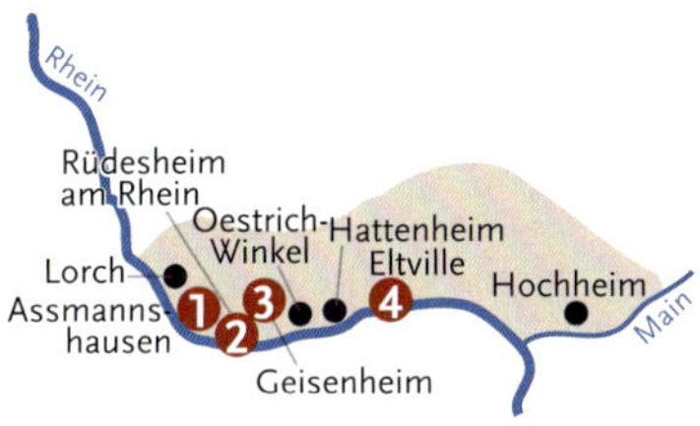

Landweingebiete

- Rheingauer Landwein

Bekannte Weingüter

Breuer, Künstler, Leitz, Robert Weil, Schloss Vollrads, Schloss Johannisberg, Spreitzer

Wussten Sie, dass ...
Hock früher in England ein Synonym für Rheinweine war und sich von dem Ort Hochheim im Rheingau ableitet? Der Begriff Hochheim galt sogar als gleichbedeutend mit Riesling und Königin Victoria von England soll einer der treuesten Fans dieser Weine gewesen sein.

2.10 Rheinhessen

Das Gebiet zwischen den Städten Bingen, Mainz, Alzey und Worms ist das größte deutsche Anbaugebiet und wird auch „Land der 1 000 Hügel“ genannt. Im Schutz von Taunus und Odenwald herrschen milde Durchschnittstemperaturen. Es gibt Verwitterungsböden mit Löss (50 %) und Mergel.

Die berühmtesten Weine wachsen am sogenannten „Roten Hang“, der seinen Namen aufgrund der rötlichen Schieferböden hat. Neben den aus den anderen Gebieten bekannten Rebsorten spielen hier auch Neuzüchtungen (z. B. Dornfelder, Scheurebe und Kerner) eine Rolle.

Kaum zu glauben ist, dass Rheinhessen, das sich mit den Worten des britischen Weinjournalisten Stuart Pigott momentan zur „Traumfabrik des deutschen Weines“ mausert, früher als verschlafen galt. Statt Masse steht nun Klasse im Vordergrund und die erfolgreichen Bemühungen um Qualität haben sich längst auch in Gastronomie und Handel herumgesprochen. Ein erwähnenswertes Projekt unter vielen ist z. B. die Förderung der Rebsorte Silvaner durch zahlreiche Marketingkampagnen.

Liebfrauenmilch ist weltweit der bekannteste Typenwein Deutschlands, der aus den Anbaugebieten Nahe, Rheinhessen, Pfalz und Rheingau stammt. Vorgeschrieben sind des Weiteren mindestens 18 g/l Restzucker und die Rebsorten (mindestens 70 % Riesling, Silvaner, Müller-Thurgau oder Kerner). Seinen Namen hat dieser Wein aufgrund seiner ursprünglichen Lage (rund um die Liebfrauenkirche in Worms).

Rheinhessen

Weinorte

❶ Alzey

❷ Nierstein

❸ Worms

Rebsorten

Müller-Thurgau, Riesling, Silvaner, Kerner, Grauburgunder, Scheurebe

Dornfelder, Spätburgunder, Portugieser

Landweingebiete

- Landwein Rhein
- Rheinischer Landwein

Bekannte Weingüter

Freiherr Heyl zu Herrnsheim, Gundloch, Keller, Wittmann

Die Anbaufläche in Saale-Unstrut hat sich in den letzten 12 Jahren verdoppelt.

2.11 Saale-Unstrut

Das Gebiet liegt in den Tälern der gleichnamigen Flüsse und ist geprägt von Muschelkalk und Buntsandsteinböden. Es ist das nördlichste Qualitätsweinanbaugebiet Europas. Das Klima ist kontinental bei hoher Frostgefahr (Polarwinter mit –30 °C).

Die Weine sind in der Regel weiß, extraktreich, aber alkoholarm. Im Gegensatz zu einigen Gebieten im Westen stockt man hier erfolgreich auf. So werden selbst ehemalige Tagebaugebiete zu Weinbergen. Auch die Weinflächen der beiden nördlichen Bundesländer Brandenburg und Mecklenburg-Vorpommern gehören weinrechtlich zu Saale-Unstrut.

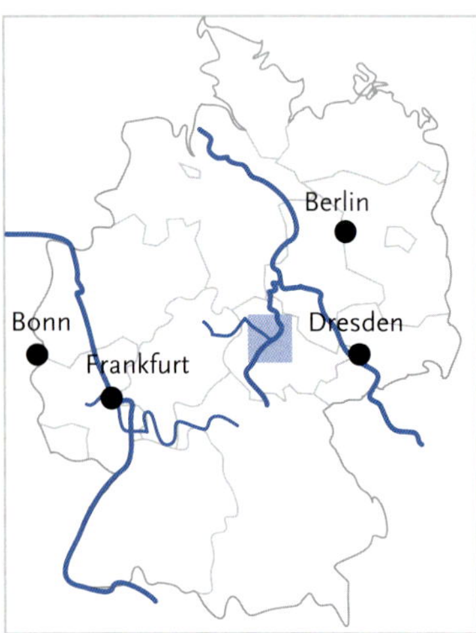

Saale-Unstrut

Weinorte

❶ Bad Kösen

❷ Freyburg

❸ Naumburg

Rebsorten

Müller-Thurgau, Weißburgunder, Riesling

Dornfelder, Portugieser

Landweingebiete

- Brandenburger Landwein
- Mecklenburger Landwein
- Mitteldeutscher Landwein

Bekannte Weingüter

Böhme, Kloster Pforta, Lindicke, Lützkendorf, Pawis

2.12 Sachsen

An der Elbe entlang von Pillnitz über Dresden bis Diesbar-Seußlitz erstreckt sich dieses Gebiet. Auch hier herrscht hohe Frostgefahr aufgrund des kontinentalen Klimas. Die Böden sind mit Granit, Gneis, Lehm und Löss vielfältiger als im Gebiet Saale-Unstrut. Eine Gemeinsamkeit ist das gegenwärtige Anwachsen der Rebflächen.

Als Besonderheiten hat dieses aufstrebende Weinanbaugebiet Folgendes zu bieten:

- die erste Weinbauschule Deutschlands, die 1811 in der für ihr Porzellan bekannten Stadt Meißen eröffnet wurde und
- die Rebsorte Goldriesling, die nur hier anzutreffen ist.

Goldriesling = wurde angeblich Ende des 19. Jahrhunderts im Elsass aus Riesling und Courtillier Musque Précoce gekreuzt und ist heute fast nur noch in Sachsen zu finden. Die anspruchslose Rebsorte gedeiht früh und hat wenig Reifepotenzial. Mit Riesling hat sie charakterlich leider kaum etwas gemeinsam.

Sachsen

Weinorte

❶ Meißen

❷ Radebeul

❸ Pirna

Rebsorten

Müller-Thurgau, Riesling, Weißburgunder, Scheurebe, Traminer

Spätburgunder, Dornfelder, Roter Traminer

Landweingebiete

- Sächsischer Landwein

Bekannte Weingüter

Aust, Drei Herren, Fourré, Schloss Proschwitz, Vincenz Richter, Zimmerling

2.13 Württemberg

Württemberg gilt als Rotweinland, neben der Ahr ist es das einzige Anbaugebiet, dessen Rotweinanteil über 50 Prozent aufweist. Die Weinberge liegen im Schutz des Schwarzwaldes und der Schwäbischen Alb. Die Weinwirtschaft wird von Winzergenossenschaften dominiert.

Die schwäbischen Weine, die in der Regel auf Muschelkalk und Keuper wachsen, sind außerhalb kaum bekannt, da das meiste im sogenannten „Ländle" selbst getrunken wird. So überrascht es auch nicht, dass hier der Verbrauch an Wein mit 35 l/Kopf im Jahr doppelt so hoch ist wie im übrigen Deutschland.

Die Landeshauptstadt Stuttgart ist neben dem badischen Freiburg die Stadt mit dem größten Rebflächenanteil. Als „Nationalgetränk" gelten die Weine aus der roten Rebsorte Trollinger, die hier neben Südtirol, wo sie Vernatsch heißt, ihre zweite Heimat gefunden hat. Selbst der ansonsten die deutschen Rebflächen dominierende König Riesling hat gegen diese lokale Rebsortenvorliebe (ein Viertel der Anbaufläche) wenig auszurichten.

Württemberg

Weinorte

❶ Heilbronn

❷ Stuttgart

❸ Reutlingen

Rebsorten

Riesling, Müller-Thurgau, Kerner

Trollinger, Lemberger, Schwarzriesling, Spätburgunder

Landweingebiete

- Bayrischer Bodensee Landwein
- Landwein Neckar
- Landwein Rhein-Neckar
- Schwäbischer Landwein

Bekannte Weingüter

Aldinger, Beurer, Dautel, Ellwanger, Graf Neipperg

Salzberg

Wussten Sie, dass ...
die Rebsorte Lemberger offiziell eigentlich Blauer Limburger heißt und in Österreich als Blaufränkisch eine bedeutende Rolle spielt?

Ziele erreicht? – „Weinbau in Deutschland“

KOMPETENZ-ERWERB

1. Nennen Sie die verpflichtenden Bezeichnungsvorschriften für Qualitätsweine. Kreuzen Sie an.

- [ ] Lagerempfehlung
- [ ] Banderole mit Kontrollzeichen
- [ ] Alkoholgehalt
- [ ] Speisenempfehlungen
- [ ] Herkunftsbezeichnungen
- [ ] Rebsorte
- [ ] Jahrgang
- [ ] Kennzeichnung von enthaltenen Sulfiten bzw. Allergene
- [ ] Füllmenge
- [ ] Restzuckergehalt
- [ ] Empfohlene Trinktemperatur
- [ ] „Qualitätswein“ oder „Prädikatswein“ samt amtlicher Prüfnummer
- [ ] Geschmacksbeschreibung
- [ ] Name, Adresse vom Weingut

2. Welches Ziel verfolgt die EU mit der gemeinsamen Marktorganisation für Wein?
3. Wie viele Qualitätsweinanbaugebiete hat Deutschland? Nennen Sie diese und beschreiben Sie drei davon genauer (Größe, Rebsorten, Besonderheiten).
4. Wie heißen die Güteklassen für Wein in Deutschland? Erklären Sie die Unterschiede zwischen diesen.
5. Warum ist Eiswein so teuer?
6. Worin genau besteht der Unterschied zwischen Auslese, Beerenauslese und Trockenbeerenauslese?
7. Ab welcher Qualitätsstufe darf laut dem deutschen Weingesetz der Most nicht mehr angereichert werden?
8. Wie heißt das südlichste und wärmste Anbaugebiet Deutschlands und welche weinrechtliche Besonderheit weist es auf?
9. Nennen Sie drei wichtige Weißweinrebsorten Deutschlands und charakterisieren Sie diese näher, indem Sie jeweils einen Steckbrief in Form eines Flyers erstellen.
10. Welche rote Rebsorte spielt in Deutschland die größte Rolle und welche Eigenschaften weist sie auf?
11. Finden Sie heraus, warum die Rebsorte Müller-Thurgau auch Rivaner genannt wird.
12. Welche Geschmacksstufe empfehlen Sie einem Gast, der weder zu viel noch zu wenig Restsüße mag?
13. Recherchieren Sie, welche Geschmacksstufe sich in der Regel hinter der gesetzlich nicht festgelegten Angabe „feinherb“ verbirgt.
14. Ein Gast möchte von Ihnen wissen, worin sich die drei hellroten Weinarten Rotling, Rosé und Weißherbst unterscheiden.
15. Entwerfen Sie ein Etikett für einen fiktiven Wein Ihrer Wahl. Achten Sie dabei auf die vorgeschriebenen Angaben und die Bestimmungen für zulässige Angaben. Verwenden Sie für die vorgeschriebenen und zulässigen Angaben unterschiedliche Farben.
16. Recherchieren Sie, welche Betriebe in den einzelnen Anbaugebieten Mitglied im VDP sind. Geben Sie jeweils ein Beispiel an.

Weinbau in Österreich

In Österreich sind rund 20 000 Betriebe direkt und indirekt mit dem Weinbau beschäftigt. International ist dieses Weingebiet eher klein und ebenso die Weinproduktion. Dennoch sind österreichische Weine weltbekannt. Dies liegt vor allem daran, dass Österreich im internationalen Vergleich im oberen Drittel liegt, was die Qualitätsweinproduktion betrifft.

Österreich ist ein Weißweinland (besonders fruchtige, säurebetonte Sorten – der Grüne Veltliner führt mit 30 % der Weinproduktion). Es wird jedoch von Jahr zu Jahr mehr Rotwein erzeugt. Die österreichischen Weine zeichnen sich durch ein ausgeprägtes Sortenbukett aus. Sie werden meist sortenrein ausgebaut, wobei ein ständig steigender Trend zu Weiß- und Rotweincuvées zu verzeichnen ist.

KOMPETENZ-ERWERB

Meine Ziele

Nach Bearbeitung dieses Kapitels kann ich

- sagen, welche Bezeichnungen laut österreichischem Weingesetz auf den Etiketten österreichischer Weine zu finden sind;
- die österreichischen Qualitätsrebsorten charakterisieren, ihre Hauptaromen nennen und erklären, in welchen Anbaugebieten sie hauptsächlich angebaut werden;
- das erworbene Wissen über bekannte Weinbaugebiete, ihre Weine und Weingüter in einem Verkaufsgespräch mit Gästen anwenden.

1 Österreichische Weingüteklassen und Qualitätsrebsorten

Qualitätsstufen – Österreichischer Wein

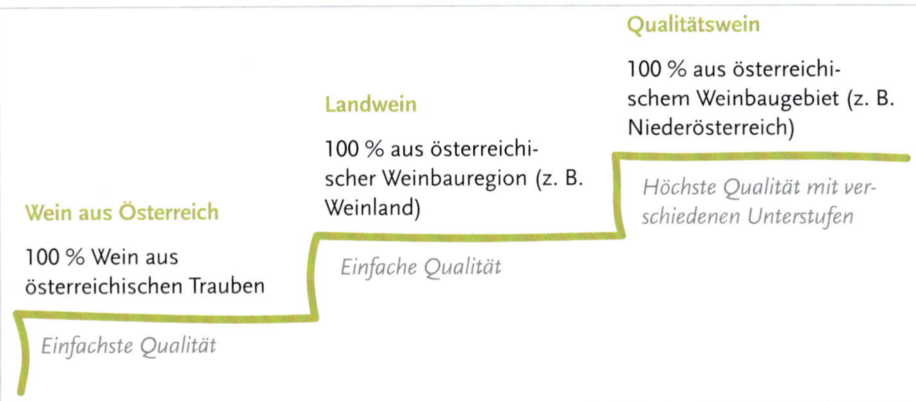

Jede Qualitätsstufe muss mindestens die Anforderungen der vorigen erfüllen und hat darüber hinaus noch weitere Auflagen, um eine höhere Qualität zu garantieren.

Wein aus Österreich

(erlaubt mit Rebsorten- bzw. Jahrgangsangabe)

- Weintrauben müssen zu 100 % aus Österreich stammen
- In Aussehen, Geruch und Geschmack frei von Fehlern (z. B. frei von üblem Geruch)
- Gesamtsäuregehalt (Weinsäure) muss mindestens 4 g pro Liter betragen
- Keine Angabe einer geschützten geografischen Ursprungsbezeichnung
- Nur Rebsorten erlaubt, die keiner geografischen Angabe oder geschützten Ursprungsbezeichnung zugeordnet sind, dafür dürfen aber auch Nicht-Qualitätsrebsorten verwendet werden (z. B. Cabernet blanc, Donauriesling oder Regent)
- Bei der Angabe von Rebsorte oder/und Jahrgang muss der Wein zu mindestens 85 % aus der genannten Sorte bzw. dem Jahrgang stammen

Landwein

(Wein mit geschützter geografischer Angabe)

- Muss zu 100 % aus einer österreichischen Weinbauregion stammen (also Weinland, Steirerland oder Bergland)
- Darf nur aus zugelassenen Qualitätsweinrebsorten hergestellt werden
- Sortentypischer Wein
- Mindestmostgewicht: 14° KMW
- Mindestalkoholgehalt: 8,5 Vol.-%
- Darf nur bis zu einem Gehalt von 15 g unvergorenem Zucker je Liter gesüßt werden (maximale Anreicherung)
- Pro Hektar nicht mehr als 9 000 kg Weintrauben bzw. 6 750 l Wein (Hektarhöchstertrag)

Qualitätswein

(Wein mit geschützter Ursprungsbezeichnung)

- Muss zu 100 % aus einem österreichischen Weinbaugebiet stammen (z. B.Wachau)
- Mindestmostgewicht: 15° KMW
- Mindestalkoholgehalt: 9 Vol.-%
- Amtlich geprüft, mit staatlicher Prüfnummer

Qualitätswein mit zusätzlichen Anforderungen

DAC

- DAC = **D**istrictus **A**ustriae **C**ontrollatus, österreichische kontrollierte Herkunftsbezeichnung
- Bezeichnung für gebietstypische und ursprungskontrollierte Qualitätsweine
- Aus einem genau definierten DAC-Gebiet
- Aus genau definierten Rebsorten
- Der Ausbau erfolgt in erster Linie in zwei Stilen.
  Klassik: trocken, bis 12,5 Vol.-% Alkohol
  Reserve: trocken, ab 13 Vol.-% Alkohol

Kabinett(wein)

- Mindestmostgewicht: 17° KMW
- Alkoholgehalt bis maximal 12,9 Vol.-%
- Darf nicht angereichert werden
- Restsüße maximal 9 g pro Liter (nur durch Gärungsunterbrechung möglich)

Prädikatsweine

- Auch Qualitätsweine besonderer Reife und Leseart genannt, Unterteilung siehe Seite 127
- Mindestmostgewicht 19° KMW; Trauben werden also später geerntet (vollreif)
- Mindestalkoholgehalt 5 Vol.-%
- Bestätigung des Mostwägers bzw. der Mostwägerin erforderlich
- Spätlesen dürfen ab 1. Januar des auf die Ernte folgenden Jahres vermarktet werden, alle anderen Prädikatsweine ab dem 1. April

DAC-Gebiete

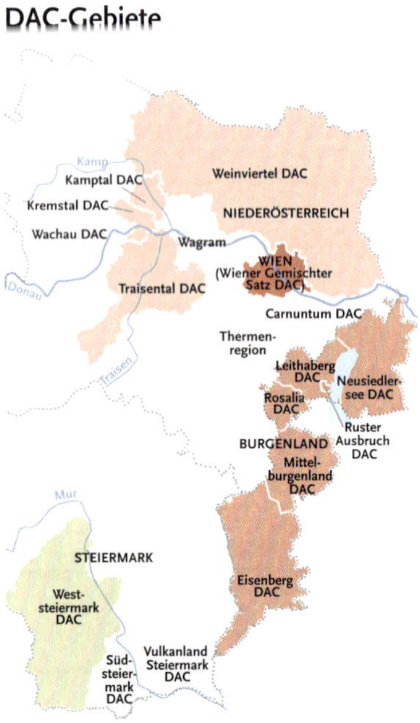

DAC-Weine

DAC gilt als Bezeichnung für gebietstypische Qualitätsweine aus Österreich. Es steht also nicht die Rebsorte, sondern die Herkunft im Vordergrund. Ziel ist es, typische Weine einer Region unter einer gemeinsamen Marke zusammenzufassen und sie auf dem internationalen Markt in unverkennbarer Weise zu präsentieren.

Heute gibt es folgende 16 DAC-Gebiete:

- Wachau DAC für Riedenweine (Grüner Veltiner, Riesling), Orts- und Gebietsweine
- Kremstal DAC für Grünen Veltliner und Riesling
- Kamptal DAC für Grünen Veltliner und Riesling
- Traisental DAC für Grünen Veltliner und Riesling
- Weinviertel DAC für Grünen Veltliner (erstes DAC-Gebiet ab Jahrgang 2002)
- Wiener Gemischter Satz DAC und Wiener Gemischter Satz DAC mit Riedenangabe
- Carnuntum DAC für Weißweine und für Rotweine aus verschiedenen Qualitätsrebsorten
- Neusiedlersee DAC für Zweigelt sowie für fruchtsüße und edelsüße Weißweine
- Leithaberg DAC für Weißweine (Grüner Veltliner, Pinot blanc, Chardonnay, Neuburger), für Rotweine (Blaufränkisch)
- Ruster Ausbruch DAC für Trockenbeerenauslesen aus einer oder mehreren weißen Qualitätsrebsorten
- Rosalia DAC für Zweigelt oder Blaufränkisch und Rosalia DAC Rosé
- Mittelburgenland DAC für Blaufränkisch
- Eisenberg DAC für Blaufränkisch
- Vulkanland Steiermark DAC (gleiche Bestimmungen wie Südsteiermark DAC)
- Südsteiermark DAC für Welschriesling, Weißburgunder, Morillon, Grauburgunder, Riesling, Gelber Muskateller, Sauvignon blanc, Traminer sowie Verschnitte daraus
- Weststeiermark DAC für Blauer Wildbacher (ausgebaut als Schilcher), Welschriesling, Weißburgunder, Morillon, Grauburgunder, Riesling, Gelber Muskateller, Sauvignon blanc, Traminer und Verschnitte daraus

Prädikatsweine

Prädikatsweine werden nach dem Mindestmostgewicht eingeteilt in:

Spätlese

Mindestmostgewicht 19° KMW

- Vollreife Trauben
- Goldgelbe Farbe
- Rebsortencharakteristik

Auslese

Mindestmostgewicht 21° KMW

- Positivlese
- Goldgelbe Farbe
- Mild im Geschmack, natürlicher Zuckerrest nach Gärungsunterbrechung
- Oft mit edelfaulem Aroma, da bei schöner Witterung, aber feuchter Luft die reifen Beeren vom Edelfäulepilz befallen werden

Beerenauslese (BA)

Mindestmostgewicht 25° KMW

- Aus überreifen und edelfaulen Beeren
- Tief goldgelbe Farbe

Strohwein, Schilfwein

Mindestmostgewicht 25° KMW

- Aus vollreifen, zuckerreichen Beeren
- Die Trauben werden vor der Kelterung mindestens drei Monate auf Stroh oder Schilf gelagert oder an Schnüren aufgehängt

Eiswein

Mindestmostgewicht 25° KMW

- Aus natürlich gefrorenen Trauben (Lese bei mindestens –7 °C, da die Trauben auch bei der Kelterung gefroren sein müssen)
- Extraktreich, feinfruchtig, vollmundig, harmonische Süße

Trockenbeerenauslese (TBA)

Mindestmostgewicht 30° KMW

- Aus großteils edelfaulen, rosinenartig eingetrockneten Beeren
- Für Trockenbeerenauslesen aus der Freistadt Rust darf der Begriff Ausbruch verwendet werden bzw. darf die Bezeichnung Ausbruch exklusiv nur im Zusammenhang mit der geografischen Angabe „Rust“ verwendet werden. Dabei handelt es sich um einen Wein aus größtenteils edelfaulen und überreifen, auf natürliche Weise eingetrockneten Beeren.

Übrigens kommt die Bezeichnung Ausbruch vom „Ausbrechen“, also Herunterlösen, der eingeschrumpften Botrytisbeeren (siehe Seite 108) von den Stielen, wofür spezielles handwerkliches Können und viel Erfahrung nötig sind.

Aufgabenstellung

- Sie sind eingeladen und möchten ein Gastgeschenk mitbringen. Sie wissen, dass Ihre Gastgeberin und Ihr Gastgeber gerne nach Österreich reisen und entscheiden sich daher für eine Flasche Österreichischen Wein. Welchen Wein bringen Sie mit und warum gerade diesen?

Gewählter Wein: ______________________

Begründung: ______________________

____

Qualitätsrebsorten

Die nachfolgende Tabelle enthält vier der in Österreich zur Erzeugung von Qualitätsweinen zugelassenen Rebsorten.

Grüner Veltliner	Welschriesling	Zweigelt	St. Laurent

Hauptaromen: Kernobst (z. B. Apfel, Quitte), weißer Pfeffer, Tabak	**Hauptaromen:** Grüner Apfel, Zitrusfrüchte, Heublumen	**Hauptaromen:** Sauerkirsche	**Hauptaromen:** Schwarze Johannisbeere, Bitterschokolade

Weitere Weißweinsorten sind u. a.: Neuburger, Weißburgunder, Zierfandler, Rotgipfler, Muskat Ottonel, Riesling, Chardonnay

Weitere Rotweinsorten sind u. a.: Blaufränkisch (Lemberger), Blauer Portugieser, Blauburgunder (Spätburgunder, Pinot noir), Merlot, Cabernet Sauvignon

2 Österreichische Weinbaugebiete

„Meine Eltern und ich sind oft in die Wachau und die Südsteiermark auf Urlaub gefahren, deshalb weiß ich, dass in diesen Gebieten Wein eine wichtige Rolle spielt. Aber dass die Stadt Wien auch ein richtiges Weinbaugebiet mit Weingärten ist, das ist mir neu", meint Lukas im Gespräch mit der Sommelière seines Lehrbetriebes.

Aus klimatischen und geologischen Gründen liegen die Weinanbauflächen eher im Osten des Landes. Es gibt drei große Weinbauregionen, die sich in Weinbaugebiete (Bundesländer) unterteilen. Die vier bedeutendsten Bundesländer (Niederösterreich, Burgenland, Wien und Steiermark) werden nachfolgend noch in die spezifischen Weinbaugebiete unterteilt.

Weinbauregion Weinland

Weinbaugebiet Niederösterreich (ca. 27 000 ha)

Verschiedenste Böden, Lagen (leicht hügelige Gebiete bis zu steilen Terrassen) und Klimabedingungen bewirken hier eine **große Vielfalt an Weinen.** Hier stößt das pannonische Klima mit dem kontinentalen zusammen.

Produziert werden vor allem **Weißweine** (43 % Grüner Veltliner). Es gibt aber auch ausgezeichnete Rotweingebiete (Weinviertel, Thermenregion, Carnuntum).

Pannonisches Klima = das relativ warme und trockene Wetter ist durch das Klima der ungarischen Tiefebene geprägt.

Weinbaugebiet Burgenland (ca. 14 000 ha)

Der Neusiedler See ist der größte Steppensee Europas und spielt als Klimaregulator eine große Rolle: Im Sommer und Herbst spendet er Feuchtigkeit (günstig für den gewünschten Edelschimmelbefall z. B. für den Ruster Ausbruch oder die Prädikatsweine des Seewinkels) und im Herbst Wärme. Überhaupt gibt es besonders **viele Prädikatsweine** um den See.

Es gedeihen sowohl milde, gehaltvolle **Rot- als auch Weißweine.** Die komplexen Weißweine werden oft aus Weißburgunder und Chardonnay gekeltert, im Mittel- und Südburgenland punkten besonders die roten Sorten Blaufränkisch und Zweigelt.

Weinbaugebiet Wien (ca. 600 ha)

Wien ist weltweit die einzige Großstadt mit Weinbau. Die Erhaltung der Wiener Weingärten ist auch gesetzlich geschützt. Traditionell wird in Wien **Gemischter Satz** hergestellt, ein beliebtes Getränk in den Heurigenlokalen der Stadt.

Weinbauregion Steirerland

Weinbaugebiet Steiermark (ca. 4 000 ha)

Das heiße südeuropäische Klima mit relativ viel Niederschlag wirkt sich hier auf Ertrag und Qualität günstig aus. Die Weingärten liegen meist auf steilen, steinigen und heißen Südhängen (frostgeschützt).

Es gibt vor allem **Weißweine** (schon Anfang November als **Junker** vermarktet) und den **Schilcher** (Roséwein aus der Blauer-Wildbacher-Traube).

Weinbauregion Bergland

Übrige Bundesländer (ca. 150 ha)

In Oberösterreich, Salzburg, Vorarlberg, Tirol und Kärnten gibt es kleinste Weinbauflächen, deren Weine die Namen der Bundesländer tragen.

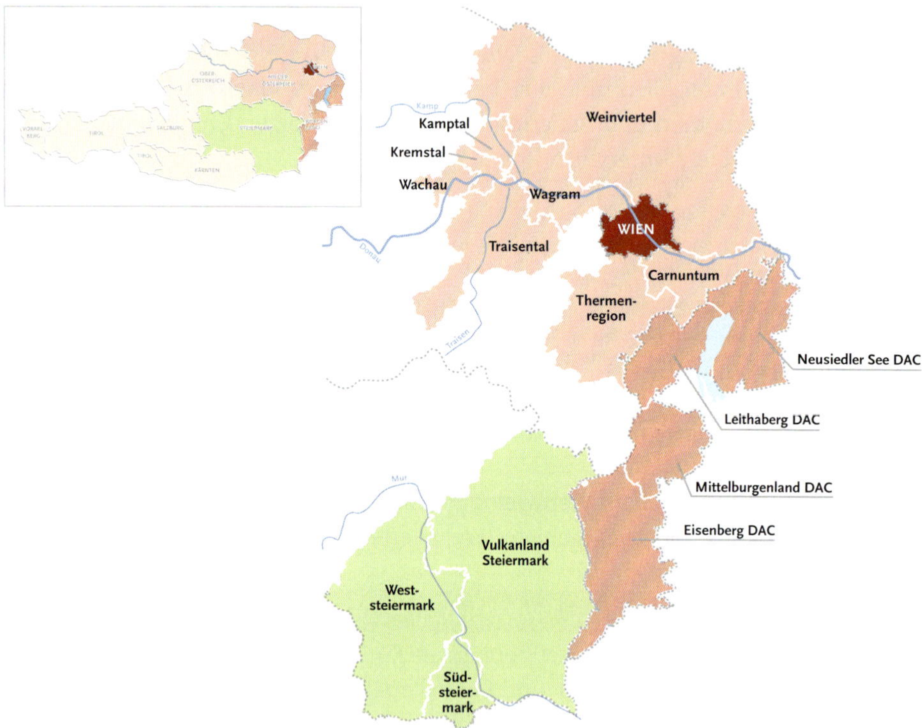

Wachau

Die Wachau ist weltweit das bekannteste Weinbaugebiet Österreichs. Die meisten Betriebe sind Mitglied des Verbandes **„Vinea Wachau Nobilis Districtus“**, der drei Weine klassifiziert. Diese drei sind nach typischen Pflanzen oder Tieren der Wachau benannt und geschützt. Der Most darf nicht angereichert werden.

- **Steinfeder:** Trocken ausgebaute, leichte, duftende Weißweine mit mindestens 15° KMW und max. 11,5 Vol.-%; entspricht einem Qualitätswein
- **Federspiel:** Fruchtige, elegante Weißweine mit mindestens 17° KMW bzw. 11,5–12,5 Vol.-%; entspricht einem Kabinettwein
- **Smaragd:** Trocken ausgebaute Weißweine mit mindestens 18,5° KMW sowie 12,5 Vol.-%; vergleichbar etwa mit einer Spätlese

Klima in der Wachau
Kühle Fallwinde von Norden ergeben den klimatischen Wechsel aus sehr warmen Tages- und kühlen Nachttemperaturen (ideale Aromabildung), wobei die Donau ausgleicht und viel Feuchtigkeit spendet.

Smaragd-Weine haben meist relativ viel Säure und sind dadurch gut lagerfähig.

Wachau

Lagen

❶ Tausendeimerberg ❷ Singerriedel ❸ Klaus

Rebsorten
Grüner Veltliner, Riesling, Neuburger

Typische Schlegelflasche aus der Wachau für Weißweine

Weinviertel

Das Weinviertel ist das nördlichste und größte Weinbaugebiet Österreichs mit nahezu einem Drittel der Gesamtrebfläche. Die drei Teilgebiete sind:

- **Weinviertel West:** die Weingärten des **Retzer Landes** mit der Weinstadt Retz
- **Weinviertel Ost:** Früher gediehen hier an der „Straße nach Brünn" die sogenannten „Brünnerstrassler", sehr säurebetonte Weine. Heute ist das **Veltlinerland** vor allem durch die pfeffrigen Grünen Veltliner bekannt.
- **Weinviertel Süd:** vor den Toren Wiens am Rande des fruchtbaren Marchfeldes

Mehr als 50 Prozent der Rebfläche sind mit der Sorte Grüner Veltliner bepflanzt.

Weinviertel

Lagen

❶ Nussberg

❷ Altenberg

❸ Hutberg

Rebsorten

Grüner Veltliner, Welschriesling, Riesling, Weißburgunder (Pinot blanc)

Zweigelt, Blauer Portugieser

Thermenregion

Das Weinbaugebiet südlich von Wien verweist in seinem Namen auf die schwefelhaltigen, heißen Quellen (römische Thermen). Es ist sehr trocken und warm, die Trauben erreichen einen sehr hohen Reifegrad.

Gebietstypisch, aber sonst kaum in Österreich zu finden, sind die autochthonen weißen Rebsorten Zierfandler und Rotgipfler. Sie eignen sich ganz besonders zum Ausbau hochwertiger Prädikatsweine.

Klima im Weinviertel

Es herrscht eher trockenes kontinentales Klima, das vom Norden kalte und vom Osten und Süden warme Einflüsse hat. Im heißen Sommer ist mit heftigen Gewitterregen (oder Hagel) zu rechnen. Die unterschiedlichen Klimaeinwirkungen zeigen sich in der Sortenvielfalt.

Unter Retz befindet sich eine teilweise mehrstöckige Kelleranlage. Die unterirdischen Wege sind länger als das Straßennetz der Stadt.

Klima in der Thermenregion

Das trockene Kontinentalklima wird durch die unterirdischen Thermalquellen „angeheizt“ (höchste Durchschnittstemperatur Österreichs). Außerdem trocknen die ständigen Luftbewegungen zwischen der Ebene und den Bergzügen die feuchten Trauben ab. Es gibt eine hohe Sortenvielfalt, kräftige, gehaltvolle Weine entstehen.

Thermenregion

Lagen

❶ Harterberg

❷ Mandel-Höh

❸ Rodaurier

Rebsorten

Zierfandler, Rotgipfler, Neuburger, Weißburgunder (Pinot blanc), Chardonnay

Blauer Portugieser, St. Laurent, Blauburgunder (Pinot noir), Zweigelt, Merlot, Cabernet Sauvignon

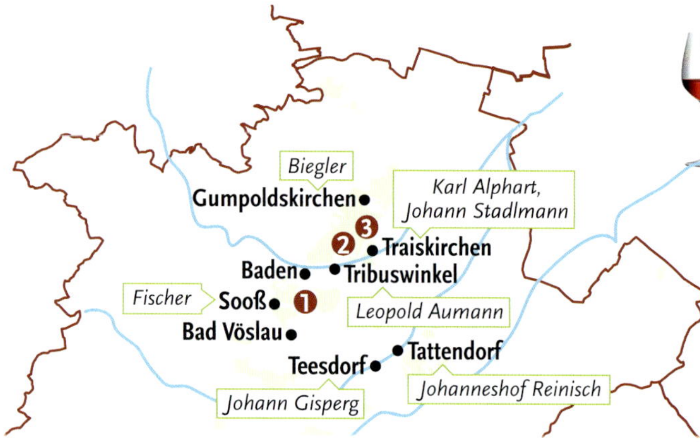

Neusiedler See DAC

War noch vor Kurzem der Trend zu den französischen Rebsorten kaum aufzuhalten, setzt man heute wieder auf Heimisches, wie Zweigelt und St. Laurent.

Klima am Neusiedler See

Es herrscht pannonisches Klima – sehr heiß und trocken. Der See wirkt als Klimaregulator und verlängert die Reifezeit im Herbst. So entstehen vollreife kräftige Weine.

Seit dem Jahrgang 2011 wird reinsortiger Zweigelt als Neusiedlersee DAC und Neusiedlersee DAC Reserve vermarktet. Kürzlich neu dazu gekommen sind Neusiedlersee DAC fruchtsüß für weiße Spät- und Auslesen sowie Neusiedlersee DAC Reserve edelsüß für weiße Beeren- und Trockenbeerenauslesen.

Neusiedler See DAC

Lagen

❶ Hallebühl

❷ Gabarinza

❸ Salzberg

Rebsorten

Welschriesling, Weißburgunder (Pinot blanc), Chardonnay, Muskat-Ottonel, Neuburger

Zweigelt, St. Laurent, Blaufränkisch, Blauburgunder (Pinot noir)

Leithaberg DAC

Das Weinbaugebiet am Westufer des Neusiedler Sees, das sich durch eine Vielfalt an Terroirs auszeichnet, ist für trockene Weißweine genauso bekannt wie für kräftige Rotweine und hervorragende Süßweine.

Den **Leithaberg-DAC-Wein** gibt es seit dem Jahrgang 2009 für Weißweine und seit dem Jahrgang 2008 für Rotweine, die für ihre feine Mineralik bekannt sind.

Leithaberg DAC

Lagen

❶ Steinmühle

❷ Mariental

❸ Umriß

Rebsorten

Weißburgunder (Pinot blanc), Chardonnay, Neuburger, Grüner Veltliner, Sauvignon blanc

Blaufränkisch, Zweigelt, Blauburgunder (Pinot noir)

Klima am Leithaberg
Es herrscht heißes, trockenes pannonisches Klima. Der See wirkt als Klimaregulator. Unter diesen Bedingungen entstehen auf den verschiedenen Böden charaktervolle Weine.

Die Freistadt Rust (siehe Karte) gehört nicht zum Gebiet Leithaberg. Seit dem Jahr 2020 wird der edelsüße Ruster Ausbruch (siehe Trockenbeerenauslese, Seite 127) als DAC geschützt.

Wien

Die Rebflächen befinden sich vorwiegend in Döbling (19. Bezirk) sowie in Strebersdorf und Stammersdorf im 21. Gemeindebezirk. Die Wiener Lagen, allen voran die Großlage Nussberg, bringen Weine von höchster Qualität hervor.

Wiener Gemischter Satz DAC besteht aus mindestens drei weißen Rebsorten, die in ein und demselben Weingarten gewachsen sind. Die Hauptsorte darf maximal 50 %, die dritte Sorte muss mindestens 10 % ausmachen.

Der Verein „Wien Wein“ hat es sich zum Ziel gesetzt, den Wiener Gemischten Satz in aller Welt bekannt zu machen

Klima in Wien
Hier wirkt ein mitteleuropäisches Kontinentalklima mit pannonischen Einflüssen (warme Winde aus dem Osten).

Wien

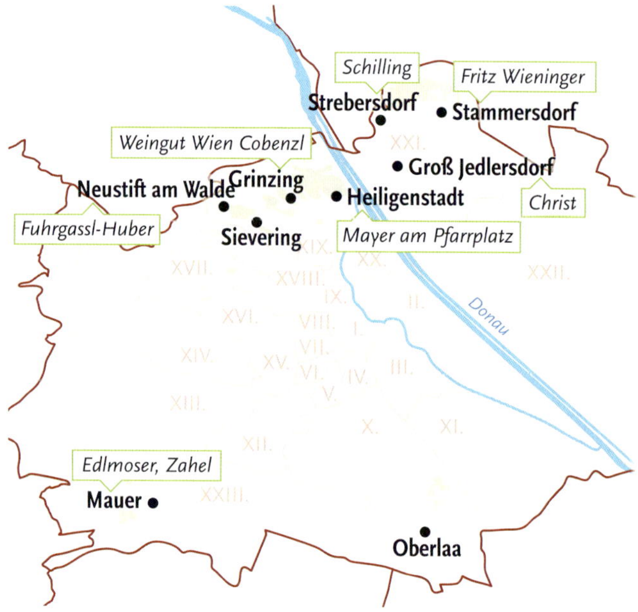

Rebsorten

Grüner Veltliner, Riesling, Weißburgunder (Pinot blanc), Welschriesling

Zweigelt, Blauburgunder (Pinot noir), St. Laurent

Klima in der Südsteiermark
In dieser Klimazone wirkt die feuchte Luft von der Adria und kann besonders an heißen Sommertagen auch Gewitter und Hagel bringen. Die Weine, besonders der Sauvignon blanc, sind durch die besondere Südlage und die Kühle der Steillagen duftig und erreichen Weltklasse.

Südsteiermark

Hier sind die Weingärten großteils so steil, dass sie nur von Hand bearbeitet werden können. Der Wein wird auch in relativ hohen Lagen angebaut (bis zu 560 Metern Seehöhe).

Südsteiermark

Lagen

❶ Pössnitzberg

❷ Grassnitzberg

❸ Zieregg

Rebsorten

Welschriesling, Sauvignon blanc, Chardonnay (Morillon), Gelber Muskateller

Ein Windrad, das die Vögel fernhalten soll, heißt in der Steiermark Klapotetz

Weststeiermark

Das Weinbaugebiet mit seinem Zentrum Stainz liegt südlich der Landeshauptstadt Graz. Den Ruf der Weststeiermark begründet eindeutig der **Schilcher**, ein von rassiger Säure geprägter Roséwein. Der Schilcherland DAC (siehe DAC-Gebiete Seite 126) ist ein Qualitätswein, der zu 100 % aus der Rebsorte Blauer Wildbacher bereitet wurde. Jeglicher Verschnitt mit einer anderen Rebsorte ist unzulässig. Es werden auch Spätlesen, Auslesen und Schilchersekte erzeugt.

Klima in der Weststeiermark
Das Klima mit adriatischem Einfluss sorgt für starke Tageserwärmung, raue Winde und Herbstnebel. Die Weine entwickeln eine rassige Säure und frische Frucht.

Weststeiermark

Lagen

❶ Langegg

❷ Hochgrail

Rebsorten

Blauer Wildbacher

Sauvignon blanc, Weißburgunder (Pinot blanc), Muskateller

In der Steiermark gibt es eine eigene Flaschenform mit dem eingeprägten steirischen Panther

Ziele erreicht? – „Weinbau in Österreich"

KOMPETENZ-ERWERB

1. Nennen Sie die Bezeichnungsvorschriften für österreichische Qualitätsweine. Beschreiben Sie zwei näher.
2. Nennen Sie die sechs Prädikatsweinstufen. Charakterisieren Sie zwei ausführlicher. Gehen Sie dabei auf die Unterschiede zu den deutschen Prädikatsstufen ein.
3. Ein Gast verlangt nach einem typisch österreichischen Wein. Welche Sorten bieten Sie ihm an und wie beschreiben Sie ihm diesen Wein?
4. Nennen Sie einige österreichische Weinbaugebiete und charakterisieren Sie diese.
5. Was könnte der Grund dafür sein, dass in Österreich DAC-Gebiete geschaffen und die DAC-Bezeichnungen eingeführt wurden? Erklären Sie auch den Begriff DAC.

Weinbau in Frankreich

Château d'Yquem (Bordeaux)

Château d'Yquem	*Schatoh Dikehm*
Bordeaux	*Bordoh*
Cuvées	*Küwehs*

Frankreich gehört zu den führenden drei europäischen Weinbauländern (siehe Seite 102) und zählt damit auch international zu den bedeutendsten. Frankreichs Weine haben eine lange Tradition und bieten eine große Vielfalt. Daher ist Frankreich in Sachen Weinqualität weltweit Vorbild.

Das französische Weingesetz gehört zum romanischen System. Hier zählt nicht in erster Linie die Rebsorte (wie in Deutschland), sondern die Herkunft des Weines. Der Boden (lat. terra = Erde), der Weinname/das Weingut und nicht primär das Mostgewicht bestimmen die Qualität

Eine Flasche Château d'Yquem kostet zwischen 100 und mehreren Tausend Euro (je nach Jahrgang)

In Frankreich sind Cuvées, also aus verschiedenen Grundweinen verschnittene Weine, vorherrschend. Nur im Burgund und im Elsass werden Weine reinsortig ausgebaut.

Meine Ziele

Nach Bearbeitung dieses Kapitels kann ich

- die französischen Weingüteklassen nennen und beschreiben;
- über Weinbaugebiete und landestypische Weine informieren;
- das erworbene Wissen in einem Verkaufsgespräch mit Gästen anwenden.

1 Französisches Weingesetz – Weingüteklassen

„Französische Weine sind unter Fachleuten die Krönung aller Weine. Daher dachte ich immer, dass Frankreich die Weingesetzgebung bestimmt“, meint Lukas.

Auch in Frankreich gilt grundsätzlich die EU-Weinmarktordnung und die Weine werden gebietsmäßig und qualitätsmäßig in drei Stufen eingeteilt. Die Kontrolle der Weinqualität – für AOP-Weine verpflichtend – erledigt in Frankreich das Institut zur Kontrolle und zum Schutz der Weingüteklassen (INAO).

IGP heißt so viel wie geschützte geografische Angabe. **AOP** heißt so viel wie geschützte Ursprungsbezeichnung.

Qualitätsstufen – Französischer Wein

Wein aus Frankreich
Vin de France
- 100 % aus französischen Trauben
- Entspricht unserem „Wein aus Deutschland“

Einfachste Qualität

IGP-Wein
Indication Géographique Protégée
- 100 % aus einem französischen Weinbaugebiet (z. B. Loiretal)
- Entspricht unserem Landwein

Einfache Qualität

AOP-Wein
Appellation d'Origine Protégée
- 100 % aus einem begrenzten AOP-Gebiet (z. B. aus einer der 51 festgelegten AOP-Zonen im Loiretal)
- Entspricht unserem „Qualitätswein“

Höchste Qualität mit regionalen Klassifizierungen

2 Französische Weinbaugebiete

„Aus Frankreich höre ich meist nur von Burgunderwein oder Bordeaux. Über Weißweine weiß ich beispielsweise gar nichts“, überlegt Melina. „Außerdem bekomme ich beim Aussprechen der Weinnamen Schweißausbrüche. Wie soll ich einem Gast je französische Weine erklären?“

Vin de France	*Wö dö Frohs*
Indication Géographique Protégée	*Ähndikassio Geographik Proteschee*
Appellation d'Origine Protégée	*Appellassioh d'Orischin Proteschee*
Rhône	*Rohn*
Loire	*Loah*

Fast ganz Frankreich ist von Weinbaugebieten, vor allem entlang der großen Flusstäler, überzogen. Frankreichs Weine decken etwa 20 % der Weltproduktion, wobei sie besonders im Hochpreissektor eine Spitzenposition einnehmen. Dieser Weinanteil ist durch die gesamteuropäische Tendenz, Weingärten aufzugeben, leicht sinkend.

Insgesamt gibt es in Frankreich 15 Weinbaugebiete, die zahllose AOP-Zonen beinhalten. Die berühmtesten zwei **Rotweingebiete** sind **Bordeaux** und **Burgund.** Aber auch das Tal der **Rhône** bringt kräftige Rotweine hervor. Als bekannteste **Weißweingebiete** gelten das Tal der **Loire** und das **Elsass.**

In einigen französischen Gebieten gibt es eigene Flaschenformen:

Bordeaux Burgund Elsass

Weinbaugebiete in Frankreich

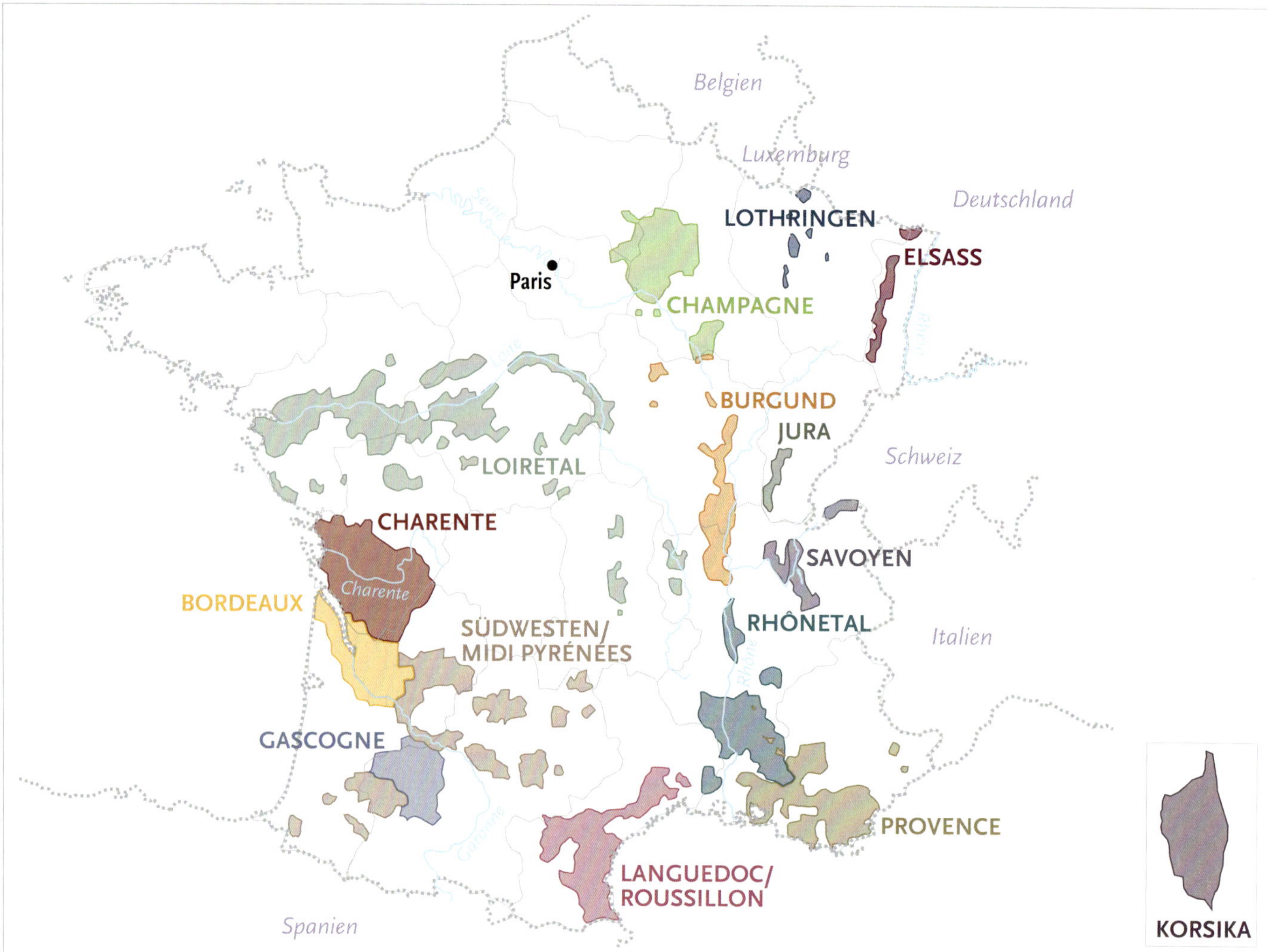

Bordeaux

Bordelais	*Bordelähs*
Médoc	*Medok*
Graves	*Grawh*
Sauternes	*Sohtern*
Barsac	*Barsak*
Saint-Émilion	*Sähnt Emijoh*
Malbec	*Malbek*
Petit Verdot	*Peti Werdoh*
Carménère	*Karmenehr*
Sémillon	*Semijoh*
Muscadelle	*Müskadel*

Bordeaux (französisch Bordelais)

Dies ist das größte Anbaugebiet von Qualitätswein (etwa 95 % des Gebietes sind AOP-Zonen). Die wichtigsten und bekanntesten AOP-Zonen sind Médoc, Graves, Sauternes und Barsac, Saint Émilion und Pomerol.

Der Rotwein wird hauptsächlich aus drei oder vier Rebsorten verschnitten **(Cuvée)** und lagert traditionellerweise **im Barrique**, also im kleinen Holzfass. Die wichtigsten Rotweinrebsorten sind Merlot, Cabernet Sauvignon und Cabernet Franc; in geringen Mengen Malbec, Petit Verdot sowie Carménère.

Weißweine sind meist trocken, von zartem Duft und mittlerem Gehalt. Wichtige weiße Rebsorten sind Sémillon, Sauvignon blanc und Muscadelle. Die **edelsüßen Weißweine** (entsprechen unseren Prädikatsweinen ab Beerenauslese) verfügen über ein ausdrucksvolles, feines Bukett, einen nachhaltigen, fruchtig-edelsüßen bis likörartigen Charakter mit langem Nachklang.

Sowohl die körperreichen Rotweine als auch die edelsüßen Weißweine aus dem Bordeaux lassen sich gut lagern, wobei sie sich qualitativ über die Jahre noch verbessern.

Qualitätsstufen – Bordeaux-Wein

IGP-Wein
100 % Trauben aus dem Anbaugebiet
Einfache Qualität

AOP-Wein
100 % aus einer AOP-Zone (z. B. Médoc)
Hohe Qualität

Lokale Herkunftsbezeichnung
100 % von einem Weinbaubetrieb/aus einem Ort (z. B. Château Margaux)
Höchste Qualität mit Klassifizierungen (z. B. Premiers Grands Crus Classés, also erstklassifizierte große Gewächse, 2./3./4./5. Klassifizierung bis zu Cru Bourgeois, also bürgerliches Gewächs)

Auf den Etiketten steht nur bei der höchsten Stufe (Premier Grand Cru Classé) die Zahl. Bei den zweit-, dritt-, viert- und fünftklassifizierten ist nur „Cru Classé“ vermerkt.

Médoc

Das Médoc liefert herausragende, tanninreiche Rotweine von rubinroter Farbe, großer Rasse und Feinheit und mit einem besonderen Aroma. Sie sind sehr gut lagerfähig. Die Hauptrebsorte ist Cabernet Sauvignon, die meist zu mehr als 60 % enthalten ist. Die meisten Spitzenweine erreichen erst nach längerer Lagerung (15–20 Jahre) ihre Vollendung.

Im Médoc gibt es vier Premiers Grands Crus Classés (1ers): **Château Lafite-Rothschild**, **Château Mouton-Rothschild** und **Château Latour** in Pauillac sowie **Château Margaux** in Margaux.

Château Margaux im gleichnamigen Ort

Graves

Graves ist das älteste Weinbaugebiet im Bordeaux. Die Rotweine aus dem nördlichen Teil sind in ihrem Charakter mit denen des Médoc zu vergleichen. Die Weißweine im Norden sind meist trocken. Gegen Süden werden sie weicher und süßer.

In Graves gibt es einen Premier Grand Cru Classé: **Château Haut-Brion**.

Sauternes und Barsac

Sie zählen zu den besten Süßweingebieten der Welt. Die Trauben bzw. einzelne Beeren werden meist erst dann gelesen, wenn sie Edelfäule aufweisen. Die Weine sind durch den hohen Restzuckergehalt likörartig süß.

Es gibt einen Premier Grand Cru Classé Supérieur: **Château d'Yquem** in Sauternes.

Saint-Émilion

Aus diesem Gebiet kommen hauptsächlich Rotweine. Durch ihren höheren Anteil an Cabernet Franc und Merlot gegenüber Cabernet Sauvignon reifen sie meist schneller, sind voll und rund, mit ausgeprägter Frucht.

Pomerol

Im Pomerol gibt es keine Klassifizierung, aber **Château Pétrus** gilt hier als bekanntester Spitzenwein und zählt zu den besten Weinen der Welt.

Château Margaux	*Schatoh Margoh*
Premiers Grands Crus Classés	*Premjeh Groh Krüh Klasseh*
Cru Bourgeois	*Krüh burschoa*
Château Lafite-Rothschild	*Schatoh Lafit-Rotschild*
Château Mouton-Rothschild	*Schatoh Muhto-Rotschild*
Château Latour	*Schatoh Latuhr*
Pauillac	*Pohjak*
Haut-Brion	*Oh-Brioh*
Foie gras	*Foa gra*
Château Pétrus	*Schatoh Petrüs*

Burgund

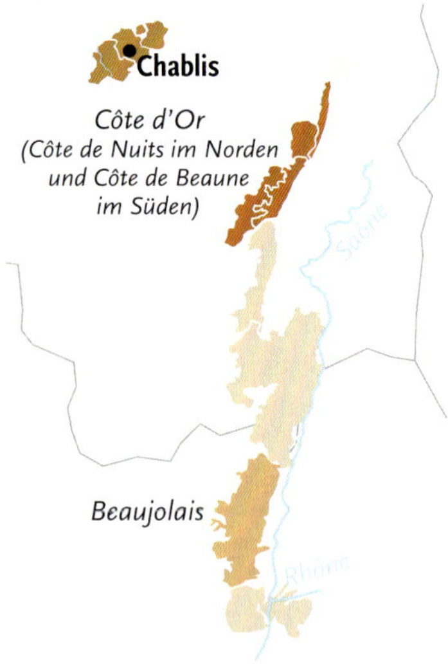

Die Pomerolweine haben einerseits das feine Bukett der Médocweine und andererseits den Körper der St-Émilion-Weine. Sie sind sehr langlebig und zeigen eine aromatische Vielfalt und Finesse. Im Pomerolgebiet sind die Betriebe sehr klein, die Produktionsmengen dadurch begrenzt, was die Preise der Weine in die Höhe treibt. Die vorherrschende Rebsorte ist Merlot.

Burgund (französisch Bourgogne)

Diese Region besteht aus vielen einzelnen charakteristischen Weinbaugebieten. Im Norden mit Chablis beginnend, erstreckt sie sich bis zur Großstadt Lyon im Beaujolais-Gebiet.

Im Gegensatz zum übrigen Frankreich sind die Weine im Burgund meist **reinsortig.** Die Spitzenweine sind langlebig, sehr begehrt und teuer. Weißweinrebsorten sind Chardonnay und Aligoté, Rotweinrebsorten Pinot noir und Gamay.

Clos = von einer Mauer umgebener Weingarten (typisch im Burgund).

Qualitätsstufen – Burgunder-Wein

IGP-Wein
100 % Trauben aus dem Anbaugebiet
Einfache Qualität

AOP-Wein
100 % aus einer AOP-Zone (z. B. Côte d'Or)
Hohe Qualität

Lokale Herkunftsbezeichnung
100 % von einem Weinbaubetrieb/aus einem Ort (z. B. Clos de Vougeot oder La Romanée)
Höchste Qualität mit drei Klassifizierungen (Grands Crus wie die beiden oben genannten Lagenweine, Premiers Crus und Gemeindeweine)

Typisch für das Burgund ist die Vermarktung der Weine durch Négociants (Weinhändler). Sie kaufen Lesegut auf, verarbeiten es in ihren Kellern und verkaufen die Weine unter ihrem Namen.
Bekannte Négociants sind z. B. Joseph Drouhin, Georges Dubœuf, Louis Jaboulet und Louis Latour.

Bourgogne	*Burgonje*
Gamay	*Gamäh*
Côte d'Or	*Koht d'Or*
Clos de Vougeot	*Kloh dö Vuhschoh*
La Romanée	*La Romaneh*
Grand Cru	*Groh Krüh*
Premier Cru	*Premjeh Krüh*
Négociants	*Negosioh*
Joseph Drouhin	*Schosef Droäh*
Georges Dubœuf	*Schorsch Duböf*
Louis Jaboulet	*Lui Schabuleh*
Louis Latour	*Lui Latuhr*
Chablis	*Schablih*
Côte de Nuits	*Koht dö Nui*
Côte de Beaune	*Koht dö Bohn*

Chablis

Ganz im Norden, etwas abseits, liegt das **Weißweingebiet** Chablis. Chabliswein wird nur aus Chardonnaytrauben hergestellt und ist einer der bekanntesten Weißweine Frankreichs. Er ist trocken, sehr körperreich, mineralisch und gut lagerfähig. Die Vorzüge eines Chablis kommen erst nach längerer Lagerzeit zur Geltung. Durch die Böden aus Kalk und Kreide erhält der Chablis seinen mineralischen Charakter.

Côte d'Or

Aus diesem „Herzstück" des Burgunds kommen einige der berühmtesten Weine Frankreichs. Die Côte d'Or gliedert sich in die nördliche **Côte de Nuits** und die südliche **Côte de Beaune**.

Côte d'Or ist ein sehr aufgesplittertes Gebiet, in dem jeder Winzer bzw. jede Winzerin nur ganz kleine Weinberge besitzt. Deshalb spielen hier die Négociants eine so große Rolle.

Berühmte Rotweine der Côte de Nuits
Le Chambertin, Clos de Vougeot, Musigny, Romanée-Conti, Les Echézeaux

Berühmte Weine der Côte de Beaune
Corton-Charlemagne, Le Montrachet (Weißweine) sowie Volnay und Pommard (Rotweine)

Beaujolais

Aus diesem Gebiet stammt einer der am häufigsten konsumierten Jungweine der Welt. Die Trauben werden früh geerntet, der Wein reift rasch und kann bald getrunken werden. Der Beaujolais wird aus der Gamay-Traube erzeugt. Er ist ein **leichter, frischer Rotwein.**

Beaujolais Nouveau (auch Beaujolais Primeur genannt) kommt bereits Ende November des Erntejahres in den Handel.

Es gibt allerbeste Cru-Lagen wie Fleurie oder Moulin à Vent (z. B. von der Domaine Benoît Trichard), aber auch gute Beaujolais-Villages (Gemeindeweine).

Le Chambertin	*Lö Schambertäh*
Musigny	*Müsinjih*
Romanée-Conti	*Romaneh-Kontih*
Les Echézeaux	*Lesescheso h*
Corton-Charlemagne	*Kortoh-Schalemanje*
Le Montrachet	*Lö Mohrascheh*
Volnay	*Wolnäh*
Pommard	*Pomahr*
Beaujolais Nouveau	*Bohscholäh Nuwoh*
Primeur	*Primöhr*
Fleurie	*Flöhrih*
Moulin à Vent	*Muläh a Voh*
Villages	*Willahsch*

Beaujolais Nouveau und Beaujolais werden leicht gekühlt serviert.

Suchen Sie im Internet nach Geschmacksbeschreibungen von im Text angeführten Rebsorten bzw. Weinen.

Beispiel:
Châteauneuf-du-Pape – alkoholreicher, wuchtiger Wein, der an Beeren und Gewürze erinnert

Rhônetal (französisch Vallée du Rhône)

Dieses über 200 Kilometer lange Gebiet bringt zu 80 % tanninreiche, lagerfähige Rotweine mit hohem Alkoholgehalt (z. B. aus Grenache noir und Syrah) hervor. Der bekannteste Wein ist der Châteauneuf-du-Pape, der aus bis zu 13 verschiedenen Rebsorten besteht. Es gibt aber auch sehr gute Weißweine (wie z. B. aus Viognier).

Loiretal (französisch Vallée de Loire)

Die hauptsächlich weißen Weine dieser Region sind sehr unterschiedlich, da die Region ganz verschiedene geologische und klimatische Bedingungen aufweist. Ein typisches Merkmal der Loireweine ist ihre feine Fruchtigkeit. Bekannte Weine sind Pouilly-Fumé und Sancerre aus der Sauvignon-blanc-Rebe. Es gibt aber auch hervorragende Rosé- und Rotweine.

Elsass (französisch Alsace)

Diese früher zeitweise deutsche Region baut die meisten reinsortigen Weißweine aus, die – für französische Verhältnisse ungewöhnlich – nach der Rebsorte benannt werden (z. B. Pinot blanc, Gewürztraminer, Riesling, Sylvaner, Pinot gris). Spezialitäten der Region sind der Edelzwicker, ein preiswerter Verschnittwein aus mehreren elsässischen Rebsorten, und der Crémant d'Alsace, ein Qualitätsschaumwein.

Vallée du Rhône	*Walleh dü Rohn*
Grenache noir	*Grenasch noa*
Châteauneuf-du-Pape	*Schatohnöf dü Pap*
Viognier	*Wionjeh*
Vallée de Loire	*Walleh dö Loah*
Pouilly-Fumé	*Puji Fümeh*
Sancerre	*Sosehr*
Alsace	*Alsass*
Crémant d'Alsace	*Kremoh Dalsass*

Provence ⟫ *Prowohs*
Languedoc/Roussillon ⟫ *Lohngdok/Russijon*
Champagne ⟫ *Schampanj*
Charente ⟫ *Scharont*
Cognac ⟫ *Konjak*

Die übrigen Weinbaugebiete wie die **Provence** oder **Languedoc/Roussillon** haben regionale Bedeutung oder sind wie die Gebiete **Champagne** oder Charente **(Cognac)** auf bestimmte Endprodukte festgelegt.

Ziele erreicht? – „Weinbau in Frankreich"

KOMPETENZ-ERWERB

1. Zählen Sie sechs französische Weinbauregionen bzw. Weinbaugebiete auf.

2. In welches Weinbaugebiet gehören folgende AOP-Gebiete: ins Burgund oder ins Bordeaux? Schreiben Sie die richtige Zuordnung daneben.

   Sauternes ______

   Chablis ______

   Graves ______

   Pomerol ______

   Côte d'Or ______

   Médoc ______

   Saint-Émilion ______

3. Übersetzen Sie die Namen der Weinbauregionen ins Deutsche.

   Vallée de Loire ______

   Alsace ______

   Bourgogne ______

   Bordelais ______

   Vallée du Rhône ______

4. Aus welchen Anbaugebieten bzw. Regionen stammen folgende Weine?

   Château Margaux ______

   Edelzwicker ______

   Château d'Yquem ______

   Châteauneuf-du-Pape ______

5. Empfehlen Sie in Form eines Gästegesprächs zwei Weine aus Frankreich. Trainieren Sie Ihre verkaufsfördernde Empfehlung in einem Rollenspiel und bemühen Sie sich, Rückfragen einfach zu erklären.

Weinbau in Italien

In der südlichen Toskana

Italien spielt, was den Wein betrifft, in der ersten Liga (siehe Seite 102) und ist damit international und vor allem für die deutsche Gastronomie von großer Bedeutung. Besonders Qualitätsweine aus Italien sind für europäische Gäste ein wichtiger Bestandteil jeder Weinkarte.

Durch die ausgeprägte Nord-Süd-Achse Italiens gibt es klimatisch, aber auch von den Bodenbedingungen her sehr unterschiedliche Weinbaugebiete. Diese Bandbreite spiegelt sich auch im Angebot italienischer Weine wider: von fruchtig, leicht über prickelnd (Schaumweine) und kräftig, aromatisch bis zu restsüßen, auch aromatisierten Weinen und Likörweinen (siehe ab Seite 170).

Geschichtlich lässt sich Weinbau in Italien bis lange vor die Zeit der Römer zurückverfolgen.

Meine Ziele

KOMPETENZ-ERWERB

Nach Bearbeitung dieses Kapitels kann ich
- die italienischen Weingüteklassen nennen und beschreiben;
- über Weinbaugebiete und landestypische Weine informieren;
- das erworbene Wissen in einem Verkaufsgespräch mit Gästen anwenden.

§ Die strengen Qualifikationskriterien (z. B. Traubenhöchsterträge pro Hektar) werden von einem Konsortium festgelegt, das sich aus Produktionsbetrieben der jeweiligen Gebiete zusammensetzt.

1 Italienisches Weingesetz – Weingüteklassen

„Auch Italien unterliegt dem EU-Gesetz. Als ich mit meinen Eltern vorigen Sommer in der Toskana war, ist mir aber aufgefallen, dass auf manchem Weinetikett immer noch die alte Bezeichnung DOCG zu lesen war“, erzählt Lukas. Kann das stimmen oder sind das nur alte Jahrgänge?

Italien bekam erst in den1970er-Jahren ein Weingesetz. Dieses förderte landesweit die Weinproduktion hinsichtlich Qualität. Natürlich wurde auch das italienische Weingesetz durch die große EU-Weinmarktordnung angeglichen und es gibt heute die klassischen drei Stufen. In Italien spielt jedoch wie in Frankreich die genaue Herkunft eine größere Rolle als bei uns (romanisches System).

Qualitätsstufen – Italienischer Wein

Wein aus Italien
Vino

- 100 % aus italienischen Trauben
- Entspricht unserem „Wein aus Deutschland“

Einfachste Qualität

IGP-Wein (alte Bezeichnung IGT)
Indicazione Geografica Protetta

- 100 % aus einem italienischen Weinbaugebiet (z. B. Toskana)
- Entspricht unserem „Landwein“

Einfache Qualität (aber auch Spitzenweine außerhalb der DOP-Gebiete)

DOP-Wein
Denominazione di Origine Protetta

- 100 % aus einem begrenzten DOP-Gebiet (z. B. aus einer der 32 festgelegten DOC- bzw. der 11 DOCG-Zonen in der Toskana)
- Entspricht unserem „Qualitätswein“

Höchste Qualität unterteilt in DOC- und noch hochwertigere DOCG-Gebiete

Kommen Weine aus der Kernzone eines DOP-Gebietes, darf der Wein „classico“ genannt werden (z. B. Chianti classico). Riserva bedeutet länger gelagert.

Vino	*Wino*
Indicazione Geografica Protetta	*Indikazione Geografika Protetta*
Denominazione di Origine Protetta	*Denominazione di Oridschine Protetta*

2 Italienische Weinbaugebiete

Freunde von mir haben unlängst einen ‚Tschianti‘ bestellt und sich gewundert, warum die Servicemitarbeiterin spontan gelacht hat. Deshalb finde ich es wichtig, gerade bei typischen Weinen zu wissen, wie sie ausgesprochen werden und woher sie genau kommen.

Weinbau zieht sich in Italien von Nord nach Süd durch 21 Weinbauregionen. Qualitativ hochwertige Weine aus Italien lieferten schon immer die Gebiete **Toskana, Piemont** und **Venetien.**

Aber auch **Südtirol** und **Friaul** haben sich international einen guten Ruf bei Qualitätsweinen erarbeitet.

Eine aktuelle Liste der DOCG-Weine finden Sie im digitalen Zusatzpaket.

Weinbaugebiete in Italien

Kein Land der Welt weist eine solche Vielzahl an verschiedenen Rebsorten auf wie Italien. Mehr als 200 Sorten sind heute für die Erzeugung der DOP-Weine zugelassen.

Neben den autochthonen Rebsorten spielen internationale Sorten, wie beispielsweise Chardonnay, Merlot, Cabernet Sauvignon und Syrah eine immer größere Rolle.

Wichtige Rebsorten in Italien

Weiß	Rot
Albana, Malvasia, Moscato bianco, Glera, Riesling Italico (Welschriesling), Friulano, Pinot grigio (Grauburgunder), Trebbiano Toscano, Verdicchio, Vernaccia, Catarratto, Garganega	Barbera, Dolcetto, Lambrusco, Nebbiolo, Nero d'Avola, Primitivo, Sangiovese (meistkultivierte Rebsorte in Italien), Montepulciano, Negroamaro, Aglianico

Malvasia	*Malwasia*
Moscato bianco	*Moskato bianko*
Italico	*Italiko*
Pinot grigio	*Pinoh gridscho*
Verdicchio	*Werdikkio*
Vernaccia	*Wernatscha*
Dolcetto	*Doltschetto*
Lambrusco	*Lambrusko*
Primitivo	*Primitiwo*
Sangiovese	*Sanschowese*
Alto Adige	*Alto Adidsche*

Südtirol (italienisch Alto Adige)

Südtirol verfügt über eine hoch spezialisierte Weinwirtschaft – auf einer relativ kleinen Anbaufläche wird ein sehr hoher Anteil an Qualitätsweinen gewonnen. Die Weine werden sowohl über Weinbaubetriebe (z. B. Alois Lageder, Elena Walch) als auch über Kellereigenossenschaften (z. B. Schreckbichl) verkauft.

Bis auf wenige Ausnahmen wird der Rebbau auf Hang- und Hügellagen betrieben. Typisch ist das Pergolasystem (siehe Erziehungsformen des Weinstocks, Seite 85). Vor allem die Weißweine aus den Sorten Weißburgunder, Sauvignon blanc und Gewürztraminer haben in der letzten Zeit von sich reden gemacht. Die autochthonen Sorten **Vernatsch** und **Lagrein** (dunkel) dominieren bei der Rotweinproduktion.

Bekannte DOP-Weine sind unter anderem der hellrote **Kalterersee** (von einigen Gemeinden um den Kalterersee, aus Grau- oder Edelvernatsch), der weiße oder rote **Eisacktaler,** der rote **St. Magdalener** oder der weiße **Terlaner.**

Südtirol

Piemont

Piemont (italienisch Piemonte)

Diese Region mit Grenzen zu Frankreich und zur Schweiz ist eine der namhaftesten italienischen Weinbauregionen mit einer Fülle verschiedenartigster Rotweine.

Am berühmtesten sind die DOCG-Rotweine **Barolo, Barbaresco** und **Barbera d'Asti.** Diese Spitzenweine aus dem Piemont werden aus den Rebsorten Nebbiolo bzw. Barbera gekeltert. Sie sind sehr gut lagerfähig und werden direkt von kleinen und großen Weingütern vertrieben (z. B. Elio Altare, Angelo Gaja).

International einen guten Ruf hat auch der Schaumwein **Asti Spumante** (siehe Seite 165). Außerdem ist der Wermut, der erstmals im 18. Jahrhundert in Turin produziert wurde, ebenfalls eine Spezialität aus dem Piemont.

Aufgepasst!
Beim Barolo gibt es große Qualitätsunterschiede zwischen den einzelnen Gemeinden und Lagen, was sich natürlich im Preis niederschlägt!
Die besten und teuersten Lagen sind u. a. Rionda, Rocche, Brunate und Cannubi.

Toskana

Toskana (italienisch Toscana)

Die Toskana gilt als die dynamischste italienische Weinbauregion – die Verbindung klassischer italienischer mit internationalen Reben wurde hier zuallererst eingeführt (siehe Supertoskaner).

Aus dieser Region kommt der im Ausland wohl bekannteste italienische Wein, der **Chianti** (benannt nach der gleichnamigen Gegend). Für diesen Wein gibt es gesetzliche Vorschriften zum Mischverhältnis der Rebsorten und zur Herstellung. Für Chianti classico dürfen nur rote Trauben verwendet werden. Als Hauptrebsorte dient Sangiovese.

Als bekanntes Markenzeichen ziert der Gallo Nero (der schwarze Hahn) immer die Chianti-classico-Flaschen.

Auch die weiteren namhaften Weine sind jeweils nach der Ortschaft, um die herum die Weingärten liegen, benannt. Aus Montalcino stammt der berühmte **Brunello di Montalcino,** der als einer der ersten Weine das DOCG-Prädikat erhielt. Ihn gibt es auch in einfacherer Version als Rosso di Montalcino.

Sehr bekannte weitere DOCG-Weine sind der rote **Vino Nobile di Montepulciano** (aus dem gleichnamigen Ort) und der weiße **Vernaccia di San Gimignano** aus dem weltberühmten Touristenort.

Wichtige Rotweinrebsorten der Region sind noch Canaiolo, Cabernet Sauvignon, Cabernet Franc, Merlot und Syrah. Weiße Rebsorten sind Vernaccia und Trebbiano.

Aus getrockneten Trauben wird außerdem ein alkoholreicher Wein produziert: der **Vin Santo.** Er ist meist halbsüß oder süß und wird zu Desserts getrunken.

Piemonte	*Piehmonte*
Barbaresco	*Barbaresko*
Rocche	*Rokke*
Cannubi	*Kanubi*
Chianti	*Kianti*
Montalcino	*Montaltschino*
Vino Nobile di Montepulciano	*Wino Nobile di Montepultschano*
Vernaccia di San Gimignano	*Vernatscha di San Dschiminjano*
Canaiolo	*Kanaijolo*

In der Toskana gibt es viele sehr bekannte Weingüter wie z. B. Castello di Ama, Antinori, Avignonesi, Biondi Santi, Castello Banfi, Felsina, Fonterutoli, Poliziano. Einen besonderen Namen haben sich auch Betriebe in Bolgheri und der Maremma gemacht.

Castello di Ama	*Kastello di Ama*
Avignonesi	*Awinjonesi*
Bolgheri	*Bolgeri*
Sassicaia	*Sassikaia*
Ornellaia	*Ornellaja*
Tignanello	*Tinjanello*

Sassicaia (Tenuta San Guido) und **Ornellaia** – zwei Spitzenweine aus Bolgheri: Sie sind bis heute als **Supertoskaner** bekannt, weil ihr einst neuer Weinstil (mit internationalen Rebsorten) nicht mit dem damaligen Weingesetz vereinbar war. Heute sind es anerkannte DOP-Gebiete. Andere Spitzenweine, wie der **Tignanello** von Antinori, sind noch als IGP-Weine etikettiert.

Venetien (italienisch Veneto)

Die Region zwischen Gardasee und Venedig bringt ausgezeichnete Weine hervor. Venetien ist durch außerordentlich fruchtbare Böden und das gemäßigte Klima sehr begünstigt.

Wichtige DOP-Weine sind der rubinrote, trockene **Valpolicella**, der kräftige rote **Amarone** aus angetrockneten Trauben und der rote oder roséfarbene trocken-fruchtige **Bardolino** vom Gardasee, aber auch der weiße trockene, fruchtige **Soave.**

Wichtig für das Gebiet ist auch die Gegend **Conegliano Valdobbiadene** mit der **Prosecco**-Produktion (siehe Seite 166). Die Rebsorte für den Prosecco heißt Glera.

Rebsorten für Rotweine sind Corvina, Rondinella, Molinara, Cabernet Sauvignon, Merlot. Bei Weißweinen spielen Garganega, Pinot bianco und Trebbiano eine Rolle.

Bekannte Weingüter sind unter anderem Roberto Anselmi oder Masi.

Venetien

Friaul-Julisch Venetien (italienisch Friuli Venezia Giulia)

Das Friaul, es grenzt an Österreich und Slowenien, gilt als die wichtigste Weißweinregion Italiens. Die Weißweine sind fruchtig und mit guter Säure versehen. In den letzten Jahren hat auch der Ausbau von hochwertigen Rotweinen einen großen Aufschwung genommen.

Rebsorten für Weißweine sind Friulano, Chardonnay, Riesling Italico, Sauvignon blanc, Pinot bianco, Pinot grigio, Ribolla gialla. Für die Rotweine werden Cabernet Franc, Merlot, Pinot nero und Refosco gepflanzt.

Die weiteren Weinbaugebiete wie die **Emilia-Romagna** (bekannt durch den roten, leicht prickelnden Lambrusco), **Umbrien** (mit seinem weißen Orvieto) oder **Latium** (berühmt durch seine Weißweine Frascati und Est! Est!! Est!!!) haben insgesamt eher regionale Bedeutung. Vor allem die südlichen Weinbauzonen (z. B. Apulien) liefern Weine, die mittlerweile auch qualitativ punkten.

Venetien	*Wenezien*
Veneto	*Weneto*
Valpolicella	*Walpolitschella*
Conegliano	*Konnelijano*
Valdobbiadene	*Waldobbiadene*
Corvina	*Korwina*
Friuli Venezia Giulia	*Friuli Wenezia Dschulia*
Ribolla gialla	*Ribolla dschalla*
Refosco	*Refosko*
Emilia-Romagna	*Emilia-Romanja*
Lambrusco	*Lambrusko*
Orvieto	*Orwijeto*
Latium	*Lazium*
Frascati	*Fraskati*

Ziele erreicht? – „Weinbau in Italien"

KOMPETENZ-ERWERB

1. Zählen Sie sechs italienische Weinbauregionen bzw. -gebiete und bekannte Weine dazu auf.

2. In welcher Weinbauregion liegt die Landschaft Chianti? Beschreiben Sie den weltberühmten Wein aus dieser Gegend.

3. Ordnen Sie folgende Weine italienischen Anbauregionen zu.

Brunello di Montalcino ____________________

Soave ____________________

Asti Spumante ____________________

St. Magdalener ____________________

Lambrusco ____________________

Amarone ____________________

Frascati ____________________

Vin Santo ____________________

Barolo ____________________

Vino Nobile di Montepulciano ____________________

Barbaresco ____________________

4. Übersetzen Sie die Namen der Weinbauregionen!

Alto Adige ____________________

Veneto ____________________

Friuli Venezia Giulia ____________________

5. Präsentieren Sie Ihre Informationen über die Supertoskaner in einem Rollenspiel in der Klasse einem Gast.

Weitere Weinbauländer

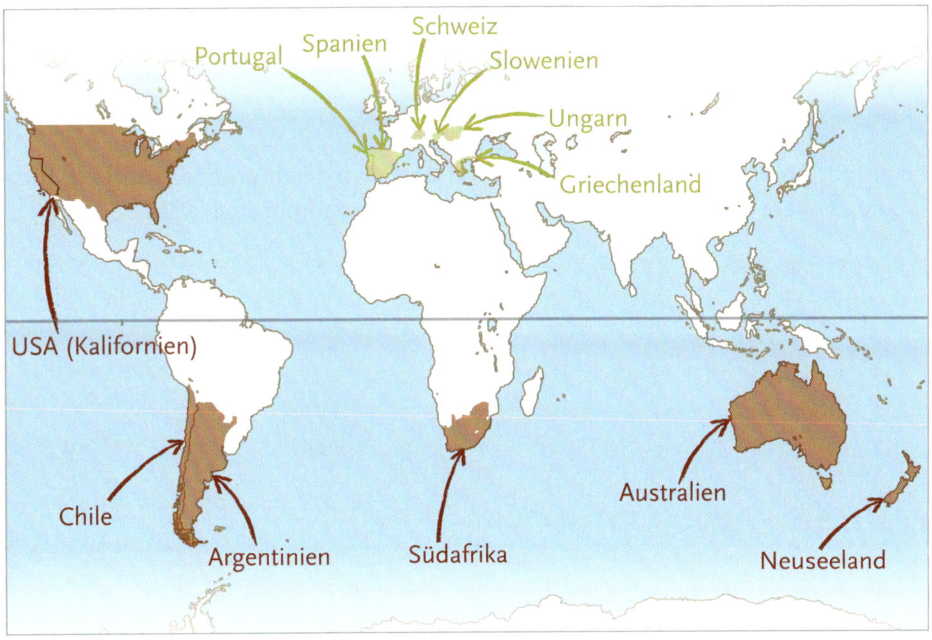

Seit einigen Jahren machen neue Weinbauländer den altbekannten Weinländern Europas, wie Frankreich und Italien, Konkurrenz. Zuerst war es vor allem Kalifornien, das mit hervorragenden Qualitäten aufwartete. Heute sehen sich die traditionellen Weinländer einer zunehmenden Konkurrenz aus Süd- und Osteuropa, Chile, Argentinien, Südafrika, Australien und Neuseeland gegenüber. Aber auch Asien, allen voran China, hat einen zunehmend aktiven Weinbau.

Interessant ist die Tatsache, dass die Weingüter der südlichen Erdhalbkugel ihre Erntezeiten in den Monaten Februar bis Mitte Mai haben, während unsere Weinbaubetriebe im Herbst ernten und im darauffolgenden Jahr füllen. Die aktuellen Jahrgänge in Übersee sind somit um einiges vor unseren Weinen verfügbar.

Meine Ziele

Nach Bearbeitung dieses Kapitels kann ich

- weitere bedeutende Weinbauländer in Europa, aber auch weltweit nennen;
- Weine und Rebsorten internationalen Weinbauländern zuordnen;
- das erworbene Wissen in einem Verkaufsgespräch mit Gästen anwenden.

Zur „alten Weinwelt“ zählen Länder in Europa, während Gebiete außerhalb Europas zur „neuen Weinwelt“ zählen.

Die europäische Rebfläche nimmt laufend etwas ab, während die internationalen Weinflächen sprunghaft zunehmen. Beispielsweise steigt in China seit den1980er-Jahren der Weinbau stark an und heute liegt das Land weltweit an zweiter Stelle, was die Rebfläche betrifft.

KOMPETENZ-ERWERB

1 Weitere Weinländer der „alten" Welt

Melina hat kürzlich über Weingeschichte gelesen: „Angeblich hat es bereits 7000 vor Christus Wein in Südeuropa gegeben. Vielleicht steckt diese extrem lange Tradition hinter dem Begriff ‚alte Weinwelt'."

Weltweite Traubenproduktion

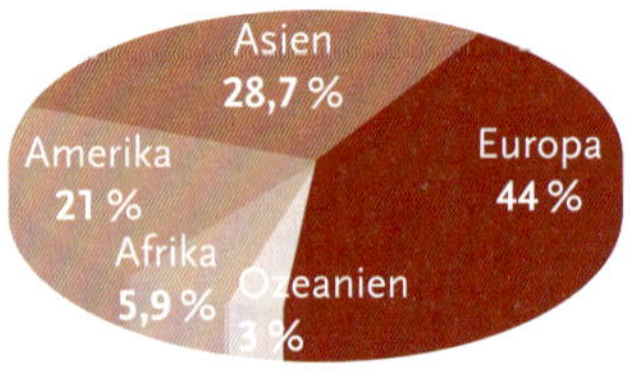

Nicht nur Frankreich, Italien, Deutschland und Österreich produzieren in Europa Weine. Weitere Weinländer spielen in unserer Gastronomie eine Rolle.

Karten und weitere Informationen zur „alten" Weinwelt finden Sie im digitalen Zusatzpaket.

1.1 Spanien

Spanien ist nicht nur in Europa ein wichtiges Weinbauland, sondern es hat **weltweit die größte Weinanbaufläche** (siehe Seite 102). International verbindet man Spanien mit dem Rotwein aus **Rioja** und mit dem **Sherry** (siehe Likörweine).

Wie in Frankreich und Italien gilt selbstverständlich das EU-Gesetz und es wirkt das romanische System – Gebietsweine, die stark vom jeweiligen Terroir bestimmt sind, stehen im Vordergrund.

Rioja *Rijocha*
Sherry *Scherri*

Qualitätsstufen – Spanischer Wein

Wein aus Spanien (Vino)
- 100 % aus in Spanien angebauten Trauben
- Entspricht unserem „Wein aus Deutschland"

Einfachste Qualität

IGP-Wein
- 100 % aus einem spanischen Weinbaugebiet
- Entspricht unserem „Landwein"

Einfache Qualität

DOP-Wein
- 100 % aus einem begrenzten DOP-Gebiet
- Entspricht unserem „Qualitätswein"

Höchste Qualität unterteilt in DO- und noch hochwertigere DOCa-Gebiete

Tempranillo	*Tempranijo*
Garnacha	*Garnatscha*
Galicien	*Galizien*
Verdejo	*Verdecho*
Macabeo	*Makabeo*
Parellada	*Parejada*
Xarello	*Tscharello*
Albariño	*Albarinjo*
Pedro Ximénez	*Pedro Chimeness*
Mencia	*Menssia*
Graciano	*Grassiano*
Marqués	*Markes*
Miguel	*Migel*
Alvaro	*Alwaro*
Palacios	*Palassios*
Cava	*Kawa*
Vega Sicilia	*Wega Sissilia*
Tinto Pesquera	*Tinto Peskera*

Insgesamt gibt es in Spanien 17 Weinbauregionen. Die wichtigsten sind:

- **Rioja:** international bekannteste DOCa-Region, bestehend aus drei Zonen (Rioja Alta – beste Qualität; Rioja Alavesa, Rioja Baja), Hauptrebsorte Tempranillo (fruchtig, duftbetont, gut lagerfähig), Ausbau in gebrauchten Eichenholzfässern
- **Navarra:** DOP-Zone, die als aufstrebende Region gilt, bekannt für Roséweine (Hauptrebsorte Garnacha) und Rotweine (meist Cuvées)
- **Galicien**: elegante, leichte und sehr frische Weißweine
- **Kastilien-León:** einige DOP-Zonen wie Ribera del Duero (meist sehr komplexe, gut lagerfähige Rotweine, häufig im Barrique ausgebaut, Hauptrebsorte Tinta del Pais, eine Variante der Tempranillo-Traube) oder Rueda (frische, fruchtige Weißweine aus der Rebsorte Verdejo)
- **Katalonien:** vielfältigste Weinbauregion mit der bekannten DOP-Zone Penedès (vor allem junge Weißweine, trocken und fruchtig) und mit der DOCa-Zone Priorato (Rotweine von steilen Vulkanhängen)

Reifestufen im Rioja

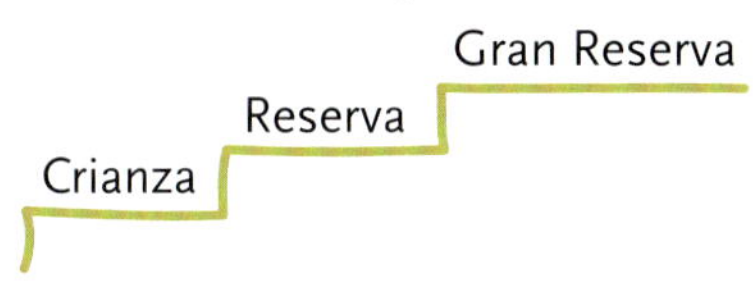

Wichtige Rebsorten in Spanien

Weiß	Rot
Airén, Macabeo, Palomino, Parellada, Xarel-lo, Verdejo, Albariño und Pedro Ximénez	Tempranillo, Bobal, Garnacha Tinta, Monastrell, Mencia und Graciano

Berühmte Weine aus Ribera del Duero:
Vega Sicilia: fülliger, fruchtiger, holzgelagerter Rotwein
Pingus: finessenreicher, kraftvoller Rotwein mit ausgezeichnetem Lagerpotenzial

Berühmte spanische Weinbaubetriebe, z. B.:

- Bodegas Faustino, Marqués de Murrieta (Rioja)
- Miguel Torres (Penedès)
- Alvaro Palacios (Priorato)

Spanien kurz gefasst

- 47 % Weißwein, 53 % Rotwein
- Wegen des trockenen Klimas und des hohen Bestandes an alten Reben mit großem Zeilenabstand sind die Erträge niedrig.
- Die Produktion von Qualitätsweinen steigt.
- Internationale Rebsorten wie Chardonnay, Cabernet Sauvignon, Merlot oder Syrah spielen in Spanien kaum eine Rolle.

Douro	*Dhoro*
Vinho Verde	*Winjo Werde*
Mateus	*Marteeusch*
José Maria da Fonseca	*Schoseh Maria da Fonseka*

1.2 Portugal

Weltweit wird Portugal sofort mit **Portwein** in Verbindung gebracht (siehe ab Seite 173). Wichtig ist aber auch der zweite bekannte Likörwein von der portugiesischen Insel **Madeira** (Näheres dazu ebenfalls bei den Likörweinen).

Es gibt aber aus dem Tal des Douro nicht nur Portwein, sondern weitere berühmte Weine, wie z. B.

- den jungen, leichten, spritzigen **Vinho Verde** oder
- den bekannten Roséwein **Mateus Rosé** (meistverkaufter Roséwein weltweit).

Berühmte portugiesische Weinbaubetriebe, z. B.:

- Niepoort
- José Maria da Fonseca
- Sogrape (Mateus Rosé)
- Anselmo Mendes

Mateus Rosé

Portugal kurz gefasst

- Portugal war weltweit das erste Weinland, das die Grenzen eines Anbaugebietes (Portweingebiet) vom Gesetz festlegen ließ, um Weinfälschungen vorzubeugen.
- Über 300 autochthone Rebsorten werden häufig mit internationalen Rebsorten verschnitten.
- Im Grenzland zu Spanien stehen viele Korkeichen – unter den Korkherstellern nimmt Portugal weltweit den ersten Platz ein.

1.3 Schweiz

Schweizer Weine sind international wenig bekannt, doch trinken die Schweizerinnen und Schweizer gerne Weine aus anderen Ländern. In der Schweiz selbst überwiegt etwas die Rotweinproduktion (meist aus den Rebsorten Blauburgunder, Merlot, Gamay).

Wichtige typische Weine aus der Schweiz:

- Leichte, frische, fruchtbetonte Weißweine aus der Rebsorte Chasselas (Gutedel), die je nach Herkunft verschiedene Namen haben: **Fendant, Dorin, Perlan**
- **Johannisberg:** Walliser Weißwein aus der Rebsorte Sylvaner
- **Dôle**: ausgezeichneter roter Qualitätswein aus dem Wallis (85 % Pinot noir und Gamay)
- **Süßdruck:** allgemeine Bezeichnung für Roséweine, z. B. für **Œil de Perdrix** (Schweizer Roséwein aus Blauburgunder)

Chasselas	*Schasselah*
Fendant	*Fohndoh*
Dôle	*Dohl*
Œil de Perdrix	*Öi dö Perdrie*

Schweiz kurz gefasst

- Circa 95 % der erzeugten Weine werden im Land konsumiert.
- Die Qualität Schweizer Weine wird ebenfalls durch gesetzlich vorgegebene, streng kontrollierte Appellationen garantiert.
- Weinbau ist schwierig, da es sich meist um kleine Weinberge in steilen Hanglagen handelt (extremster Weinberg „Rieben" auf 1 150 m Seehöhe).

Die Rebsorte **Müller-Thurgau** wurde im 19. Jahrhundert von dem Schweizer Rebforscher Hermann Müller im Kanton Thurgau neu gezüchtet. Sie ist heute mit rund 40 000 Hektar Anbaufläche weltweit eine der erfolgreichsten Reben.

1.4 Ungarn

Ungarn ist seit jeher ein ideales Weinbauland. Heute entstehen Weine in internationalem Weinstil mit spezifisch ungarischem Charakter in vier Weinbauregionen. Die Weinbauregion Nordtransdanubien (nördlich des Plattensees) liefert hauptsächlich Weißweine (kräftig, vollmundig). In Südtransdanubien (südlich des Plattensees) gibt es sehr gute Rotweine.

Am berühmtesten sind sicher die **Tokajerweine** aus der weißen Furminttraube (ungarische Hauptrebsorte). Sie wachsen um die namensgebende Stadt Tokaj im Nordosten Ungarns (an der Grenze zur Slowakei). In ihrem Stil eifern diese Weine heute denen aus dem Sauternes (Bordeaux) nach.

Butte (Puttony) heißt der Behälter zur Lese

Tokajer

Tokaji Szamorodni

Furmint (ca. 60 %), Hárslevelü, Sárga Muskotály – mit oder ohne Edelfäule

In den Varianten

- *száraz /dry (trocken)*
- *édes/sweet (mit natürlichem Restzuckergehalt)*

Tokaji Aszú

Szamorodni plus eine Anzahl an Butten mit edelfaulen Trauben

Ab dem Jahrgang 2013 müssen die Aszús mindestens ein Zuckerniveau von fünf Puttonyos aufweisen. Seit 2014 können die Winzerinnen und Winzer entscheiden, ob sie den Begriff Puttonyos überhaupt verwenden.

Da weltweit die Nachfrage nach Süßweinen abnimmt, werden in Ungarn vermehrt die trocken ausgebauten Furmints erzeugt. Auch die **Tokaji Eszencia,** die mit Restzuckerwerten bis zu 700 Gramm pro Liter aufwartet und damit sehr süß ist, wird in kleinsten Mengen erzeugt.

Ein ebenfalls bekannter Wein trägt auf Deutsch den Namen **Erlauer Stierblut** (Rotwein-Cuvée aus Nordungarn).

Tokajer in der typischen weißen Halbliterflasche

Wichtige Rebsorten in Ungarn

Weiß	Rot
Furmint, Olaszrizling (Welschriesling, meistangebaute Weißweinrebe am Plattensee), Hárslevelü („Lindenblättrige"), Chardonnay	Kékfrankos (Blaufränkisch), Zweigelt, Cabernet Sauvignon, Cabernet Franc

Ungarn kurz gefasst

- Schon die Römer erkannten in Ungarn das ideale Klima und die perfekten Böden für Weinbau.
- Nach dem Ende der kommunistischen Herrschaft wurden viele Weingüter privatisiert und modernisiert.
- Villány-Siklós ist eine aufstrebende Rotweinregion mit Weinen im Bordeauxstil.

Tokaji Szamorodni	*Tokahi Samorodni*
Tokaji Aszú	*Tokahi Assu*
Tokaji Eszencia	*Tokahi Essenzia*
száraz	*saras*
dry	*drei*
édes	*edesch*
sweet	*swieht*
Puttony	*Puttonj*
Puttonyos	*Puttonjosch*
Olaszrizling	*Olasriesling*
Hárslevelü	*Harschlewelü*
Kékfrankos	*Kekfrankosch*
Villány-Siklós	*Wilani Schiklosch*

1.5 Griechenland

Griechenland ist die Wiege der europäischen Weinkultur (siehe Seite 82). Das wird schon dadurch unterstrichen, dass es im antiken Griechenland einen eigenen Gott für Wein gab (Dionysos). In Griechenland hat die EU-Weinmarktordnung für einen Qualitätsschub gesorgt.

Refošk – *Refoschk*
Šipon – *Schipon*

International am bekanntesten sind die Weine
- **Retsina** (weiße Cuvée aus Zentralgriechenland; dem Most wird für eine gewisse Zeit Pinienharz zugefügt),
- **Samos** (weißer Likörwein) und **Mavrodaphne** (roter Likörwein, siehe Seite 176).

Griechenland kurz gefasst
- Zwei Drittel der Rebfläche werden für Tafeltrauben oder Rosinen verwendet.
- Besonders für griechische Lokale ist ein passendes Weinangebot wichtig.

1.6 Slowenien

Produziert werden etwa 70 % Weißweine.

Wichtige Rebsorten in Slowenien

Weiß	Rot
Welschriesling, Chardonnay, Sauvignon blanc, Malvasia, Šipon (Furmint)	Refošk, Merlot, Cabernet Sauvignon

Slowenien kurz gefasst
- Gleiche geografische Breite wie Mittelfrankreich
- Prädikatsweine, die den deutschen und österreichischen ähnlich sind

2 Weinländer der „neuen" Welt

Lukas findet im Supermarkt oft Weine aus Kalifornien, aus Chile, Australien oder Neuseeland – und das häufig für relativ wenig Geld. Er weiß nicht, wie er diese Weine einschätzen soll.

Weinbaugebiete in Übersee wirken manchmal ganz fremd

Unter dem Begriff „neue Weinwelt" sind jene Weinbauländer zusammengefasst, deren Weingärten von Missionaren bzw. Zuwanderern ab dem 14. Jahrhundert angelegt wurden (in Nordamerika und einigen Ländern der südlichen Erdhalbkugel). Heute zählen aber auch für uns exotische Weinnationen dazu, z. B. China, Indien oder Thailand.

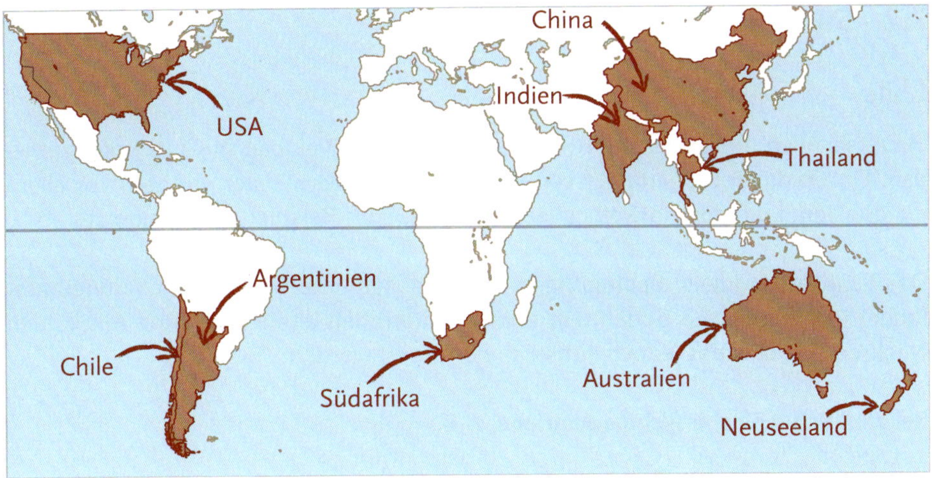

Karten und weitere Informationen zu Ländern der „neuen" Weinwelt finden Sie im digitalen Zusatzpaket.

2.1 USA

USA kurz gefasst

- 90 % des Weinbaugebietes liegen in Kalifornien (aufstrebend sind jedoch auch Gebiete in Oregon, Washington und New York).
- Kontrollsystem mit einer Gebietseinteilung nach französischem Vorbild
- Bottled by: Laut amerikanischem Recht muss die Weinfirma und nicht unbedingt das Weingut angegeben sein.

Kalifornien

Das bekannteste der fünf Hauptgebiete Kaliforniens ist die North Coast. Darin liegen die Zonen des Napa Valley und Sonoma, wo besonders bekannte Weingüter große Weine produzieren.

Bekannte kalifornische Weinbaubetriebe, z. B.:

- Mondavi-Rothschild (bekanntester Wein: Opus One)
- Inglenook (bekanntester Wein: Rubicon)
- Fetzer Vineyards
- Caymus Vineyards
- The Hess Collection
- Gallo

Kalifornien

Wichtige Rebsorten in Kalifornien

Weiß	Rot
Chardonnay, Sauvignon blanc, Chenin blanc, Riesling	Cabernet Sauvignon, Merlot, Pinot noir, Zinfandel

Kalifornischer Zinfandel hat nichts mit dem österreichischen Zierfandler zu tun. In Kalifornien werden aus Zinfandel auch halbtrockene Roséweine, sogenannte Blush-Wines, erzeugt.

Bottled by	*Botld bei*
North Coast	*Nors Kohst*
Napa Valley	*Napa Wälli*
Opus One	*Opus Won*
Rubicon	*Rubikon*
Fetzer Vineyards	*Fetzer Winjards*
Caymus Vineyards	*Keimas Winjards*
The Hess Collection	*De Hess Kollektschn*
Blush-Wines	*Blasch Weins*

2.2 Südamerika

Chile

Hauptsächlich ausländische Investoren haben den Weinbau in Chile vorangetrieben. Durch das investierte Wissen europäischer Kellermeister erinnern vor allem die dunklen, kräftigen Rotweincuvées an Weine zum Beispiel aus Frankreich.

Das Land bietet ideale Bedingungen für gut ausgereifte Trauben mit wunderbarer Frucht – mineralische Böden, ein dem mediterranen ähnliches Klima mit kühlen Nächten. Meist muss jedoch künstlich bewässert werden.

Concha y Toro ⪢ *Kontscha i Toro*
Sémillon ⪢ *Semijoh*
Carménère ⪢ *Karmenehr*

Bekannte chilenische Weinbaubetriebe, z. B.:
- Concha y Toro
- Santa Rita

Wichtige Rebsorten in Chile

Weiß	Rot
Chardonnay, Sauvignon blanc, Sémillon, Riesling, Gewürztraminer	Cabernet Sauvignon, Merlot, Carmenère, Pinot noir, Syrah

Weine vom Gut Santa Rita

Chile kurz gefasst

- Rebflächen liegen meist in Tälern westlich der Anden zwischen 600 und 1 000 Metern Seehöhe.
- Es werden kaum Spritzmittel gegen Pilzkrankheiten eingesetzt.
- Chilenische Rebstöcke wurden nie von der Reblaus befallen.
- Valle de Maipo (südlich der Hauptstadt Santiago de Chile) ist das bekannteste Rotweingebiet Chiles.

Argentinien

Das Hauptanbaugebiet von Wein liegt im Landesinneren an den Hängen der Anden (auf 500 bis 1 700 Metern – teilweise noch höher). Das Klima ist heiß und sehr trocken, weshalb eine perfekt geplante Bewässerung nötig ist. Das bekannteste Weinbaugebiet heißt **Mendoza**.

Mendoza ⪢ *Mendossa*
Peñaflor ⪢ *Penjaflor*
Chandon ⪢ *Schandon*
Chenin blanc ⪢ *Schenäh bloh*
Malbec ⪢ *Malbek*

Bekannte argentinische Weinbaubetriebe, z. B.:
- Peñaflor (einer der größten Weinbaubetriebe weltweit)
- Bodega Norton (im Eigentum der österreichischen Familie Swarovski)
- Chandon S. A. (großer Schaumweinproduzent – aufgrund des Klimas gibt es mehr Weißweine, daher spielt auch Schaumwein eine große Rolle)

Wichtige Rebsorten in Argentinien

Weiß	Rot
Chardonnay, Chenin blanc, Sauvignon blanc, Sémillon, Riesling, Torrontés	Malbec, Cabernet Sauvignon, Merlot, Tempranillo, Barbera, Bonarda

2.3 Südafrika

In Südafrika gibt es schon eine mehr als 300-jährige Weinbautradition. Heute zählt das Land mit unvergleichlich vielen Weintypen zu den führenden Weinbaunationen der Welt. Die bekanntesten Gebiete am Westkap heißen Stellenbosch und Paarl.

Bekannte südafrikanische Weinbaubetriebe, z. B.:
- Simonsig Estate
- Groot Constantia

Wichtige Rebsorten in Südafrika

Weiß	Rot
Chenin blanc, Colombard, Sauvignon blanc, Chardonnay (zunehmend), Muscat d' Alexandrine	Cabernet Sauvignon, Hermitage (Cinsaut), Pinot noir, Merlot, Shiraz, Pinotage (Kreuzung von Pinot noir und Cinsaut)

Weine vom Gut Simonsig Estate

Shiraz = Syrah.

Südafrika kurz gefasst
- Weingärten liegen im Süden des Landes (fast nur in der Provinz Westkap).
- „Wine-of-Origin"-System (WO) teilt das Land in Regionen, Gebiete (Districts) und Bezirke (Wards) ein. Jede Angabe über Herkunft, Sorte, Jahrgang, Lage oder höheren Qualitätsstand muss durch ein staatliches Siegel am Flaschenhals nachgewiesen werden.
- Typisch in südafrikanischen Weingärten sind die holländischen Bauten der europäischen Eroberer

Simonsig Estate	*Simonsä Essteit*
Groot Constantia	*Gruht Konsstanzia*
Colombard	*Kolombahr*
Hermitage	*Hermitahsch oder Hörmititsch*
Cinsaut	*Sänso*
Pinotage	*Pinotahsch*
Marlborough	*Malboroh*
Cloudy Bay	*Klaudi Bäh*

2.4 Neuseeland

In Neuseeland gibt es sowohl auf der Nord- als auch auf der Südinsel Weinbau. Zu fast 70 % werden Weißweine erzeugt (meist frischer, fruchtiger Sauvignon blanc). Das bekannteste Anbaugebiet liegt auf der Südinsel und heißt **Marlborough**.

Bekannte neuseeländische Weinbaubetriebe, z. B.:
- Villa Maria
- Cloudy Bay

Wichtige Rebsorten in Neuseeland

Weiß	Rot
Sauvignon blanc, Chardonnay, Pinot gris, Riesling	Pinot noir, Merlot, Cabernet Sauvignon, Syrah

90 % aller neuseeländischen Weine werden mit Schraubverschluss versehen.

Penfolds Grange Hermitage

2.5 Australien

In Australien liegen die Weinbaugebiete eher im Süden des Kontinents (vor allem im Südosten). International bekannte Weinbaugebiete sind Barossa Valley, Coonawarra und Margaret River.

Bekannte australische Weinbaubetriebe, z. B.:

- Penfolds (bekanntester Wein: Grange Hermitage – Verschnitt aus Shiraz mit Cabernet Sauvignon)
- Peter Lehmann
- Hardy's
- Lindeman's
- Salomon Estate

Wichtige Rebsorten in Australien

Weiß	Rot
Chardonnay, Semillon (Hunter Riesling), Sauvignon blanc, Riesling, Viognier, Colombard	Shiraz, Cabernet Sauvignon, Merlot, Pinot noir, Grenache, Mourvèdre

Australien kurz gefasst

- Weine mit großer Fruchtfülle
- Grenache- und Mourvèdreweine sind besonders beliebt, ebenso wie Cuvées aus Grenache, Shiraz bzw. Mourvèdre im Rhônestil.
- Das „Label Integrity Program“ stellt sicher, dass das Etikett den Herstellungsbereich, den Jahrgang und die verwendeten Rebsorten nennt.
- Kontrolle durch die „Wine and Brandy Corporation“

Barossa Valley	*Barossa Wälli*
Coonawarra	*Kunawarra*
Grange Hermitage	*Grohsch Hermitahsch*
Hunter	*Hanter*
Viognier	*Wionjeh*
Grenache	*Grenasch*
Mourvèdre	*Muhrwedre*

In Australien kämpfen die Weinbaubetriebe oft gegen lange Trockenperioden

Ziele erreicht? – „Weitere Weinbauländer“

KOMPETENZ-ERWERB

1. Nennen Sie einige bekannte Rebsorten und Weine aus Kalifornien.

2. Ordnen Sie folgende Rebsorten bzw. Weine typischen Weinbauländern zu.

Shiraz ____________________

Malbec ____________________

Pinotage ____________________

Opus One ____________________

Chenin blanc ____________________

Carmenère ____________________

3. Ordnen Sie die Namen von Gebieten und/oder Weinen den Ländern zu.
Spanien (E), Portugal (P), Schweiz (CH), Ungarn (H), Slowenien (SLO), Griechenland (GR).

Johannisberg		Cava		Madeira	
Vinho Verde		Retsina		Erlauer Stierblut	
Rueda		Süßdruck		Refošk	
Rioja		Tokajer		Mateus Rosé	

4. Geben Sie die Reifestufen und Mindestlagerzeiten von Rioja an.

5. Zählen Sie die Weinbauregionen bzw. Weinbaugebiete Spaniens auf und beschreiben Sie zwei näher.

6. Welche Weinländer werden unter der Bezeichnung „neue Weinwelt“ zusammengefasst? Erklären Sie den Begriff. Warum spricht man bei diesen Ländern oft auch von Übersee?

7. Was könnten Gründe dafür sein, dass die Reblaus sich in Chile nicht ausbreiten konnte?

8. Recherchieren Sie, welche Weine exotischer Weinnationen bei Ihnen in der Region erhältlich sind?

Produkte auf der Basis von Wein

Aus den Weintrauben wird nicht nur Wein im klassischen Sinn hergestellt, sie dienen auch als Ausgangsprodukte für andere Getränke. Diese haben meist ebenfalls eine sehr lange Tradition, die Jahrhunderte zurückreicht.

Häufig werden diese Weinprodukte als **Aperitif** oder **Digestif** getrunken, also als Getränk vor bzw. nach dem Essen.

Diese Tradition ist eine Erfindung der Mittelmeerländer. In Italien trinkt man z. B. vor dem Essen einen Wermut (aromatisierter Wein, ab Seite 177), in England wird zum Anregen des Appetits gerne ein trockener Sherry (Likörwein, ab Seite 170) oder ein Portwein (Likörwein, ab Seite 173) getrunken, während die süßeren und kräftigeren Sorten nach dem Essen genossen werden.

KOMPETENZ-ERWERB

Meine Ziele

Nach Bearbeitung dieses Kapitels kann ich

- weitere alkoholische Getränke aus Weintrauben nennen und ihre Herstellung beschreiben;
- im Praxisunterricht mit den Produkten Erzeugernamen verbinden, die richtige Lagerung erklären und einen perfekten Service mit diesen Produkten durchführen;
- Gästen Spezialitäten empfehlen und Hintergrundinformationen zu diesen Getränken geben.

1 Schaumweine

Melina hat gerade über die Schaumweinsteuer in Deutschland gelesen. Diese beträgt 1,02 € pro 0,75-Liter-Flasche. Jetzt kann sie Gästen aus anderen EU-Ländern erklären, warum ihre bekannten Schaumweine bei uns etwas teurer sind als zu Hause.

Als Schaumweine werden alle kohlensäurehaltigen Weine (Weiß-, Rosé- und Rotweine) bezeichnet, die meist durch eine zweite Gärung natürlich entstanden sind und einen Mindestdruck von 3 bar aufweisen.

Europa ist führend in der Erzeugung von Schaumweinen. Der **Champagner** nach der aufwendigen traditionellen Flaschengärmethode hergestellt, gilt als König aller schäumenden Weine. Produktionsmäßig macht er aber nur einen geringen Anteil aus. Die weit größere Menge entsteht durch Tankgärung.

Ganz gleich, was gefeiert wird, ein Schaumwein ist fast immer dabei. Was ihn auszeichnet, ist das mehr oder weniger lebhafte Spiel der Kohlensäurebläschen, die im Glas und auf der Zunge prickeln.

1.1 Champagner

Die Bezeichnung Champagner ist seit dem Jahr 1919 markenrechtlich geschützt und darf nur für Schaumweine aus der Champagne, einem bestimmten Gebiet in Frankreich, verwendet werden. Die Rebfläche der Champagne umfasst etwa 34 000 Hektar.

Der sogenannte **Blanc de Blancs** wird nur aus weißen Trauben hergestellt, der **Blanc de Noirs** nur aus roten Trauben.

Für die Champagnererzeugung sind die folgenden drei Traubensorten maßgeblich:

Pinot noir

Pinot Meunier

Chardonnay

Die Champagne

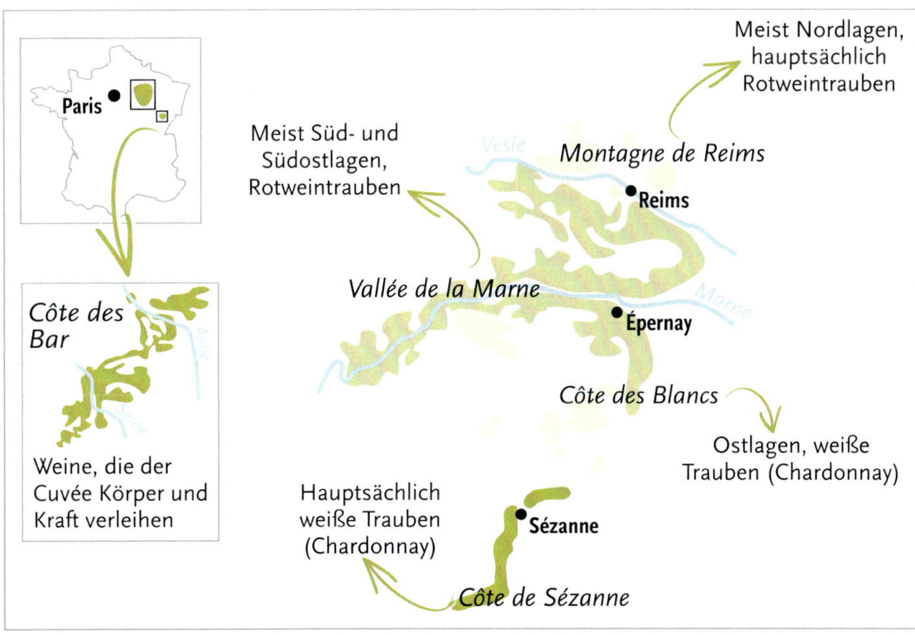

Neben der geschützten Herkunft und den vorgegebenen Rebsorten gelten auch für die Herstellung von Champagner strenge Qualitätsmaßstäbe.

Sanfte Hügel prägen die gesamte Champagne

Champagner	*Schampanjer*
Pinot Meunier	*Pinoh Mönijeh*
Vallée de la Marne	*Walleh dö la Marn*
Montagne de Reims	*Montanj dö Röhs*
Côte des Blancs	*Koht de Bloh*
Côte de Sézanne	*Koht dö Sesann*
Côte des Bar	*Koht de Bar*
Blanc de Blancs	*Bloh dö Bloh*
Blanc de Noirs	*Bloh dö Noah*

Die Champagnererzeugung in einer Grafik kurz gefasst, finden Sie im digitalen Zusatzpaket.

Um einen **Roséchampagner** herzustellen, wird entweder weißer Grundwein mit 8–15 % Rotwein verschnitten oder rote Trauben werden vor der Pressung einige Stunden im Tank eingemaischt, bis der Most die gewünschte Farbe hat.

Wenn ein Jahrgang besonders gute Eigenschaften aufweist, werden ausschließlich Weine dieses Jahrganges zur Cuvée verschnitten und man erhält einen **Champagne millésimé** bzw. **Vintage (= Jahrgangschampagner)**. Jahrgangschampagner wird mindestens drei Jahre auf der Hefe gelagert.

Méthode champenoise	*Metohd schampenoas*
Pressoirs Coquards	*Pressoa Kokahrd*
Assemblage	*Assomblahsch*
Fülldosage	*Fülldosahsch*
Vintage	*Wintitsch*

Champagnererzeugung (Méthode champenoise)

Schritt 1

Weinlese

Sie beginnt Ende September. Die Trauben werden **von Hand gelesen.** Jedes Jahr wird der Höchstertrag pro Hektar gesetzlich festgelegt. Auch die Traubenpreise werden bestimmt. Die besten Gemeinden, die sogenannten Grands Crus, erhalten 100 Prozent, also den vollen Preis.

Schritt 2

Kelterung

Die **Kelterung** von ganzen Trauben erfolgt entweder in Horizontalpressen oder in den für die Champagne typischen Pressoirs Coquards.

Schritt 3

Erste Gärung

Sie geht wie bei der normalen Weinerzeugung vor sich, nach etwa drei Wochen erfolgt der Abstich. Der **Jungwein** ist fertig.

Schritt 4

Cuvéebereitung

Die Weine aus verschiedenen Gebieten sowie mehreren Jahrgängen werden zur **Cuvée (Assemblage)** verschnitten. Sie wird geschönt, filtriert, gelagert und mit Zucker sowie Reinzuchthefe (Fülldosage) versetzt. Bevor die zweite Gärung beginnt, wird der Wein in Flaschen abgefüllt und mit einem Kronenkorken verschlossen.

Schritt 5

Zweite Gärung

Während der Gärung wird Zucker in Alkohol und Kohlensäure umgewandelt. Durch die langsame Gärung und die nachfolgende lange Lagerung verbindet sich die Kohlensäure besonders gut mit dem Wein. Dieser Vorgang ergibt später den feinen Schaum und das lang anhaltende Perlen. Die **zweite Gärung** dauert mehrere Wochen.

Schritt 6

Rütteln und Lagern

Die Flaschen werden mindestens 15 Monate bei etwa 10 °C mit der Hefe gelagert. Gegen Ende der Lagerzeit kommen sie einige Wochen auf ein Rüttelpult (händisch) oder in Rüttelkörbe (mechanisch). Hier werden sie täglich gerüttelt, gedreht und ein Stück steiler gestellt. Das **Hefedepot** wandert so **zum Flaschenhals.**

Gyropaletten = Moderne Rüttelkörbe

Schritt 7

Degorgierung

Degorgierung ist die **Entfernung des Hefepfropfens,** der sich im Flaschenhals abgesetzt hat. Diese Arbeit wird erleichtert, indem man den Flaschenhals in eine Gefrierlösung taucht. Nach dem Öffnen der Flasche wird der gefrorene Satz herausgeschleudert. Ein geringer Teil des Flascheninhaltes geht verloren.

Degorgierung *Degorschierung*
Veuve Clicquot *Wöhf Klikoh*

Schritt 8

Dosierung

Die Flasche wird mit der **Versanddosage** aufgefüllt. Rüben- oder Rohrzucker wird meist in einer kleinen Menge des Grundweines aufgelöst. Die Versanddosage ist für den Geschmack des Champagners entscheidend (siehe Sortenbezeichnung, Seite 164). Ihre Zusammensetzung ist das Geheimnis der Champagnerfirmen.

Für „Brut nature"-Champagner (siehe Tabelle 164) wird zum Auffüllen anstelle der Zuckerlösung Champagner derselben Produktion verwendet.

Schritt 9

Verkorkung

Nun wird die Flasche endgültig verschlossen, und zwar mit einem Naturkorken und einem Drahtkörbchen **(Muselet bzw. Agraffe).**

Schaumweinkorken bestehen aus einem Presskorkenteil und hochwertigen aufgeklebten Korkscheiben

Schritt 10

Lagerung und Adjustierung (Etikettierung)

Dann wird der Champagner nochmals zur Harmonisierung gelagert. Zum Schluss wird die Flasche mit einer Kapsel, einer Halsschleife und einem **Etikett** versehen. Bei Jahrgangschampagner (Vintage, Millésimé) ist auf dem Etikett der Jahrgang (Jahreszahl) ersichtlich.

Der Kellermeister von Veuve Clicquot kam im Jahr 1816 auf die Idee, die Champagnerflaschen zu rütteln, um damit die Hefe zu lockern. Er erfand damit das Rüttelverfahren, das bis heute wichtiger Bestandteil der Méthode champenoise ist. Madame Clicquot begründete u. a. den außerordentlichen Erfolg ihres Champagnerhauses und wurde eine der ersten Vertreterinnen der modernen Geschäftsfrau.

(F)	brut nature	*brüt natühr*
	extra dry	*extra drei*
	sec	*sekk*
	demi-sec	*demisekk*
	doux	*duh*
(GB)	brut nature	*brut neitscha*
	extra dry	*extra drei*
	medium dry	*midium drei*
	sweet	*swiht*
(I)	secco	*sekko*
	abboccato	*abokato*
	dolce	*doltsche*

Sortenbezeichnung abhängig vom Restzuckergehalt (EU-Gesetz)

Restzucker in g pro l	Österreich, Deutschland	Frankreich	England	Italien
bis 3 g/l	naturherb	brut nature	brut nature	brut natural
0 bis 6 g/l	extra herb	extra brut	extra brut	extra bruto
bis 12 g/l	herb	brut	brut	bruto
12 bis 17 g/l	extra trocken	extra dry	extra dry	extra secco
17 bis 32 g/l	trocken	sec	dry	secco
32 bis 50 g/l	halbtrocken	demi-sec	medium dry	abboccato
über 50 g/l	mild/süß	doux	sweet	dolce

Der Restzucker ist höher als bei Wein, weil er durch die Kohlensäure (CO_2) abgeschwächt wird. Coca-Cola wirkt auch viel süßer, wenn sie länger offen steht und „ausgeperlt“ ist.

Holen Sie sich weitere Informationen unter www.champagne.fr

Bekannte Champagnerfirmen

Die bekanntesten Champagnerbetriebe sind in Épernay und Reims.

Moët & Chandon	Bollinger
Krug	Pommery
Louis Roederer	Pol Roger
Taittinger	Laurent-Perrier
Mumm	Ruinart
Heidsieck & Co	Veuve Clicquot

Moët & Chandon	*Moet eh Schando*
Louis Roederer	*Lui Röderer*
Pol Roger	*Rodscher*
Laurent-Perrier	*Lauroh Perrijeh*
Ruinart	*Ruinahr*
Veuve Clicquot	*Wöhf Klikoh*
Méthode traditionelle	*Metohd tradizjonel*
Méthode Charmat	*Metohd Scharmah*
Épernay	*Epernäh*
Reims	*Röhs*
Eugène Charmat	*Öhschen Scharmah*

1.2 Internationale Schaumweine

Auch außerhalb der Champagne entstehen in Frankreich, aber ebenso weltweit teils hervorragende Schaumweine, die jedoch auch mit anderen Methoden produziert werden können.

Herstellungsverfahren von Schaumwein

Traditionelle Flaschengärung (Méthode traditionelle)
Der Sekt bzw. Schaumwein wird auf dieselbe Art **wie Champagner** hergestellt. Die zweite Gärung sowie die Reifung (mindestens 9 Monate auf der Hefe) erfolgen in der Flasche.

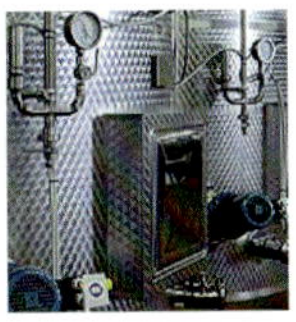

Tankgärverfahren, Großraumgärung (Méthode Charmat)
Hier findet die Zweitgärung in großen **Stahltanks** statt (circa 4 Wochen). Die entstehende natürliche Kohlensäure ist ebenfalls gut in den Wein eingebunden.

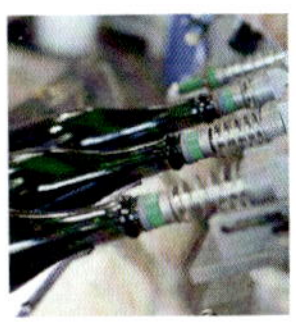

Transvasierverfahren (Flaschengärung)
Der wesentliche Unterschied zur klassischen Flaschengärung besteht darin, dass nach der **zweiten Gärung nur der erste Teil der Reifung in der Flasche** erfolgt. Die Hefe wird jedoch nach dem Entleeren der Flaschen abgefiltert und die Dosage erfolgt in Großtanks. Das Verfahren ist in Europa kaum in Verwendung.

Imprägnierverfahren
Fertigem Wein wird unter Druck **Kohlensäure zugesetzt** (z. B. für Obstschaumweine). Dann wird die Dosage beigegeben und das Produkt unter Gegendruck abgefüllt. Diese künstliche Kohlensäure hat keine feste Bindung und entweicht rasch im Glas.

Als Besonderheit macht der **Asti Spumante** nur eine Gärung durch. Er wird im Piemont (Italien) aus der Moscatotraube hergestellt.

Die Gärung in großen Druckbehältern wird durch Kälte gestoppt, wenn ein Alkoholgehalt von 7–9,5 Vol.-% erreicht ist. Ein Teil des Zuckers bleibt unvergoren. In der Fachsprache heißt dies **Méthode rurale**.

Der Schaumwein hat einen süßlicheren, mostigen Geschmack und eine kräftigere Färbung als andere Schaumweine. Nach dem Herausfiltern der Hefe wird er abgefüllt.

Trends bei Schaumwein

- Rosé
- Aperitifs wie Aperol Spritz, Bellini oder Kir Royal
- Auf Eis
- Als Menübegleitung

Eine grafische Darstellung des Tankgärverfahrens und des Transvasierverfahrens finden Sie im digitalen Zusatzpaket.

Perlwein (italienisch: **Vino Frizzante)** wird nach der Tankgärmethode hergestellt und hat einen Kohlensäuredruck bis 2,5 bar, also deutlich weniger als Qualitätsschaumwein bzw. Sekt.
Für **Perlwein mit zugesetzter Kohlensäure** (muss auf dem Etikett vermerkt sein) wird das Imprägnierverfahren angewendet.

Méthode rurale	*Metohd rühral*
Vin mousseux	*Wöh mussö*
Crémant	*Kremah*
Spumante	*Sspumante*
Ca' del Bosco	*Ka del Bosko*
Franciacorta	*Frantschakorta*
Prosecco	*Prosekko*
Conegliano	*Koneliano*
Col Vetoraz	*Kol Wetorass*
Ruggeri	*Rudscheri*
Cava	*Kawa*
Codorníu	*Kordoniu*
Freixenet	*Freschenet*
Raventós i Blanc	*Rawentos i Blank*
Sparkling Wines	*Ssparkling Weins*

Bezeichnungen für Qualitätsschaumweine nach dem Herkunftsland	
Ⓕ **Frankreich (außerhalb der Champagne)**	**Vin mousseux** ist Schaumwein aus Frankreich, der außerhalb der Champagne und nicht zwingend nach der „Méthode traditionelle" erzeugt wird.
	Crémant ist die Bezeichnung für Schaumwein, der gewisse Mindestkriterien erfüllt, z. B. max. 100 l Most aus 150 kg Trauben; der Name des Anbaugebietes muss angeführt sein (z. B. Crémant de Loire, Crémant d'Alsace). Crémants werden nach der „Méthode traditionelle" hergestellt.
Ⓘ **Italien (außer Südtirol)**	**Spumante** ist Schaumwein aus Italien, z. B. Ca' del Bosco und Bellavista aus dem lombardischen DOCG-Gebiet Franciacorta sowie Trento DOP von Ferrari.
	Prosecco (DOP) kommt aus dem Friaul und dem Veneto und es gelten höchste Qualitätsanforderungen. Die Trauben für den DOCG-Prosecco müssen aus dem geschützten Gebiet Valdobbiadene – Conegliano kommen. Bekannte Hersteller sind u. a.: Bisol, Col Vetoraz, Ruggeri, Villa Sandi
Ⓔ **Spanien**	**Cava** ist Schaumwein aus dem spanischen Gebiet Penedès, der nach der „Méthode traditionelle" hergestellt wird. Bekannte Hersteller sind u. a.: Codorníu, Freixenet, Raventós i Blanc
(USA) **USA**	**Sparkling Wines** heißen in den USA alle Schaumweine, die eine zweite Gärung durchmachen.
Ⓐ **Österreich** Ⓓ **Deutschland** (CH) **Schweiz** (BZ) **Südtirol**	**Sekt** ist die Bezeichnung für alle Qualitätsschaumweine aus diesen Ländern/Regionen.

Prosecco ist nicht das italienische Wort für Sekt! Prosecco ist auch nicht die Bezeichnung der Traube, sondern vielmehr der Name des Produktionsgebietes in Norditalien. Seit 2009 heißt die Traube Glera.

Sektmarken in Deutschland

Es werden folgende Bezeichnungen verwendet:

- Sekt (ohne Zusatzbezeichnung): Es dürfen Grundweine aus anderen Ländern verwendet werden.
- Deutscher Sekt: Darf nur aus deutschen Grundweinen hergestellt werden.
- Sekt bestimmter Anbaugebiete: Nur aus Grundweinen der angegebenen Anbaugebiete.

Die wichtigste Rebsorte bzw. die Hauptrebsorte ist der Riesling.

Bekannte große Sektkellereien und ihre Marken sind u. a.:

Rotkäppchen-Mumm: Rotkäppchen, MM, Mumm und Geldermann

Henkell & Co.: Carstens SC, Deinhard, Henkell Trocken, Fürst von Metternich, Rüttgers Club, Söhnlein Brillant, Kupferberg Gold

Um die verschiedenen Kategorien von Sekt geschützten Ursprungs für die Konsumentinnen und Konsumenten transparenter zu machen, gilt in Österreich die sogenannte Qualitätspyramide für Sekt. Näheres dazu finden Sie im digitalen Zusatzpaket.

Kleinere Hersteller mit ausgezeichneten Qualitätssekten sind u. a.:

Raumland

Wilhelmshof

Reichsrat von Buhl

Weingut Barth

Winzersekt
Immer mehr Weingüter stellen aus eigenen Weinen einen Sekt her. Sehr oft wird er reinsortig (z. B. aus Riesling oder Pinot noir) nach der traditionellen Flaschengärmethode erzeugt. Beim Winzersekt (Sekt mit geschützter Ursprungsbezeichnung, in Österreich Hauersekt) wird das Weinbaugebiet genannt, aus dem der Grundwein stammt. Auf den Etiketten wird auch oft das Degorgierdatum angegeben.
Bekannte Winzersekte sind z. B. Bamberger, Graf von Schönborn und Diel.

Sektmarken in Österreich

Die Sekte in Österreich haben im internationalen Vergleich ein sehr hohes Niveau. Vorwiegend werden die Rebsorten Grüner Veltliner, Welschriesling und Riesling verwendet.

Bekannte österreichische Kellereien und ihre Marken sind u. a.

Schlumberger: Goldeck, Sparkling, DOM, Mounier, Hochriegl

Kattus: Kattus

Stift Klosterneuburg: Klostersekt

Szigeti: Prestige, Tribute, Freedom

1.3 Einkauf, Lagerung und Service

Einkauf und Lagerung von Schaumwein

Die meisten Schaumweine sind zum Zeitpunkt des Einkaufs bereits **trinkreif** und müssen nicht mehr über längere Zeit gelagert werden. Eine Ausnahme bildet der Jahrgangschampagner.

Im Gegensatz dazu ist beim Einkauf von Asti Spumante zu beachten, dass er nicht für eine längere Lagerung gedacht ist.

Beim Einkauf ist – wie auch bei Wein – auf die verfügbaren Flaschengrößen und den beabsichtigten Verwendungszweck zu achten. Wichtig ist es, zu wissen, dass der Inhalt in großen Flaschen langsamer reift, weil anteilsmäßig weniger Sauerstoff in der Flasche ist. Große Flaschen müssen also nicht so rasch verkauft werden.

Weitere Flaschengrößen für Schaumwein finden Sie im digitalen Zusatzpaket.

Aufgrund der neuen Korktechnologie (mehrteiliger Naturkorken oder unempfindlicher Kunststoffkorken) können heute viele Schaumweine auch stehend gelagert werden.

Es gibt viele verschiedene Flaschengrößen, in der Gastronomie sind hauptsächlich folgende zu finden:

1. Halbe Flaschen (0,375 l, Demi, Filette)
2. Ganze Flaschen (0,75 l, Imperial)
3. Doppelte Flaschen (1,5 l, Magnum)

Schaumwein wird traditionell
- kühl, lichtgeschützt und
- liegend aufbewahrt.

Verkauf und Service von Schaumwein

Wie verkaufe ich Schaumwein?

Heute haben wir als Besonderheit einen Champagnercocktail oder auch eine Fruchtbowle anzubieten.

Durch ihre natürliche Kohlensäure wirken Schaumweine erfrischend und appetitanregend, also ideal als Aperitif.

Als Aperitif darf ich Ihnen ein Glas Rieslingsekt vom Weingut ... oder ein Glas Champagner aus dem Hause ... anbieten. Oder möchten Sie lieber als fruchtigere Variante einen Kir Royal, also Champagner mit Crème de Cassis, einem Johannisbeerlikör?

Zu Ihrer Vorspeise würde ein kräftiger, vollmundiger Sekt oder Champagner gut passen.

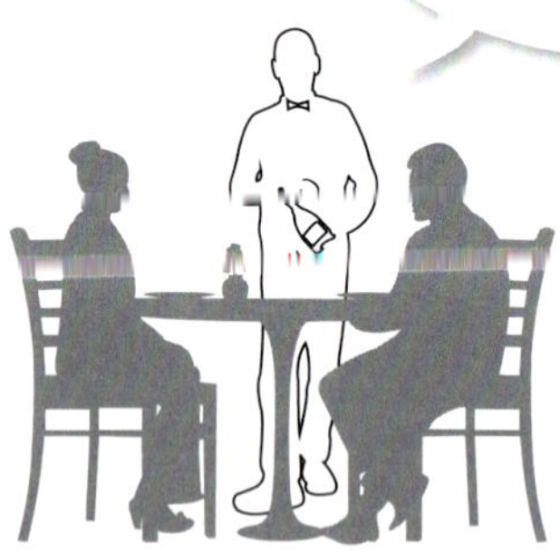

Schaumweine harmonieren mit fast allen Speisen, da man von trocken bis süß alle Geschmackstypen wählen kann.

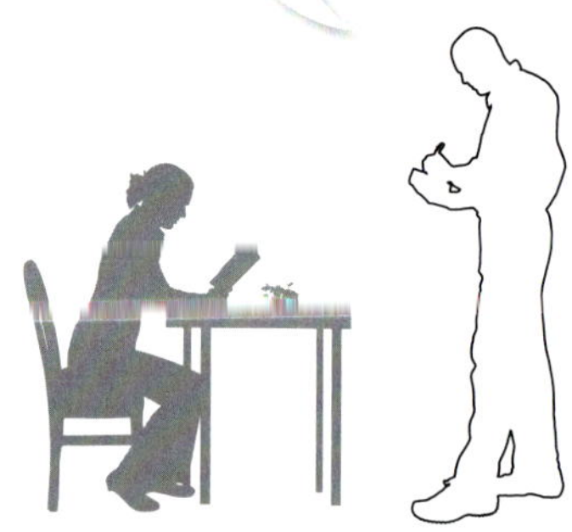

Wie serviere ich Schaumwein?

Fast alle Schaumweinflaschen haben eine Vertiefung im Flaschenboden, um die Druckbeständigkeit der Flasche zu sichern. Diese Vertiefung können Sie beim Halten der Flasche mit dem Daumen nutzen.

Neigen Sie beim Einschenken das Glas und lassen Sie den Schaumwein entlang der Glaswand einfließen, um ein Überschäumen zu verhindern. Einschenken in zwei Phasen ist empfehlenswert, damit die Kohlensäure (Perlage) erhalten bleibt.

Ideale Trinktemperatur

- *Halbtrockene und süße Schaumweine: 6–8 °C*
- *Trockene und qualitativ höherwertige Schaumweine: 8–10 °C*
- *Jahrgangschampagner: 10–12 °C*

Gläser für Schaumwein

Das ideale Schaumweinglas ist tulpenförmig. Deshalb werden auch tulpenförmige Weißweingläser (vor allem bei Jahrgangschampagner) verwendet.

Tulpe Flöte Weißweinglas

Verwenden Sie Patentverschlüsse für Schaumweinflaschen zum Wiederverschließen bei glasweisem Verkauf

Aufgabenstellung – „Schaumweine"

1. Führen Sie eine Schaumweinverkostung durch. Füllen Sie Schaumweine in verschiedene Gläser und beschreiben Sie die unterschiedlichen Sensorikerlebnisse.

2. Recherchieren Sie, welche zusätzlichen Anforderungen ein Qualitätsschaumwein (Sekt) im Vergleich zu einem Schaumwein erfüllen muss.

Die Verwendung eines Schaumweinsäbels erfordert etwas Übung, ist aber für die Gäste ein besonderes Spektakel.

2 Likörweine

Lukas schüttelt sich, als er einen Likörwein angeboten bekommt. Er meint, dass das ganz süßer Wein sei, den er nicht mag. Sein Chef erklärt ihm daraufhin, dass Likörweine auch trocken sein können.

Likörweine (versetzte Weine) werden durch besondere Behandlung bzw. meist mit Zusätzen hergestellt. So wird z. B. dem

- **Sherry** Alkohol bzw. Mostkonzentrat und dem
- **Portwein** Alkohol zugesetzt.

Laut EU-Norm muss der Alkoholgehalt bei Likörweinen

- mindestens 15 Vol.-% betragen und darf
- 22 Vol.-% nicht überschreiten.

Das Ausschankmaß für Likörweine beträgt ungewöhnliche 5 cl.

2.1 Sherry

Sherry	*Scherri*
Jerez de la Frontera	*Heress de la Frontera*
Albariza	*Albarissa*
Pedro-Ximénez	*Pedro Chimenes*

Sherry kommt aus dem spanischen Weinbaugebiet Jerez in Andalusien und darf nur in einem genau abgegrenzten Gebiet um die Städte Jerez de la Frontera, El Puerto de Santa María und Sanlúcar de Barrameda erzeugt werden.

Albariza – der weiße Kreideboden

Sherry wird zu 95 Prozent aus der Palomino-Traube hergestellt. Bei den süßen Sherry-Typen werden kleine Mengen Süßwein bzw. Mostkonzentrat von der Moscatel- und Pedro-Ximénez-Traube verwendet.

Der Most wird in Stahltanks temperaturgesteuert vergoren. Sofort beginnt der Gärprozess, der sich in zwei Abschnitte teilt. Der erste Teil, die stürmische Gärung, dauert bis zu einer Woche. Dabei wird der meiste Zucker in Alkohol verwandelt. Nach drei bis vier Monaten ist der zweite Teil, die langsame Ausgärung, abgeschlossen. Der Grundwein ist fertig. Nach einigen Wochen wird dann entschieden, welche Weine für die Fino- und welche für die Oloroso-Produktion verwendet werden.

Sherry-Dreieck

Sherry und Cherry – beide gut, beide unverwechselbar. Sherry ist ein spanischer Likörwein, Cherry ist die englische Bezeichnung für Kirsche, Cherry-Brandy ist demgemäß ein Kirschenlikör. Mit der korrekten Aussprache Sherry Scherri bzw. Cherry Tscheri sind die beiden Begriffe wirklich nicht zu verwechseln.

Sherryerzeugung

Schritt 1

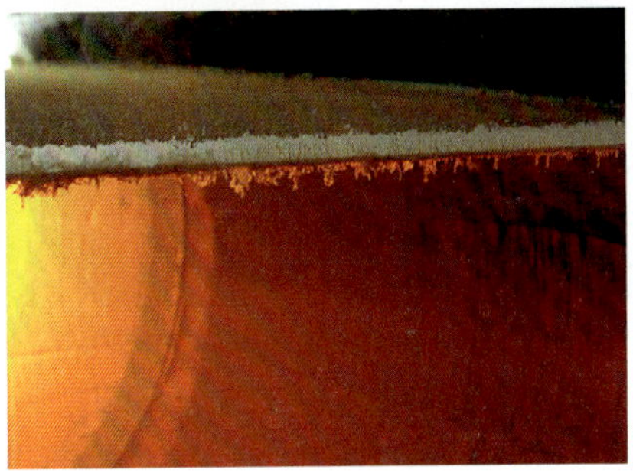

Zugabe von Weindestillat

Erst durch die Zugabe von neutralem Weindestillat (Alkohol) entsteht junger Sherry.

- Bei den Fino-Sherrys wird auf mindestens 15 Vol.-% aufgespritet – die Florhefe bleibt erhalten (schwimmt oben).
- Bei den Olorosos wird auf etwa 17 Vol.-% aufgespritet. Die Florentwicklung wird auf diese Weise unterbunden (siehe Seite 65).

Schritt 2

Kontrollierte Oxidation

Sie bewirkt das Wachstum des Flors bei den Finos und fördert die Entwicklung der Manzanillas und Amontillados. Gleichzeitig erhält der Sherry den typischen oxidativen Charakter.

Oxidativ = durch Luftkontakt hervorgerufene Veränderungen, die bei Sherry erwünscht sind.

Schritt 3

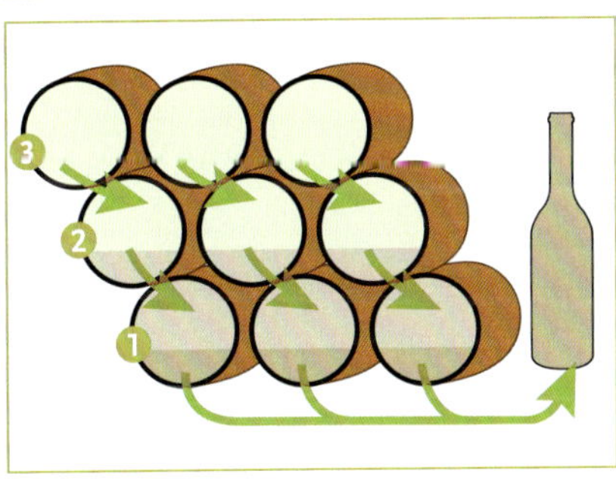

1 Solera
2 1ª Criadera
3 2ª Criadera

Soleraverfahren

Die Fässer werden in drei bis fünf Lagen übereinandergestapelt. Ganz unten lagert der älteste Sherry, in der obersten Reihe der jüngste.

- Von den untersten Fässern wird maximal ein Drittel pro Jahr für die Flaschenfüllung entnommen.
- Die fehlende Menge wird mit Sherry aus der zweiten Reihe aufgefüllt.
- Die zweite Reihe wiederum mit Sherry aus der dritten Reihe und so fort.

Bei Sherry gibt es durch dieses Soleraverfahren, das eine gleichbleibende Qualität garantiert, keine Jahrgangsbezeichnung.

Reifeprüfung durch den Venenciador: In hohem Bogen gießt er zielsicher den Sherry in die Copita (das Sherryglas). Durch den langen Strahl tritt der Wein in intensiven Kontakt mit Sauerstoff und entfaltet sein volles Aroma.

Venenciador	*Wenensiador*
Copita	*Kopita*
Very Old	*Werri Old*
Very Old Rare	*Werri Old Rähr*
Manzanilla	*Manzanija*
Amontillado	*Amontijado*
Pale Cream	*Päl Kriem*

Sherry mit Altersbezeichnung

- Very Old Sherry: 20 Jahre gereift
- Very Old Rare Sherry: 30 Jahre oder länger gereift

Sherrytypen

Fino	Manzanilla	Amontillado	Oloroso	Pale Cream und Cream	PX
Sehr trocken (extra dry), sehr helle, strohgelbe Farbe, leichte Mandeltöne. Der Fino gilt im Allgemeinen als der klassische Sherry.	Heller, frischer Fino, der in Sanlúcar de Barrameda ausgebaut wird (intensivere Florentwicklung, leicht salzig).	Gereifter Fino, bei dem die Florhefe abgestorben ist. Der Wein oxidiert und wird kraftvoller; bernsteinfarben; wird trocken und halbtrocken angeboten.	Dunkler als ein Fino, höherer Alkoholgehalt; körperreich; von Natur aus trocken, es gibt Varianten mit leichter Süße; markantes Walnussaroma, volles Bukett.	**Pale Cream:** eine Art gesüßter Fino; hell. **Cream:** dunklerer, süßer Sherry, besteht aus Oloroso und Süßwein aus der Moscatel- und/oder Pedro-Ximénez-Traube.	Süßeste Form, da die PX-Trauben (Abkürzung für Pedro Ximénez) vor der Verarbeitung in der Sonne getrocknet werden; sehr dunkel.

Bristol Cream *Bristl Kriem*
Fino Quinta *Fino Kinta*

Bekannte Sherrymarken und Erzeugerbetriebe

- Don Fino (Sandeman)
- Bristol Cream (Harveys)
- Tio Pepe (González Byass)
- Fino Quinta (Osborne)

Einkauf, Lagerung und Service

Sherry ist meist in 0,75-Liter-Flaschen erhältlich. Jeder Sherry ist bei der Flaschenabfüllung fertig ausgebaut, das heißt, er gewinnt durch Lagerung nicht mehr an Qualität.

Finos und Manzanillas sollten möglichst kühl, dunkel und vor allem nur kurze Zeit gelagert werden. Die anderen Sherrytypen sind bei der Flaschenlagerung weniger empfindlich.

Tapas (kleine Häppchen) und trockener Sherry – eine spanische Tradition

Wie verkaufe ich Sherry?

Wie serviere ich Sherry?

Am besten eignet sich die Copita, das klassische **Sherryglas,** aber auch ein Weißweinglas wäre möglich.

2.2 Portwein

Portwein kommt – wie sein Name schon sagt – von der Hafenstadt Porto aus dem Norden Portugals. Die Trauben dürfen nach portugiesischem Gesetz nur aus dem oberen Tal des Douro stammen (älteste DOP-Region der Welt, seit 1756).

Die Maische (meist aus roten Trauben) wird vergoren, bis ein bestimmter Alkoholgehalt erreicht ist. Nach dem Abpressen der Maische wird der **Gärprozess durch Zusatz von neutralem Weindestillat (Alkohol)** gestoppt. Die besten Portweine haben zwischen 19 und 22 Vol.-% Alkohol und eine Restsüße von 40–100 g/l.

In den Kellereien werden anschließend der Ausbau und Verschnitt der Grundweine zum endgültigen Produkt durchgeführt. Die Reifung kann entweder nur im Fass erfolgen oder Fass- und Flaschenreifung werden kombiniert. Die Lagerung dauert zwischen zwei und 50 Jahren.

Nach der Farbe unterscheidet man zwischen

- **rotem (Ruby) Port** – hellrubin- bis dunkelrot, fruchtig bis süß – und
- **weißem (White) Port** – nur aus weißen Trauben, hell- bis goldgelb, trocken, halbtrocken oder süß (eher selten).

Ideale Trinktemperatur

- Fino und Manzanilla: 10 °C
- Amontillado: 10–12 °C
- Oloroso: leicht gekühlt (12–14 °C) oder als Digestif (16–18 °C)
- Cream und PX: 12–14 °C oder 16–18 °C (Digestif)

Portweingebiet am Douro

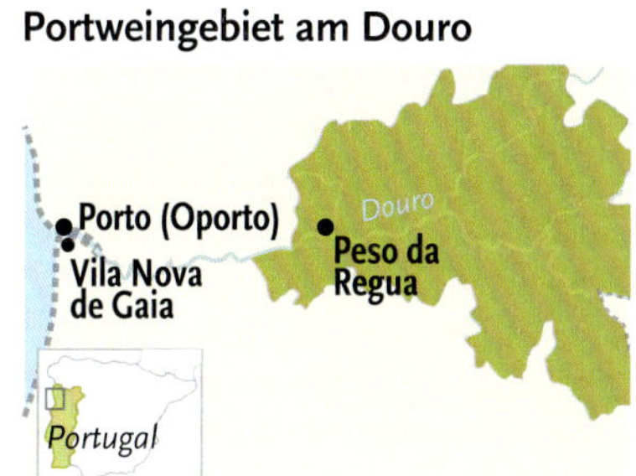

Haben Sie schon einmal etwas von Tonging gehört? Suchen Sie diesen Begriff in Fachbüchern zu Portwein oder auch im Internet.

Rote Portweintypen

Ruby Port	Tawny Port	Colheita	Vintage Port – Jahrgangsportwein	Late Bottled Vintage (LBV)
■ Verschnitt relativ junger Weine verschiedener Jahrgänge ■ Nach zwei bis drei Jahren Fasslagerung in Flaschen gefüllt ■ Aroma nach dunklen Früchten wie Johannisbeere, Brombeere ■ Reift nicht mehr	■ Verschnitt besonders guter Ruby Ports aus kleinen Eichenfässern ■ Helle Bernsteinfarbe mit rotem Schimmer ■ Aroma nach Nüssen bzw. Mandeln bis zu getrockneten Orangen oder Feigen ■ Lagert etwa fünf Jahre, besondere Qualitäten länger (Altersangabe!)	■ Verschnitt lange im Fass gereifter Ports eines Jahrgangs ■ Frühestens nach sieben Jahren in Flaschen abgefüllt ■ Erntejahr und Zeitpunkt der Abfüllung stehen auf dem Etikett	■ Selten, sehr teuer ■ Aus Weinen eines Spitzenjahrganges eines Weingutes ■ Nach zweijähriger Fasslagerung in Flaschen gefüllt ■ Reift Jahre bis Jahrzehnte ■ Anfangs tiefdunkel, im Alter heller ■ Vollreifes Beerenaroma, erinnert auch an Dörrpflaumen oder Nüsse	■ Wein eines Jahrganges, der sehr gut ist, aber nicht perfekt genug, um als Vintage zu gelten ■ Nach vier bis sechs Jahren Fasslagerung trinkreif abgefüllt ■ Erntejahr steht auf dem Etikett ■ Intensiv würziges Aroma (lange anhaltend)

Douro	*Dohro*
Ruby	*Rubi*
White	*Weit*
Tawny	*Tahni*
Colheita	*Kolijeita*
Vintage	*Wintitsch*
Late Bottled Vintage	*Leht botld wintitsch*
Tonging	*Tanging*
Niepoort	*Niport*
Croft	*Kroft*
Taylor	*Teilor*

Griffkorken haben auf dem Korken einen Griffteil aus Holz oder Kunststoff

Bekannte Portweinmarken

Niepoort

Graham's

Croft

Taylor

Als Trendgetränk gibt es heute auch Pink Port (süß, rosé, leicht, mit viel Fruchtaroma), oft gekühlt auf Eis.

Einkauf, Lagerung und Service

Portwein in Standardqualität ist fast überall erhältlich. Spitzenprodukte findet man vorwiegend in Vinotheken und bei Weinhandelsfirmen.

Portweinflaschen sollen kühl und dunkel lagern. Jahrgangsports werden liegend gelagert, alle Flaschen mit Griffkorken jedoch stehend.

Wie verkaufe ich Portwein?

Wie serviere ich Portwein?

Am besten eignet sich ein tulpenförmiges Glas für Portwein, in dem sich die Duftstoffe entfalten

Ideale Trinktemperatur

- White und Ruby Ports: 10–12 °C
- Tawny, Vintage Ports und LBV: 15–16 °C

2.3 Weitere Likörweine

Spanien und Portugal bieten auch noch weitere Likörweine – **Malaga** stammt wie der Sherry aus dem spanischen Andalusien und der **Madeira** kommt von der gleichnamigen portugiesischen Insel. Aber es gibt noch andere Quellen.

Likörweine haben einen erheblich höheren Alkohol- und Zuckergehalt als normale Weine. Beachten Sie also Hinweise Ihrer Gäste z. B. auf Diabetes (nicht geeignet!).

Ideale Trinktemperatur für alle weiteren Likörweine

- Als Aperitif: 10–12 °C
- Als Digestif: 16–18 °C

Madeiras Rebflächen liegen oft auf Klippen hoch über dem Meer

Malaga

Den weißen Grundweinen werden Mostkonzentrate und eine karamellisierte Zuckerlösung sowie Alkohol und alte Malagaweine beigemischt. Die guten Sorten werden nach dem Soleraverfahren wie Sherry veredelt.

Madeira

Junge Weißweine werden auf 18–20 Vol.-% aufgespritet. Die weitere Reifung und die Beigabe von Mostkonzentrat führen zum charakteristischen Karamellgeschmack. Je nach Rebsorte unterscheidet man: **Sercial** (trocken), **Verdelho** (halbtrocken), **Boal** (halbsüß bis süß), **Malmsey** (= Malvasia; sehr süß) oder **Tinta Negra** (aus roten Trauben). Madeiras sind sehr lange lagerfähig.

Samos

Weißer Likörwein der gleichnamigen griechischen Insel. Dem noch nicht voll vergorenen Most aus Muskatellertrauben wird Branntwein zugesetzt und so die Gärung gestoppt. Nach einer fünfjährigen Reifezeit in Eichenholzfässern besitzt der Samos einen natürlichen Alkoholgehalt von circa 14 Vol.-%. Er wird mit Branntwein auf 15 Vol.-% aufgespritet.

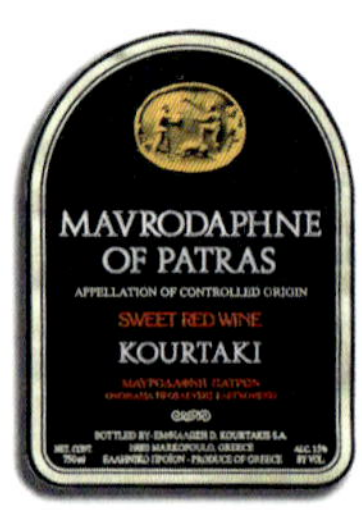

Mavrodaphne

Kräftiger roter Likörwein vom griechischen Peloponnes. Er wird mit Weingeist versetzt, um die Gärung zu stoppen; 15 Vol.-%.
Er braucht mehrere Jahre zur Reifung.

Marsala

Er kommt aus Sizilien (Italien) und wird aus Weißwein unter Zusatz von Weindestillat und/oder konzentriertem Traubenmost hergestellt. Der Marsala ist dunkelrot bis braun; 17 und 18 Vol.-%. Es gibt ihn in den Sorten **Vergine** (trocken), **Fine** (trocken bis süß) und **Superiore** (halbtrocken bis süß).

sercial	*sersjal*
Verdelho	*Verrdeljo*
Mavrodaphne	*Mawrodafne*
Vergine	*Werdschine*

3 Aromatisierte Weine

Lukas hört von aromatisierten Weinen und denkt: „Das klingt wie Glühweinsorten für kuschelige Winterabende ...?“

Ein aromatisierter Wein ist ein Wein-Aperitif, der mit natürlichen Zutaten wie Wermutkraut, Chinarinde oder Orangenschalen gewürzt wurde. Der Alkoholgehalt liegt bei mindestens 14,5 und höchstens 22 Vol.-%.

3.1 Wermut (Vermouth)

Wermut kommt ursprünglich aus
- Italien (süßer, roter Wermut) und aus
- Frankreich (sehr trockener, heller Wermut).

Heute gibt es, abhängig von Geschmack und Farbe, eine Reihe von Sorten.

Zusammensetzung von Wermut

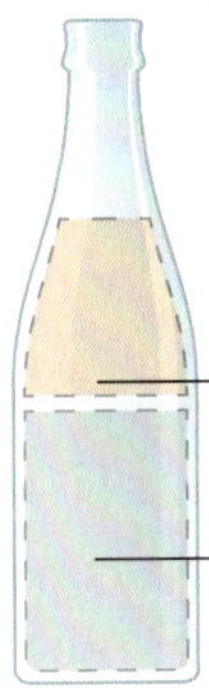

- Zusatz von Branntwein
- Zucker(couleur)
- verschiedene Kräuter wie Wermutkraut, Wacholder, Ysop, Orangen- und Zitronenschalen, Zimt und Koriander

70 bis 75 Prozent Wein

Die genaue Zusammensetzung ist das Geheimnis der Herstellerbetriebe.

Kleines Abc der Etikettensprache
- **Secco bzw. Extra Dry:** hellgelb, sehr trocken
- **Bianco:** dunkleres Gelb, süß
- **Rosé:** rosa, halbsüß
- **Rosso:** rotbraun, süß
- **Amaro:** rotbraun, bittersüß

⚠ Die roten Sorten werden auch aus weißen Trauben hergestellt – die Farbe erhalten sie durch die Zugabe von Zuckercouleur.

Bekannte Wermutmarken sind u. a.

Martini & Rossi Italien	Punt e Mes Italien
Cinzano Italien	Noilly Prat Frankreich
Contratto Italien	Dolin Frankreich

couleur	*kulöhr*
Cinzano	*Tschinzano*
Contratto	*Kontratto*
Noilly Prat	*Noji Pra*
Dolin	*Dolöh*

Die ideale **Trinktemperatur** beträgt 10–12 °C. Wermut wird häufig auf Eis (Würfel) und mit Zitronenzeste (also feinem Schalenstück) serviert.

Meist ist Wermut in Einliterflaschen oder 0,75-l-Flaschen erhältlich. Es empfiehlt sich, die Flaschen stehend und kühl zu lagern.

Gläser für Wermut

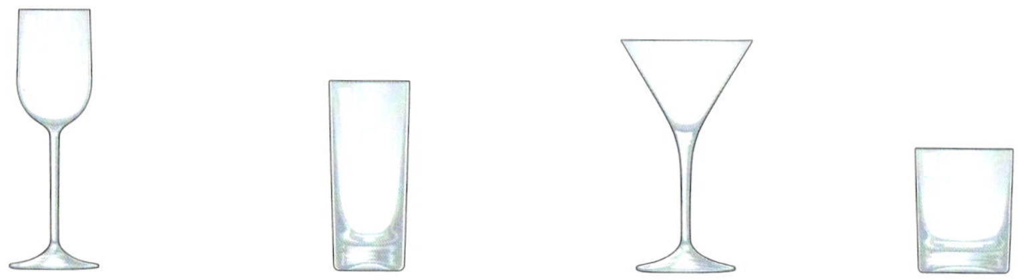

Süßweinglas | Kleiner Tumbler | Wermutglas | Old-Fashioned-Glas

3.2 Quinquinas (Kinas)

Diese Baumrinde gibt den Quinquinas ihren Geschmack

Was das Wermutkraut für die Herstellung von Wermut ist, ist die Chinarinde für die sogenannten Quinquinas.

Sie werden pur wie Wermut genossen, aber auch gerne in der Bar für Cocktails eingesetzt.

St-Raphaël
Französischer Aperitif, den es als Blanc (weiß) und Rouge (rot) gibt.

Dubonnet
Französischer Aperitif mit 16 Vol.-%; der Rouge ist rot und süß, der Blanc ist hell und halbtrocken.

Lillet
Französischer weißer, roséfarbener und roter Wein-Aperitif

Old-Fashioned	*Old-Fäschend*
Quinquinas	*Köhkinah*
St-Raphaël	*Säh Rafael*
Blanc	*Bloh*
Rouge	*Ruhsch*
Dubonnet	*Dubonneh*
Lillet	*Lijeh*

3.3 Weitere aromatisierte weinhaltige Getränke

Zu dieser Gruppe zählen viele regionale Getränke, die durchaus international bekannt und beliebt sind, wie z. B. Sangria, Glühwein.

Als Ausgangsbasis (mindestens 50 % des fertigen Getränks) dient entweder Weiß- oder Rotwein, auch Perl- oder Schaumwein bzw. Most. Der Alkoholgehalt liegt zwischen 7 und 14,5 Vol.-%.

Sangria wird mit Eiswürfeln und Orangenscheiben serviert

JA! Erlaubt sind
- Aromatisieren
- Mit Kohlensäure versetzen
- Süßen

NEIN! Verboten sind
- Meist ein Alkoholzusatz
- Färbung

4 Obstweine

Von ihrer Oma aus Werder im Havelland weiß Melina, dass aus Äpfeln, Birnen und anderen Früchten nicht nur Obstsaft, sondern auch Fruchtwein gewonnen wird. Ihre Oma kocht mit dem Fruchtwein eine herrliche Schaumsuppe. Melina erinnert sich auch an das Baumblütenfest, das jährlich stattfindet und die einheimischen Obstsorten in den Mittelpunkt stellt.

Obstweine bzw. Fruchtweine sind nach den allgemeinen Vorschriften des Lebensmittelrechts Getränke, die durch begonnene oder vollendete alkoholische Gärung des Saftes oder der Maische von Obst (außer Trauben) hergestellt werden.

Kernobst	Steinobst	Beeren

Apfelwein Birnenwein	Kirschwein	Wein aus roten Johannisbeeren, Himbeeren, Holunderbeeren

Meist sind die Obstweine klar, sie können aber auch naturtrüb, also ungefiltert, angeboten werden.

Most spielt in Regionen, wo Weinbau wegen des rauen Klimas nicht mehr möglich ist, eine wichtige Rolle. Most und Mostsekte haben hinsichtlich Qualität und Vielfalt in den letzten Jahren stark zugenommen.

Im Süden Deutschlands (vor allem in Baden-Württemberg), aber auch im Norden (im sogenannten Alten Land) gibt es zahlreiche regionale Mostsaftspezialitäten, die bei den Gästen sehr gut ankommen.

Daneben gibt es auch Obstschaumweine (siehe Imprägnierverfahren, Seite 165) wie Aprikosen-, Johannisbeer-, Erdbeer-, Sauerkirsch-, Pfirsich- und Birnenschaumwein sowie Obstdessertweine.

Obst(schaum)weine werden gerne als Aperitif eingesetzt, sind aber auch hervorragende Begleiter zur Brotzeit, zu regionalen Spezialitäten oder Käsetellern.

Obstweine können mit Mineralwasser oder alkoholfreien Getränken gemischt werden (z. B. Most mit Holundersaft, Apfelsaft oder Kräuterlimonade).

Französischer Apfelwein aus der Normandie heißt Cidre, englisch Cider

(F) Cidre — *Sidre*
(GB) Cider — *Seider*

Für qualitativ herausragende, besonders regionstypische Obstweine kann das Zertifikat „geschützten Ursprungs" (g. U.) beantragt werden. Dies ist dann auf dem Etikett zu lesen.

Ziele erreicht? – „Produkte auf der Basis von Wein“

KOMPETENZ-ERWERB

1. Bringen Sie die Herstellungsschritte für Champagner in die richtige Reihenfolge (1–9):

☐ Degorgierung	☐ Verkorkung	☐ Erste Gärung
☐ Kelterung	☐ Zweite Gärung	☐ Rütteln und Lagerung
☐ Cuvéebereitung	☐ Dosierung (Versanddosage)	☐ Lagerung und Adjustierung

2. Nennen Sie vier Champagnerbetriebe und vier Schaumweinmarken, die in Europa gängig sind.
3. Erklären Sie die Begriffe

   Blanc de Blancs ______

   Jahrgangschampagner ______

   Cava ______

   Winzersekt ______

   Asti Spumante ______

   Crémant ______

   Prosecco ______

   Frizzante ______

4. Geben Sie an, bei welcher Trinktemperatur Schaumwein üblicherweise serviert wird.
5. Welche Gläser eignen sich für Schaumwein am besten? Beschreiben Sie sie.
6. Nennen Sie vier Typen bei Sherry.

   1 ______ 2 ______

   3 ______ 4 ______

7. Zählen Sie je mindestens drei bekannte Sherry- und Portweinmarken auf.

   Sherrymarken ______

   Portweinmarken ______

8. Ein Gast erzählt Ihnen von einem alten Portwein, den er seit vielen Jahren im Keller lagert. Worauf muss er beim Öffnen besonders achten? Erklären Sie ihm die Besonderheiten.
9. Beschreiben Sie folgende Getränke einem Gast:

   Samos ______

   Marsala ______

   Malaga ______

10. Nennen Sie mindestens zwei Arten von aromatisierten Weinen und beschreiben Sie kurz deren Einsatz in der Gastronomie.
11. Empfehlen Sie einem Gast einen Obstwein zu einem passenden Gericht und erklären Sie ihm dessen Herstellung.

Spirituosen

Spirituosen ist laut EU-Verordnung ein **Sammelbegriff für alkoholische Getränke,** die
- für den menschlichen Verzehr geeignet sind,
- besondere sensorische Eigenschaften (z. B. Geruch, Geschmack) haben und
- mindestens 15 Vol.-% Alkohol (mit Ausnahme von Eierlikör: 14 Vol.-%) aufweisen.

In den letzten Jahren hat sich im Bereich der Spirituosen ein höheres Qualitätsbewusstsein breitgemacht. Die Gäste verlangen gezielt nach einem speziellen Produkt und trinken zum Beispiel einen hochwertigen Rum auch pur. Durch die neue Barkultur und eine breitere Information fordern Gäste vermehrt, dass der bestellte Cocktail mit einer bestimmten Spirituose zubereitet werden soll.

Deutsche Destillationsbetriebe erzeugen neben vielen Obstdestillaten bester Qualität mittlerweile auch Wodkas, Whiskys oder Gins. Außerdem sind Spezialabfüllungen bzw. Kleinstabfüllungen im Handel, wie z. B. beim Whisky von sogenannten Independent Bottlers (unabhängigen Abfüllern, die Whisky von verschiedenen Produzenten kaufen und selbst abfüllen) .

Den Vorgang, der notwendig ist, um trinkfertigen Alkohol zu gewinnen, nennt man **Destillation.** Spirituosen lassen sich aus jedem Rohstoff gewinnen, der vergoren werden kann (also genügend Zucker bzw. Stärke enthält, der bzw. die sich in Alkohol umwandeln lässt).

KOMPETENZ-ERWERB

Meine Ziele

Nach Bearbeitung dieses Kapitels kann ich
- die Herstellung von Spirituosen und die entsprechenden Erzeugungsverfahren erklären und die Qualitätsbezeichnungen für Destillate nennen;
- im Praxisunterricht die Eigenheiten von verschiedenen Spirituosengruppen erklären und einen perfekten Service dieser Spirituosen durchführen;
- Gästen wertvolle Hintergrundinformationen zu Spirituosen und passende Markenempfehlungen geben.

Independent Bottlers *Indipendent Botlers*

1 Herstellung

Blättern Sie zurück auf Seite 65 und lesen Sie den Artikel „Wie entsteht Alkohol?“ nochmals. Das wird Ihnen helfen, die Beschreibung des Herstellungsprozesses besser zu verstehen.

Lukas erfährt von einem Schnapsbrenner: „Brennen von Spirituosen ist gar nicht so einfach. Am Anfang des Brennvorgangs lösen sich leicht flüchtige Stoffe, wie das giftige Methanol und der Geschmack ist recht bitter, am Schluss dann die sogenannten Fuselstoffe. Nur das Mittelstück verspricht Qualität. Das herauszufinden, nennt man die hohe Kunst des Brennens.“

Will man hochprozentige Spirituosen erzeugen, muss man aus dem Ausgangsprodukt (Wein, Obstwein oder anderen vergorenen Säften) den Alkohol herausziehen. Dies erreicht man durch verschiedene Destillationsverfahren. Nachfolgend ist die grundsätzliche Vorgangsweise bei den drei wichtigsten Rohstoffen dargestellt.

Ausgangsprodukt Wein (einfachste Herstellung)

Destillieren (Alkohol wird konzentriert und möglichst von den übrigen Stoffen getrennt.)

Ausgangsprodukt Obst

- Maischen (Obst zerkleinern, Zucker wird freigesetzt)
- Hefe zusetzen
- Gärung (Zucker wird in Alkohol umgewandelt)
- Destillieren

Ausgangsprodukt Getreide

- Eventuell Mälzen (Getreide + Wasser, Stärke wird frei)
- Eventuell über Torffeuer trocknen
- Schroten (Zerkleinern)
- Maischen (Schrot + Wasser, Stärke wird zu Zucker)
- Hefe zusetzen
- Gärung
- Destillieren

Billiger Ethylalkohol für einfache Spirituosen wird aus Kartoffeln oder Zuckerrüben gewonnen.

Ethylalkohol *Etülalkohol*

Siedepunkte (Wann verdampft was?)

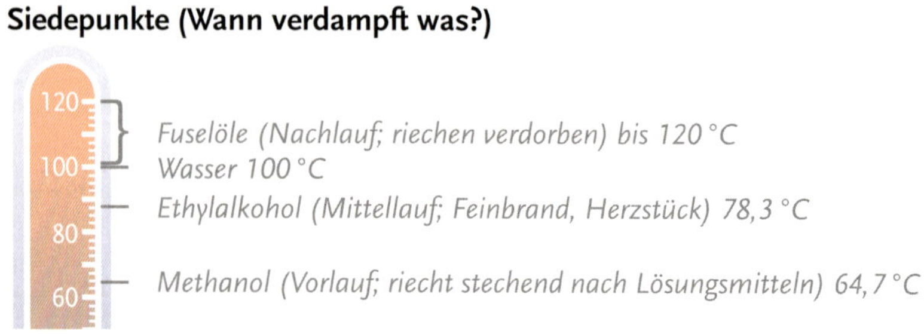

Je genauer bzw. je öfter destilliert wird, umso reiner erhält man die einzelnen Bestandteile.

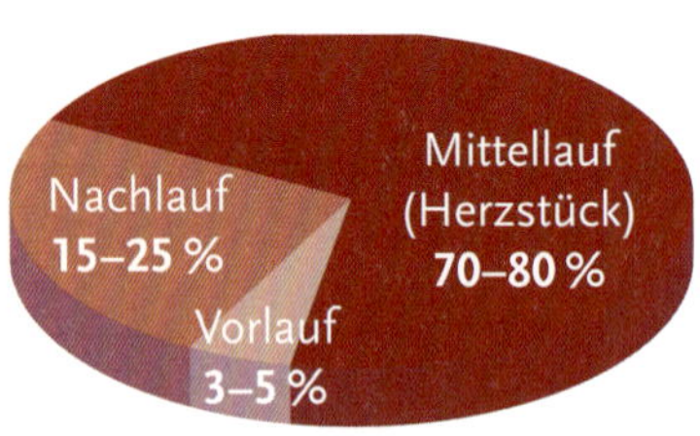

Brennphasen/Ergebnis einer Destillation

Destillation und Fertigstellung von Spirituosen

Schritt 1

Destillation

Da Alkohol vor Wasser zu verdampfen beginnt, muss man die Alkoholdämpfe rechtzeitig auffangen und durch Kühlung wieder verflüssigen. Diesen Vorgang nennt man Destillieren. Je öfter destilliert wird, desto höher ist der Alkoholgehalt. Bei der ersten Destillation entsteht der Raubrand mit einem Alkoholgehalt von 30 Vol.-%. Bei der zweiten Destillation werden Vor- und Nachlauf ausgeschieden. Verwendet wird der Mittellauf (Feinbrand) mit einem Alkoholgehalt von 60 bis 70 Vol.-%.

Schritt 2

Lagern und Reifen

Ebenso wichtig wie das Brennen sind das Lagern und Reifen. Meist werden Holzfässer oder Edelstahltanks bzw. Glasballons verwendet.
Durch das Lagern wird die Schärfe des Alkohols gemildert und es bildet sich das charakteristische Aroma der einzelnen Destillate.

Schritt 3

Verschneiden

Viele Destillate werden nach der Reifung verschnitten. Das sogenannte Blending ist eine besondere Kunst.
Ziel ist es, ein Produkt zu erzeugen, das unverwechselbar ist und immer gleiche Qualität aufweist.

Barrel Proof	*Bärrel Pruhf*
Cask Strength	*Kask Strengs*
Pot-Still	*Pot-Sstill*
Patent-Still	*Peitent-Sstill*

Schritt 4

Herabsetzen auf Trinkstärke

Meist werden die Destillate verdünnt, das heißt durch die Zugabe von reinem Quellwasser bzw. destilliertem oder demineralisiertem Wasser auf Trinkstärke gebracht. Es gibt auch Spirituosen, die nicht verdünnt werden. Auf den Etiketten liest man dann Bezeichnungen wie **Barrel Proof** oder **Cask Strength**.

Demineralisiertes Wasser = entsalztes Trinkwasser.

Die meisten Spirituosen werden erst kurz vor dem Versand abgefüllt, da sie in der Flasche nicht mehr reifen.

Pot-Still-Verfahren/Brennblasen

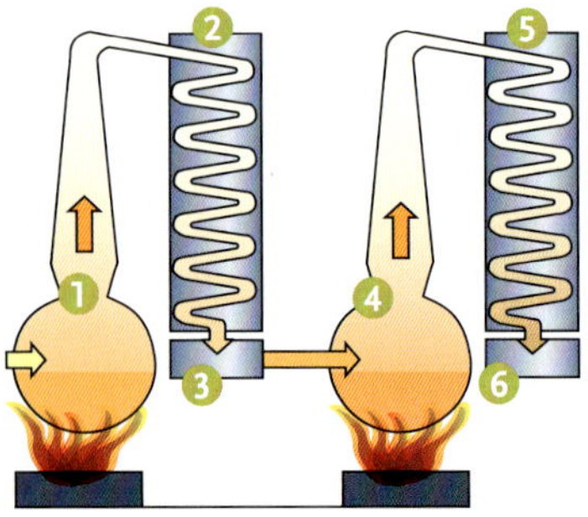

1 Würzblase
2 Kondensator
3 Raubrandbehälter
4 Alkoholblase
5 Kondensator
6 Sammelbehälter

Meist sind zwei Brennblasen hintereinandergeschaltet, um die beste Qualität (den Mittellauf) in der zweiten Blase noch zu verfeinern (z. B. für Malt Whisky oder Edelobstbrände).

Patent-Still-Verfahren/Kolonnenbrennverfahren

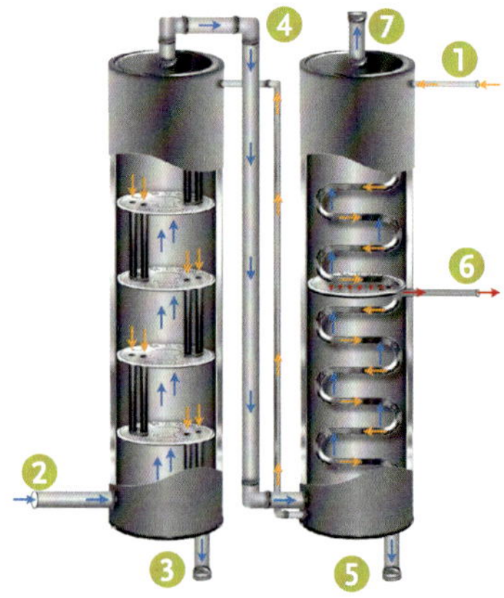

1 Würze
2 Wasserdampf
3 Ausscheiden der übrigen Flüssigkeit
4 Dampfleitung
5 Ausscheiden von Vor- und Nachlauf
6 Sammelbehälter für Mittellauf
7 Ablassventil für überschüssigen Wasserdampf

Gleichmäßige Destillation mit einem Mittellauf mit sehr hohem Alkoholgehalt (z. B. für Wodka, Grain Whisky)

Das Patent-Still-Verfahren ist wirtschaftlicher, da es in gleicher Zeit den Destillationsvorgang des Pot-Still-Verfahrens 20-mal wiederholt.

„Feuerwasser" ist noch heute gleichbedeutend mit Hochprozentigem

2 Arten von Spirituosen

Schnaps ist gleich Schnaps, denkt Melina. Doch ihre Freundin, die in einer Hotelbar arbeitet, meint, dass sie Spirituosen in verschiedene Gruppen einteilt. Dadurch hat sie einen besseren Überblick und kann Gäste ganz leicht bei der Wahl aus dem vorhandenen Angebot beraten.

Spirituosengruppen nach dem Grundprodukt

Weindestillate	Getreidedestillate	Obstdestillate	Sonstige Destillate	Liköre
Cognac Armagnac Weinbrand/Brandy (Wein)Hefebrand Tresterbrand	Whisk(e)y Gin Genever Aquavit Wodka Korn & Kümmel	Obstbrände (wie Calvados, Obstler, Slibowitz) Obstgeiste (wie Himbeergeist)	Wie Tequila aus Agaven, Rum oder Cachaça aus Zuckerrohr	Edelliköre (wie Grand Marnier rouge), Emulsionsliköre (wie Baileys), Bitterliköre (wie Averna)

Das Wort **Premium** soll bei Markenartikeln eine höhere Qualität des Erzeugnisses anzeigen, z. B. bei Whisk(e)ys, die länger reiften. Diese Produkte sind auch meist teurer.

Bei Spirituosen gibt es **geschützte geografische Angaben** (z. B. Haselünner Korn, Schwarzwälder Kirschwasser, Berliner Kümmel, Fränkischer Obstler, Ettaler Klosterlikör).

2.1 Weindestillate

Cognac

Cognac ist ein Destillationsprodukt aus Weißweinen, die nur aus dem in Frankreich **gesetzlich geschützten Gebiet der Charente** kommen. Die Hauptrebsorte ist Ugni Blanc. Des Weiteren werden Folle Blanche und Colombard verwendet. Unter allen Weindestillaten der Welt gilt Cognac als das vornehmste Destillat, mit Eleganz und Finesse.

Cognac wird nach dem **Alambic-Verfahren** hergestellt und als Besonderheit **zweimal destilliert.** Danach wird Cognac **in Holzfässern** aus Limousin-Eiche gelagert, was sein mildes Aroma und seine goldgelbe Farbe erklärt. Ab dem 1. April (folgend auf das Erntejahr) muss das Destillat **mindestens zwei Jahre** in den Fässern reifen, bevor es in den Handel kommt. Nach der Reifung werden verschiedene Cognacdestillate miteinander verschnitten und mit destilliertem Wasser auf Trinkstärke verdünnt.

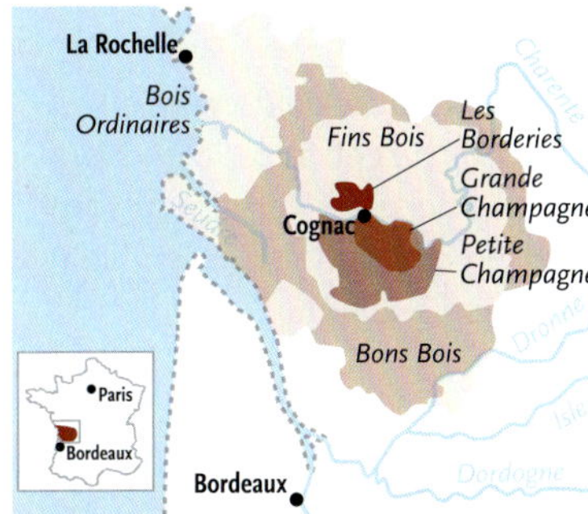

Die **Charente,** deren Hauptstadt Cognac ist, wird in sechs Qualitätszonen eingeteilt. Der beste Cognac kommt aus der Grande Champagne (nicht mit dem Gebiet des Schaumweines Champagner verwechseln!).

Qualitätsstufen – Cognac

VS (Very Special) oder ☆☆☆ (3 Sterne/Trois Étoiles)
Cognac, dessen jüngstes Destillat mindestens zwei Jahre alt ist
Einfache Qualität

VSOP (Very Superior Old Pale) oder Réserve
Cognac, dessen jüngstes Destillat mindestens vier Jahre alt ist
Mittlere Qualität

Napoléon oder XO (Extra Old)
Cognac, dessen jüngstes Destillat mindestens sechs Jahre (ab 2016 mindestens 10 Jahre) alt ist
Höchste Qualität

VS von Martell, VSOP von Baron Otard, XO von Hennessy und die legendäre Black Pearl Louis XIII von Rémy Martin

Bekannte Cognacmarken

- Baron Otard
- Rémy Martin
- Camus
- Courvoisier
- Martell
- Hennessy

Armagnac

Armagnac gibt es nachweislich schon länger als Cognac. Er wird im Südwesten Frankreichs, in der **Gascogne**, erzeugt. Im Gegensatz zu Cognac wird Armagnac im **Patent-Still-Verfahren** gleichmäßig destilliert.

Armagnac darf sowohl mit
- Jahrgangsangabe (Millésimé) als auch als
- Verschnitt, der sich wie bei Cognac auf das jüngste Destillat bezieht,
abgefüllt werden.

Cognac	*Konjak*
Charente	*Scharohnt*
Ugni Blanc	*Üni Bloh*
Folle Blanche	*Foll Blohsch*
Colombard	*Kolombahr*
Alambic	*Alohmbik*
Limousin	*Limosöh*
Baron Otard	*Baroh Otahr*
Rémy Martin	*Remi Martäh*
Camus	*Camüh*
Courvoisier	*Kuhrwoasjeh*
Armagnac	*Armanjak*
Gascogne	*Gaskonje*
Grande Champagne	*Grohnd Schampanj*
Black Pearl Louis XIII	*Bläk Pöhrl Lui Trähs*

Weindestillate werden auch für Mixgetränke, zum Flambieren oder zum Verfeinern von Speisen eingesetzt. Finden Sie je ein Beispiel dafür.

Clés des Ducs	*Kleh de Dük*
Janneau	*Schannoh*
Marquis de Montesquiou	*Marki dö Monteskju*
Brandy	*Brendi*
Brandy de Jerez	*Brendi de Heress*
Eau-de-vie de vin	*Oh dö Wie dö Wöh*
Bouchet	*Buscheh*
Mariacron	*Mariakron*
Chantré	*Schontreh*
Miguel	*Migel*
Cardenal Mendoza	*Kardenal Mendosa*
Osborne	*Osborn*
Vecchia Romagna	*Wekia Romahnja*
Marc	*Mahr*
Side Car	*Seid Kar*
Collinses	*Kollinsis*
Fizzes	*Fissis*
Sours	*Sauers*

Weinbrand und Cognac zählen zu den Basisspirituosen in der Bar (z. B. für Alexander, Side Car, Sekt- und Champagnercocktails, Collinses, Fizzes, Sours).

Bekannte Armagnacmarken

Clés des Ducs

Janneau

Marquis de Montesquiou

Einfache Unterscheidung Cognac, Armagnac	
Cognac	**Armagnac**
Aus der Charente	Aus der Gascogne
Pot-Still-Verfahren	Patent-Still-Verfahren
Selten Jahrgangsproduktion	Meist Jahrgangsproduktion
Keine Zusätze erlaubt	Zusätze von Naturextrakten (Nuss, Dörrpflaume, Veilchenwurzel) erlaubt

Weinbrand/Brandy

Weinbrände oder, wie im Süden gerne gesagt wird, Brandys werden in vielen Ländern erzeugt. Nicht in allen Ländern muss Weinbrand laut Gesetz ein Edelbrand aus hundert Prozent Wein sein.

Es gibt fast in jedem Land geschützte geografische Ursprungsbezeichnungen: z. B. **Brandy de Jerez** aus Spanien oder **Eau-de-vie de vin** aus Frankreich (außerhalb des Cognac- und des Armagnacgebietes).

Die Altersbezeichnung wird bei Weinbränden häufig mit Sternen gekennzeichnet.

Bekannte Weinbrandmarken

- (D) **Deutschland:** Asbach Uralt, Scharlachberg, Mariacron, Chantré, Debussy
- (A) **Österreich:** Bouchet, Stock, Spitz
- (E) **Spanien:** Miguel Torres Imperial, Cardenal Mendoza, Osborne
- (I) **Italien:** Vecchia Romagna
- (GR) **Griechenland:** Metaxa

Tresterbrand (Marc in Frankreich, Grappa in Italien)

Er wird aus den Pressrückständen der Weinmaische (Weintrestern) hergestellt (siehe Weinherstellung, Seite 86 ff.) und ist grundsätzlich glasklar. Als Besonderheit werden manche im Holzfass gelagert (leicht gelbliches Endprodukt) bzw. rebsortenrein hergestellt (z. B. Grappa di Brunello, Grappa di Chardonnay).

Bekannte Tresterbrandmarken

- (D) **Deutschland:** Marder Edelbrände, Peter Lauer, Gutzler, Weingut und Destillerie Burgunderhof
- (A) **Österreich:** Jurtschitsch, Bründlmayer, Kollwentz, Kracher, Lagler
- (I) **Italien:** Nonino, Grappa Julia, Piave
- (F) **Frankreich:** Marc de Champagne, Marc de Bourgogne, Marc d'Alsace (verschiedene Herstellerbetriebe)

(Wein-)Hefebrand (Gelägerbrand, Glöger)

Nach der Gärung von Wein setzen sich am Fassboden alle festen Bestandteile ab, vor allem abgestorbene Hefe. Nach dem Abziehen des Weines von diesem Geläger (siehe Weinerzeugung, Seite 88) werden diese Rückstände nochmals gepresst. Dieser Gelägerpresswein wird destilliert.

Bekanntes deutsches Produkt: Vallendar Hefebrand aus dem Barrique

Verkauf und Service von Weindestillaten

Wie verkaufe ich Weindestillate?

Wie serviere ich Weindestillate?

Schenken Sie hochwertige Weindestillate wie Cognac immer vor dem Gast aus der Flasche ins Glas ein. Sehr alte Cognacs können Sie auch aus besonderen Dekantern anbieten.

Ideale Trinktemperaturen für Cognac bzw. Weinbrand
- *Cognac „on the rocks", also mit Eis, ist international durchaus üblich*
- *Europäisches Ideal: 18 °C*

Ideale Trinktemperaturen für Grappa
- *Klarer Grappa: 8–10 °C*
- *Besondere Qualitäten: bis 18 °C*

Gäste aus dem asiatischen Raum haben besondere Vorlieben. Sie trinken gerne gekühlten Cognac und genießen ihn auch als Aperitif oder – verdünnt mit Wasser – zum Essen.

Gläser für Weindestillate

Cognacschwenker (auch für Weinbrand)

Klassisches Cognacglas (Nosing Glas)

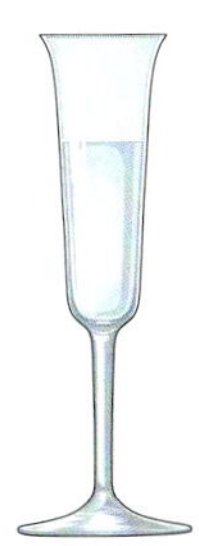

Grappaglas

Es ist eine Unsitte, die Cognacgläser anzuwärmen – das zerstört die feinen Aromen.

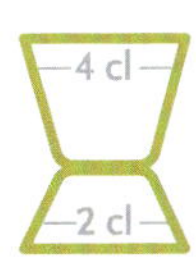

Ausschankmaß für Weindestillate: 2 bzw. 4 cl

Whisk(e)y zählt zu den Basisspirituosen in der Bar (z. B. für Old Fashioned, Manhattan, Whiskey sour).

Whiskey	*Wiski*
Old Fashioned	*Old Fäschend*
Manhattan	*Mänhätn*
Whiskey sour	*Wiski sauer*

2.2 Getreidedestillate

Whisky & Whiskey

Whisk(e)y ist der bedeutendste aller Getreidebrände und kommt ursprünglich aus Schottland und Irland. Ein Whisk(e)y muss aus **Getreidemaische** destilliert und **mindestens drei Jahre in Holzfässern** gelagert werden. Produkte, die diese Punkte nicht erfüllen, dürfen im EU-Raum nicht als Whisk(e)y verkauft werden.

Die Schreibweisen Whisky und Whiskey sollten ursprünglich den schottischen Whisky vom irischen Whiskey unterscheiden.

Scotch Whisky

Schottischer Whisky hat als einziger Whisky das typische **Raucharoma.** Dieses entsteht beim Darren bzw. Trocknen des Getreidemalzes über **Torffeuer**. Für dieses Feuer wird getrocknete Moorerde (Torf) als Brennstoff benutzt. Aber auch das weiche, klare Berg- und Moorwasser Schottlands ist für die Qualität von größter Bedeutung.

Scotch Whisky lagert mindestens drei Jahre in Eichenfässern. Spitzenprodukte reifen auch 12 Jahre und mehr.

Scotch Whisky	*Skotsch Wiski*
Malt Whisky	*Mohlt Wiski*
Single Malt	*Singl Mohlt*
Blended Malt	*Blendid Mohlt*
Glenfiddich	*Glenfiddig*
Knockando	*Nockendu*
The Macallan	*Sie Mäkellen*
Bowmore	*Bohmuhr*
Laphroaig	*Lafreig*
Lagavulin	*Lägawulin*
Grain Whisky	*Grein Wiski*
Invergordon	[illegible]
Cameronbridge	*Kämeronbridsch*
Blended Scotch	*Blendid Skotsch*
Johnnie Walker	*Dschonni Wohka*
White Horse	*Weit Hors*
Cutty Sark	*Katti Sahk*
Black & White	*Bläk end Weitt*
Ballantine's	*Bällenteins*
Grant's	*Gränts*
Premium Scotch Blends	*Primium Skotsch Blends*
Black Label	*Bläk Läbl*
Chivas Regal	*Schiwas Riegl*
Dimple	*Dimpl*

Malt Whisky

- Aus gemälzter Gerste
- Über Torffeuer gedarrt
- Pot-Still-Verfahren
- **Single Malt**: aus einer einzigen Destillerie
- **Blended Malt**: aus verschiedenen Malt Whiskys unterschiedlicher Destillerien

Bekannte Marken

Ardbeg, Glenfiddich, Knockando, The Macallan, Bowmore, Laphroaig, Lagavulin

Grain Whisky

- Aus Mais, ungemälzter Gerste, Weizen und anderem Getreide
- Patent-Still-Verfahren
- Mild, leicht
- Wenig Farbe
- Meist zum Blending mit Malt Whisky

Bekannte Marken

Invergordon, Cameronbridge

Blended Scotch Whisky

- Blended heißt gemischt
- Aus Grain Whiskys und Malt Whiskys unterschiedlicher Jahrgänge und Herkunft
- Stets der gleiche Geschmack (markentypisch)

Bekannte Marken

Johnnie Walker, White Horse, Cutty Sark, Black & White, Ballantine's, Grant's, Bell's

Viele bekannte **Premium Scotch Blends** enthalten einen höheren Anteil an Malt Whiskys, z. B. Johnnie Walker Black Label, Chivas Regal, Dimple.

Irish Whiskey

Der klassische Irish Whiskey wird aus ungemälzter und gemälzter **Gerste** hergestellt, die im Heißluftofen gedarrt wurde. Deshalb ist der typische Irish Whiskey auch ohne Raucharoma. Irish Whiskey wird meist dreimal im **Pot-Still-Verfahren** destilliert und **in gebrauchten Bourbon-, Sherry- oder Portweinfässern** mindestens drei Jahre gelagert. Bedeutung haben auch die Irish Blended Whiskeys, die aus ungemälzten Getreidesorten mit einem Anteil Gerstenmalz erzeugt werden.

Bekannte Irish-Whiskey-Marken

Paddy

Tullamore Dew

Jameson

Bushmills

Irish Whiskey	*Eirisch Wiski*
Paddy	*Päddi*
Tullamore Dew	*Tallamohr Dschu*
Jameson	*Dscheimäsn*
Bushmills	*Buschmills*

American Whiskey

American Whiskey ist eigentlich ein Begriff, der kaum in Gebrauch ist. Wir verwenden ihn, um alle Whiskeys zusammenzufassen, die **in den USA erzeugt** werden.

Bourbon Whiskey

- Ursprünglich aus dem amerikanischen Bundesstaat Kentucky (nach einem Bezirk mit dem Namen Bourbon)
- Aus mindestens 51 % Mais (plus Roggen und Gerste)
- Patent-Still-Verfahren
- Lagert mindestens zwei Jahre in neuen ausgebrannten Eichenfässern
- **Straight Bourbon**: aus einer einzigen Destillerie
- **Blended Straight Bourbon**: aus verschiedenen Straight Bourbons unterschiedlicher Destillerien
- **Blended Bourbon:** aus verschiedenen Bourbons, aber mindestens 51 % Straight

Bekannte Marken

Jim Beam, Old Grand Dad, Old Forester, Four Roses

Kentucky Straight Bourbon stammt auch heute nur aus dem Bundesstaat Kentucky.

American Whiskey	*Ämerikän Wiski*
Bourbon	*Börben*
Kentucky	*Kentaki*
Straight	*Ssträit*
Blended	*Blendid*
Jim Beam	*Dschim Biem*
Old Grand Dad	*Old Gränd Däd*
Four Roses	*For Rosis*
Tennessee	*Tenesie*
Jack Daniel's	*Dschäk Dänjels*
Rye Whiskey	*Rai Wiski*
Wild Turkey	*Weild Törki*
Sour-Mash	*Sauer-Mäsch*
Lincoln-County	*Linken-Kaunti*

Tennessee Whiskey

- Entsteht ähnlich wie Bourbon
- Unterschied: aufwendiges Filtrieren durch Holzkohle
- Daher ungewöhnlich milder Charakter

Bekannte Marke

Jack Daniel's

Geschmacksverstärkung beim Tennessee Whiskey

Bei der Sour-Mash-Methode (Lincoln-County-Verfahren, auf dem Etikett vermerkt) wird ein Teil der Flüssigkeit, die sich nach der Destillation als Rückstand gebildet hat, nochmals zur Maische in den Gärbottich gegeben (wie Sauerteig bei der Brotherstellung).

Rye Whiskey

- Aus mindestens 51 % Roggen (Rye = Roggen)
- Lagert mindestens zwei Jahre in neuen ausgebrannten Eichenfässern

Bekannte Marken

Wild Turkey Rye, Jim Beam Rye

Canadian Whisky

Dies ist immer ein **Verschnitt von Whiskys aus Roggen, Mais und anderen Getreidesorten.** Canadian Whisky wird meist im **Patent-Still-Verfahren** erzeugt und lagert mindestens drei Jahre in neuen oder gebrauchten Eichenfässern (Bourbon- oder Sherryfässern). Kanadische Whiskys sind leicht und relativ geschmacksneutral.

In Kanada ist gesetzlich bei Whisky etwas mehr erlaubt, z. B. eine Färbung und Aromatisierung mit Sherry, Fruchtweinen oder anderen Destillaten.

Auch in **Deutschland** wird von einigen Brennereien **Whisky** gebrannt, z. B. Slyrs, The Alrik (Harzer Hammerschmiede), Sloupisti (Spreewaldbrennerei).

Bekannte Canadian-Whisky-Marken

Black Velvet

Canadian Club

Seagram's VO

Seagram's Crown Royal

Gin

Gin wird auf Basis von klarem Neutralalkohol mit **Wacholder** und unter Zugabe von **Botanicals** (Beeren, Rinden, Samen Früchten, Fruchtschalen, Wurzeln etc.) hergestellt.

- **London (Dry) Gin:** darf bis zu einer Gesamtmenge von 0,1 Gramm Zucker je Liter gesüßt werden.
- **New Western Style Gin:** eine moderne Art, bei der Wacholder nicht dominant ist. Im Vordergrund stehen Aromen von Blüten und Früchten.
- **Plymouth Gin:** leicht gesüßt, vollmundig, „erdig"; darf nur innerhalb der Stadtgrenzen der Hafenstadt Plymouth destilliert werden.
- **Old Tom Gin:** süßer als London Gin; ursprüngliche Form des Gins.
- **Versetzte Gins:** z. B. Sloe Gin (mit Schlehen)

Gin wird selten pur getrunken. Er zählt zu den Basisspirituosen in der Bar (z. B. für Martini, White Lady, Negroni, Alexandra, Gin Tonic, Gin Fizz, Gin Sour, Tom Collins)

Bekannte Gin-Marken

Beefeater

Gilbey's

Gordon's

Tanqueray

Bombay Sapphire

Hendrick's

Genever

Gebrannt wurde die auch als Jenever bezeichnete Spirituose schon Ende des Mittelalters in Holland (Niederlande). Heute wird Genever in vielen Ländern produziert. Seine Bestandteile sind Gerste, Roggen und Mais unter Verwendung von Darrmalz, Wacholderbeeren und Gewürzen. Er durchläuft drei Brennvorgänge.

Bekannte Genever-Marken

Bols

De Kuyper

Canadian	*Käneidiän*
Black Velvet	*Bläk Welwet*
Canadian Club	*Käneidiän Klab*
Seagram's VO	*Siegrams Wio*
Crown Royal	*Kraun Rojäl*
Dry Gin	*Drei Dschin*
London	*Landen*
Plymouth	*Plimas*
Sloe	*Slo*
Almond	*Ahmend*
Botanicals	*Botänikals*
Beefeater	*Biefiter*
Gilbey's	*Gilbies*
Gordon's	*Gordns*
Tanqueray	*Tänkerai*
Bombay Sapphire	*Bombei Säffeia*
Hendrick's	*Hendriks*
Genever	*Schenewer*
White Lady	*Weit Leidi*
De Kuyper	*Dekauper*

Einfache Unterscheidung Gin, Genever	
Gin	**Genever**
Aus England	Aus den Niederlanden
Aus Neutralalkohol	Aus Getreidemaische im Pot-Still-Verfahren (ähnlich wie Whisky ein Getreidebrand mit Getreidearoma)

Eine Spirituose auf Ginbasis mit Kräutern ist der in England hergestellte Pimm's No 1 Cup. Ein Mixrezept damit finden Sie im digitalen Zusatzpaket.

Aquavit (Akvavit)

Die Heimat des Aquavits sind die skandinavischen Länder und Norddeutschland. Er wird aus Korn und Neutralalkohol unter Verwendung von Kräutern und Gewürzen (hauptsächlich Kümmel, Dill und Wacholderbeeren) hergestellt. Wörtlich heißt Aquavit Lebenswasser.

Bekannte Aquavit-Marken

Aalborg

Arcus AS (Linie Aquavit)

Malteserkreuz

Bommerlunder

Linie Aquavit ist milder, da die Spirituose 19 Wochen zur Reifung in alten Sherryfässern auf Schiffen über den Äquator und wieder zurück gefahren wird.

Wodka

Die Heimat des Wodkas liegt in Polen und Russland. Als Grundmaterialien dienen Getreidemischungen, Melasse (Zuckerrübensirup), aber auch Kartoffeln. In Osteuropa wird zur Wodkaherstellung hauptsächlich Roggen verwendet. Wodka wird durch mehrmaliges Destillieren (meist im Patent-Still-Verfahren) erzeugt.

Es gibt klare, neutrale Produkte, daneben werden Wodkas gerne mit Zutaten wie Kräutern, Gewürzen (z. B. Vanille-Wodka), Büffelgras (Grasovka) sowie Beerenfrüchten, aber auch mit Pfeffer, Zitrus und exotischen Früchten aromatisiert.

Wodka zählt zu den Basisspirituosen in der Bar (z. B. für Bloody Mary, Sex on the Beach, White Russian, Wodkatini, Cosmopolitan).

Bekannte Wodka-Marken

- (RUS) **Russland:** Stolichnaya, Moskovskaya, Green Mark, Russian Standard
- (PL) **Polen:** Wyborowa, Belvedere, Zytnia, Grasovka
- (D) **Deutschland:** Gorbatschow, Eristoff, Puschkin
- (S) **Schweden:** Absolut
- (FIN) **Finnland:** Finlandia
- (USA) **USA:** Smirnoff, Skyy
- (F) **Frankreich:** Grey Goose, Cîroc
- (A) **Österreich:** Purîste, Vodka O, Neft

Laut EU-Gesetz hat Wodka eine Alkoholstärke von mindestens 37,5 Vol.-% aufzuweisen. Nicht selten ist er aber viel stärker.

Pimm's No 1 Cup	*Pims Namber Won Kap*
Aquavit	*Akwawit*
Aalborg	*Ahlbohr*
Danske	*Dänske*
Stolichnaya	*Stolischnaja*
Moskovskaya	*Moskofskaja*
Wyborowa	*Wiborowa*
Zytnia	*Zitnia*
Grasovka	*Grasofka*
Skyy	*Skei*
Grey Goose	*Grei Guhs*
Cîroc	*Sirok*
Bloody Mary	*Bladi Märi*
Sex on the Beach	*Sex on de Bihtsch*
White Russian	*Weit Raschn*
Cosmopolitan	*Kosmopolitn*

Korn & Kümmel

Korn wird aus Gerste, Hafer, Weizen, Buchweizen und Roggen hergestellt. Ist der Korn mit Kümmel aromatisiert, wird er als **Kümmel** bezeichnet.

Bekannte Korn- bzw. Kümmel-Marken

Berentzen

Doornkaat

Berliner Kümmel

Nordhäuser

on the rocks *on de roks*
Shot *Schot*

Verkauf und Service von Getreidedestillaten

Bei Getreidedestillaten wie Whisky ist nicht ganz geklärt, ob sie bei Glutenunverträglichkeit Probleme verursachen. Seien Sie also bei der Empfehlung vorsichtig, wenn Sie über dieses Gesundheitsproblem von einem Gast informiert wurden.

Gläser für Getreidedestillate

Old-Fashioned-Glas | Single-Malt-Glas | Nosing Glas | Shot-Glas

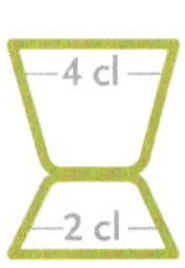

Ausschankmaß für Whisk(e)y, Gin und Wodka: 4 cl
Ausschankmaß für andere Getreidedestillate: 2 cl oder 4 cl

2.3 Obstdestillate

Nach der Herstellungsweise unterscheidet man Obstdestillate grundsätzlich in zwei Gruppen.

Obstdestillate

Obstbrände = Edelbrände	Obstgeiste

Früchte werden ■ gemaischt, ■ vergoren, ■ destilliert.	Früchte (zuckerarm wie Beeren) werden ■ in Alkohol eingelegt, ■ ausgelaugt (mazeriert), ■ Flüssigkeit destilliert.
Beispiele: Calvados, Obstler, Slibowitz	**Beispiele:** Himbeergeist, Brombeergeist

So kommt die Williamsbirne in die Flasche

Begriffserklärungen zu Obstdestillaten:

- **„Wasser"** ist ein synonymer Begriff für einen Edelbrand aus Steinobst. Das Kirschwasser (aus dem Schwarzwald) ist ein beliebtes Kirschdestillat.
- **Strong Spirits (Overproof)** weisen mindestens 48 Vol.-% auf, oft auch mehr.
- **Zigarrenbrände** sind holzfassgereift mit mindestens 43 Vol.-%. Es sind nicht nur Destillate aus Obst – z. B. Apfel, Quitte, Zwetschge –, sondern oft auch aus Wein, die (so die Definition der Herstellerbetriebe) in Verbindung mit einer Zigarre einen besonderen Genuss darstellen.
- Von **Obstler** spricht man, wenn die Maischen zweier oder mehrerer Obstarten gemeinsam destilliert werden. Meist ist ein Obstler aus Äpfeln und Birnen gebrannt.

Was wird hauptsächlich destilliert?

Kernobst
Äpfel, Birnen, Quitten

Steinobst
Aprikosen/Marillen, Kirschen, Sauerkirschen/Weichseln, Pfirsiche, Pflaumen/ Zwetschgen

Beerenobst
Himbeeren, Holunderbeeren, Heidelbeeren, Schwarze und Rote Johannisbeeren

Weintrauben

Wildfrüchte
Vogelbeeren (Eberesche)

Sogar verschiedene Gemüsesorten, wie Karotten und Spargel, aber auch Pilze, das Knollengewächs Topinambur sowie exotische Früchte werden zu Spirituosen destilliert.

Bekannte deutsche Betriebe für Obstdestillate

Rheinland-Pfalz: Vallendar (in Kail bei Koblenz)

Sachsen: Augustus Rex (in Dresden)

Baden-Württemberg: Schladerer Schwarzwälder Hausbrennerei (in Staufen im Breisgau), Ziegler Edelobstbrennerei (in Freudenberg im Main-Taunus-Kreis), Marder (in Albbruck-Unteralpfen im Naturpark Südschwarzwald)

Bayern: Weingut & Edelobstbrennerei Fischer (in Wiesentheid bei Würzburg), Lantenhammer Destillerie (in Hausham/Schliersee bei Rosenheim), Dirker (in Mömbris bei Aschaffenburg)

Bekannte internationale Marken von Obstdestillaten

Ⓐ **Österreich:** Gölles, Reisetbauer, Rochelt
Ⓘ **Südtirol (Italien):** Lahnerhof, Roner
(CH) **Schweiz:** Etter, Dettling
(HU) **Ungarn:** Zwack

Calvadosäpfel sind reich an herben Gerbstoffen (kaum zu essen)

Calvados (französischer Apfelbrand)

Calvados wird **aus französischem Apfelwein (Cidre)** aus der Normandie destilliert. Nach der Destillation lagert er in Eichenfässern.

Die meisten Calvados-Produkte sind Verschnitte von Destillaten verschiedener Jahrgänge. Die Altersangabe bezieht sich immer auf das jüngste im Verschnitt verwendete Destillat.

Bekannte Calvados-Marken

Boulard

Père Magloire

Gilbert

Busnel

Calvados	*Kalwados*
Ⓕ Cidre	*Sidre*
Boulard	*Bulahr*
Père Magloire	*Pehr Magloar*
Gilbert	*Schilbehr*
Busnel	*Büsnel*

Slibowitz (Sliwowitz, Slivowitz)

Slibowitz ist ein Zwetschgenbranntwein, der ursprünglich aus Bosnien kommt. Die Markenbezeichnung ist aber nicht geschützt und kann daher für jeden Branntwein **aus Zwetschgen oder Pflaumen** verwendet werden.

Traubenbrand

Er wird **aus Traubenmaische** hergestellt. Traubenbrände sind besonders aromatisch, da die ganzen Beeren verarbeitet werden (nicht nur die Trester wie für Grappa, siehe Seite 186).

Italienischer Traubenbrand aus dem Haus Nonino

Verkauf und Service von Obstdestillaten

Darf ich Ihnen zu Ihrem Himbeerdessert den passenden Himbeergeist der Destillerie … servieren?

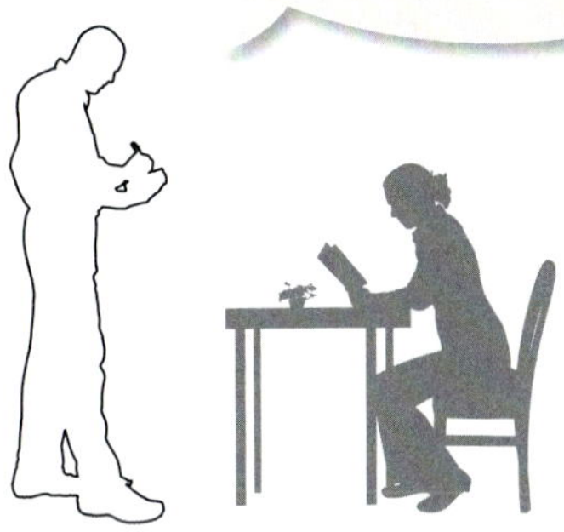

Obstbrände werden auch in der Küche gerne zum Verfeinern verwendet. Vor allem Desserts wie Obstsalate, eingelegte oder gratinierte Früchte werden so perfekt vollendet. Informieren Sie sich bei der Küchenmannschaft. Die verwendeten Obstbrände können passenderweise dazu empfohlen werden.

Als Digestif kann ich Ihnen einen Edelbrand zum Beispiel von der Williamsbirne anbieten.

Ideale Trinktemperatur

- *Fassgelagerte Destillate: 18 °C*
- *Klare Obstbrände: 14–18 °C*
- *Einfache Destillate oder Obstler: 8–10 °C*

Eisgekühlte Obstdestillate sind unprofessionell – sie können eine mangelnde Qualität verdecken.

Möchten Sie zu Ihrer Zigarre einen im Holzfass gereiften Zwetschgenbrand von der Brennerei …?

Gläser für Obstdestillate

Calvados:

Schwenker

Nosing Glas

Obstbrände:

Nosing Glas

Steinobstglas

Shot-Glas

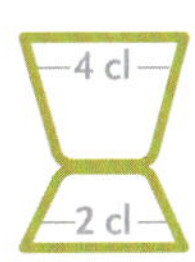

Ausschankmaß für Obstdestillate:
2 cl oder 4 cl

Zuckerrohrernte auf Kuba

Rum zählt zu den Basisspirituosen in der Bar (z. B. für Cuba Libre, Mojito, Piña Colada, Mai Tai, Planter's Punch, Daiquiri).

Cachaça	*Kaschassa*
Spiced Rum	*Sspeisd Ram*
Captain Morgan	*Käptn Morgän*
Barbados	*Barbeidos*
Jamaika	*Dschameika*
Guayana	*Guajana*
Carta Blanca	*Karta Blanka*
Carte Blanche	*Kart Blohsch*
Silver Label	*Silwer Läbl*
Ron Zacapa	*Ron Zakapa*
Mojito	*Mochito*
Piña Colada	*Pinja Kolada*
Planter's Punch	*Plänters Pansch*
Daiquiri	*Daikiri*

2.4 Sonstige Destillate

Rum und Cachaça

Ihre Basis ist Zuckerrohr, das in tropischen Ländern angebaut wird. Das Zuckerrohr für die Rumgewinnung wächst vor allem auf den karibischen Inseln. Cachaça stammt aus Brasilien, wo die Zuckerrohrplantagen unvorstellbar riesig sind.

Rum

Für die Herstellung wird entweder der Saft des Zuckerrohrs oder die zähflüssige Zuckerrohrmelasse verwendet. In das Destillat können je nach Gebiet verschiedene Zusätze (Rosinen, Ananas, Fruchtsäfte, Muskat, Vanille, Balaya-Akazien) kommen **(Spiced Rum).** Anschließend wird der **Originalrum** (62–81 Vol.-%) gelagert.

Während auf den Inseln mit britischer Tradition (wie Barbados, Jamaika) im Allgemeinen wie bei Malt Whisky, also im Pot-Still-Verfahren, gebrannt wird, bevorzugt man in den französisch beeinflussten Gebieten (wie Guayana, Haiti) eine Cognacdestillation, also das Alambic-Verfahren.

Rum

Weißer Rum	Hellbrauner Rum	Brauner Rum

Lagerung in vorbehandelten Fässern, die keine Farbe abgeben, oder in Stahltanks	Er bekommt seine Farbe durch kurze Fasslagerung und/oder Zuckercouleur (Karamellzucker).	Er bekommt seine Farbe aus den Lagerfässern. Reicht der Farbton nicht aus, darf mit Zuckercouleur (Karamellzucker) nachgeholfen werden.
Internationale Bezeichnungen: Carta Blanca/ Carte Blanche, Silver Label, Platinium White	**Internationale Bezeichnungen:** Carta Oro, Gold (Label), Amber Label	**Internationale Bezeichnung:** Dark Rum (mit Angabe der Lagerjahre – teilweise wie bei Cognac)

„Echter" oder „originaler" Rum darf nur mit dem Herstellungsgebiet genannt werden, z. B. echter Jamaika-Rum.

Bekannte Rum-Marken

(PRI) **Puerto Rico:** Bacardi (wird auch in anderen Ländern produziert), Ronrico
(JA) **Jamaika:** Coruba, Myers's, Captain Morgan
(C) **Kuba:** Havana Club, Varadero, Legendario
(GCA) **Guatemala:** Ron Zacapa
(D) **Deutschland:** Flensburger Rum (z. B. von Johannsen)

Was ist ein Inländerrum?

Das ist eine österreichische Bezeichnung laut EU-Gesetz. Ein Inländerrum ist ein Verschnitt aus Rum, der aus dem Ausland zugekauft und anschließend in Österreich mit Essenzen und Aromen veredelt wird. Die Produkte gibt es in unterschiedlichen Alkoholstärken. Sie werden traditionell für Heißgetränke und zum Backen verwendet.

Cachaça

Cachaça wird aus dem vergorenen Saft des grünen Zuckerrohrs gewonnen. Das Destillat wird traditionell durch Holzkohle gefiltert. Helle Cachaças werden in neutralen Behältern, aber dunkle, beste Qualitäten in Holzfässern gereift (Cachaça Artesanal).

Cachaça ist der Hauptbestandteil des Mixgetränkes Caipirinha

Bekannte Cachaça-Marken

Pitú

Cachaça 51

Verkauf und Service von Rum und Cachaça

Ideale Trinktemperatur
- *Beste Rumqualitäten: 18 °C*
- *International wird Rum auch „on the rocks", also mit Eiswürfeln, konsumiert.*
- *Cachaça: gut gekühlt*

Zu den gewählten kubanischen Zigarren würde ein gereifter Havana Club Rum perfekt passen. Darf ich Ihnen zwei Gläser davon bringen?

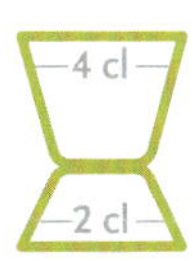

Ausschankmaß für Rum und Cachaça: 4 cl

Gläser für Rum und Cachaça

Old-Fashioned-Glas

Nosing Glas

Nur die Frucht, also das Herz der Agaven, wird verarbeitet

Kennen Sie eigentlich den Mezcal de Gusano (bekannt als „Mezcal mit Wurm")? Was ist dran an der Geschichte mit dem Wurm, der eigentlich eine Raupe ist? Lesen Sie im digitalen Zusatzpaket. Außerdem finden Sie dort eine Beschreibung der Tequila-Kategorien.

Mezcal	*Meskal*
Tequila	*Tekila*
Jalisco	*Halisko*
Olmeca	*Olmeka*
Mariachi	[illegible]
Silla	*Sija*
José Cuervo	*Hoseh Kuerwo*
Sauza	*Saussa*
Tequila Sunrise	*Tekila Sanreis*

Mezcal bzw. Tequila zählen zu den Basisspirituosen in der Bar (z. B. für Tequila Sunrise, Margarita).

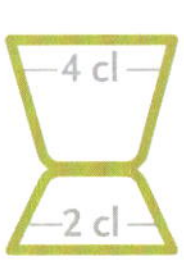

Ausschankmaß für Mezcal und Tequila: 4 cl

Mezcal bzw. Tequila

Mezcal wird ein mexikanisches Destillat aus Agaven genannt. Diese werden bei der Ernte von den Blättern befreit. Aus dem saftigen Herzstück wird der zuckersüße Saft gewonnen, der vergoren und zweimal destilliert wird.

Die klaren Sorten werden nach der Destillation auf Trinkstärke herabgesetzt und sofort abgefüllt, um ihren frischen Geschmack zu erhalten. Dunkle Destillate bekommen ihr schweres, rauchiges Aroma durch Fasslagerung.

Tequila ist ein besonderer Mezcal. Er hat seinen Namen von der Hauptstadt Tequila in der mexikanischen Provinz Jalisco. Er darf nur so genannt werden, wenn er aus dem für Tequila geschützten Gebiet stammt und nur aus der blauen Weberagave gewonnen wird.

Bekannte Tequila-Marken

- Tequila Sierra
- Olmeca
- Tequila Mariachi
- Tequila Silla
- José Cuervo
- Sauza

Verkauf und Service von Mezcal und Tequila

Gläser für Mezcal und Tequila

Für klassische Tequilas:

kleines Libbey-Glas

Shot-Glas

Für gereifte Sorten:

Schwenker

Nosing Glas

Anisées

Anisées sind alkoholische Getränke mit Anisaroma, die je nach Herkunft unterschiedliche Namen haben.

Aus Frankreich kommen drei bekannte Anisées:
- Vom **Pastis**, der auch das Aroma von Süßholz enthält, gibt es mehrere Marken, z. B. Berger Pastis und Pastis 51.
- **Pernod** erhält sein Aroma von Sternanis und Fenchel.
- **Ricard** ist ein etwas dunklerer Anisée.

Der griechische Anisée heißt **Ouzo,** der türkische **Raki**.

Die Urform der Anisbranntweine, der **Absinth,** wurde von einem französischen Arzt erfunden. Er besteht aus Neutralalkohol, versetzt mit Wermutkraut, Sternanis und Fenchel. Die Alkoholkonzentration ist sehr hoch. Absinth wird mit Farbstoffen gefärbt und ist in Blau, Weiß und Grün (am häufigsten) erhältlich.

Anisées	*Anisehs*
Berger	*Berscheh*
Pernod	*Pernoh*
Ricard	*Rikahr*
Ouzo	*Uso*
Cynar	*Tschinnar*

Verkauf und Service von Anisées

Durch das Mischen mit Wasser werden Anisées milchig weiß

Gläser für Anisées

Mittlerer Tumbler

Absinthglas mit speziellem Löffel

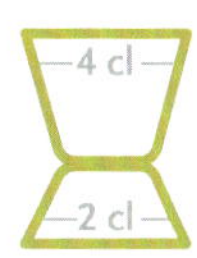

Ausschankmaß für Anisées: 4 cl

Bitterspirituosen

Der bekannteste Bitteraperitif ist der italienische **Campari.** Die rubinrote, herbsüße Spirituose wird aus Kräutern und Gewürzen mit Neutralalkohol, Zucker und destilliertem Wasser hergestellt.

Es können jedoch auch andere Bitterstoffe, wie z. B. von der Artischocke, verwendet werden (für Cynar).

Die Bitterspirituosen, allen voran der Aperol, haben einen geringeren Alkoholgehalt als die Bitterliköre (siehe Seite 201) und zählen daher streng genommen nicht zur Großgruppe der Liköre.

Bekannte Marken (alle aus Italien)

Aperol

Ramazzotti

Cynar

Campari

Verkauf und Service von Bitterspirituosen

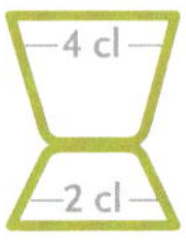

Ausschankmaß für Bitters: 4 cl

Gläser für Bitterspirituosen

Old-Fashioned-Glas | Großer Tumbler | Stielglas

Auch Markengläser stehen zur Verfügung

2.5 Liköre

Man geht davon aus, dass die Liköre aus mittelalterlichen Heilgetränken hervorgegangen sind. Man wollte die meist bittere Medizin versüßen und erfand so indirekt die Kräuterliköre.

Durch den hohen Zuckeranteil nimmt man den Alkoholgehalt in Likören nicht so stark wahr.

Liköre, die gesüßten Spirituosen

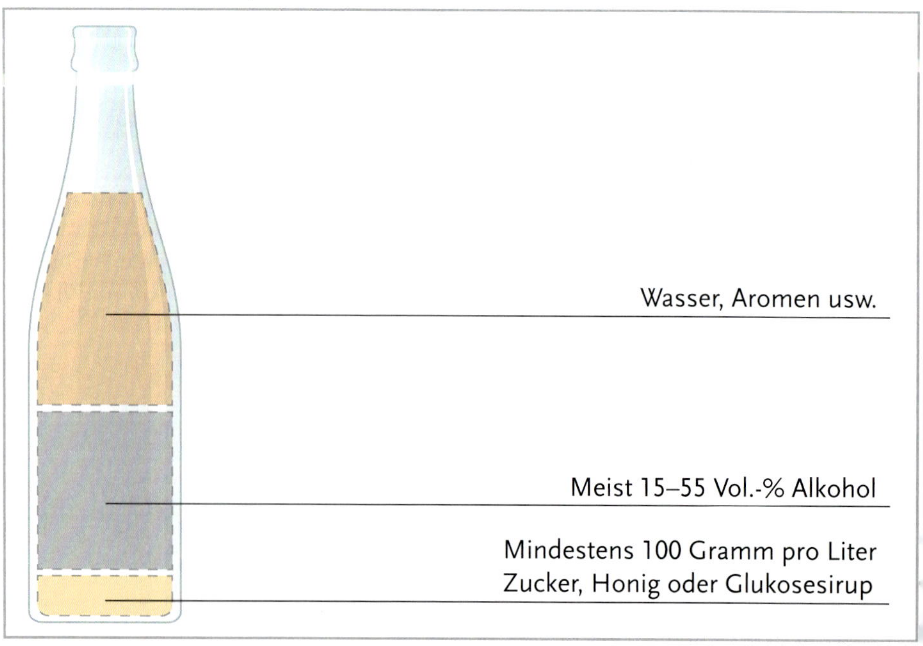

Zur Aromatisierung können natürliche und in manchen Fällen auch naturidente Aromastoffe verwendet werden. Auch Färben ist bei einigen Likören erlaubt.

Edelliköre

JA! Erlaubt sind
Zucker
Honig
Natürliche Aromen

NEIN! Verboten sind
Ethylalkohol
Farbstoffe
Künstliche Aromen

Bitterliköre

Das sind meist Kräuterliköre, die bei der Herstellung auch mit Bitterstoffen aromatisiert werden.

Halbbitter enthalten mehr Zucker (über 100 g pro Liter) als reine Bitterliköre und schmecken daher milder.

Averna
Italien

Fernet-Branca
Italien

In Italien wird ein Fernet-Branca gerne mit Eiswürfeln serviert

Underberg
Deutschland

Averna	*Awerna*
Fernet-Branca	*Fernet-Branka*
Unicum Zwack	*Unikum Zwak*
Dash	*Däsch*

Unicum Zwack
Ungarn

Nonino Amaro
Italien

Würzbitter (z. B. Orangen- oder Zitronenbitter) werden in sehr kleinen Mengen (Spritzer/Dash) zum Mixen verwendet

Gurktaler
Österreich

Fruchtsaftliköre und Fruchtaromaliköre

In den **Fruchtsaftlikören** sind mindestens 20 % Fruchtsaft als geschmacksbestimmender Bestandteil enthalten. **Fruchtaromaliköre** werden durch Ansetzen von Früchten in Alkohol sowie aus den daraus gewonnenen Destillaten hergestellt.

Bekannte Herstellbetriebe von fruchtigen Likören:
(F) **Frankreich:** Marie Brizard, Monin und Cusenier
(NL) **Niederlande:** De Kuyper, Bols

Cointreau
Wasserklarer Orangen-Edellikör
Frankreich

Curaçao Triple Sec
Wasserklarer Orangenlikör (Bitterorangen)
Niederlande

Blue Curaçao
In der Farbe Blau; gibt es auch in Rot und Orange
Niederlande

Der einfache farblose Grand Marnier (gelbes Band) wird in der Küche verwendet. Er riecht intensiv nach Orangen. Der hochwertige bernsteinfarbene Grand Marnier (rotes Band) riecht nach Orangen, Dörrobst und Eichenholz (ideal zu Kaffee).

Cointreau	*Koantroh*
Curaçao Triple Sec	*Küraso Tripl Sek*
Blue Curaçao	*Blu Küraso*
Grand Marnier Cordon Rouge	*Groh Marnjeh Kordon Ruhsch*
Crème de Cassis	*Krem do Kasis*
Cherry Heering	*Tscherri Hering*
Limoncello	*Limontschello*
Maraschino	*Maraskino*
Sambuca	*Sambuka*
Southern Comfort	*Sasern Komfort*
Brizard	*Brisahr*
Monin	*Monöh*
Cusenier	*Küsenjeh*
De Kuyper	*Dekauper*

Grand Marnier Cordon Rouge (mit rotem Band)
Likör aus Cognac mit Curaçao-Orangen
Frankreich

Crème de Cassis
Edellikör aus schwarzen Johannisbeeren
Crème de Cassis ist mit 400 Gramm Zucker pro Liter nochmals süßer als die meisten Crèmeliköre (250 g/l)
Frankreich

Cherry Heering
Kirsch-Edellikör
Dänemark

Limoncello
Zitronenlikör
Italien

Maraschino
Wasserklarer Sauerkirschlikör
Ursprünglich Dalmatien, heute von vielen Likörbetrieben

Sambuca
Wasserklarer Holunderbeerlikör mit Anisaroma
Italien

Southern Comfort
Likör aus Bourbon Whiskey mit Orangen, Pfirsichen und Kräutern
USA

Honigliköre

Sie enthalten 25 % Honig sowie Kräuteraromen.

Drambuie
Likör aus schottischem Whisky und Honig
Schottland

Irish Mist
Likör aus Irish Whiskey und Honig
Irland

Bärenjäger
Likör aus Wodka und Honig
Deutschland

Kräuter- und Gewürzliköre

Sie werden aus Kräutern und/oder Gewürzen hergestellt (leicht herb-aromatischer oder stark würziger Geschmack).

Bénédictine D.O.M.
Edellikör aus Kräutern und Gewürzen
Frankreich

Chartreuse
Edellikör aus Kräutern und Gewürzen, verschiedene Arten, z. B. jaune (gelb, süß, mild mit 40 Vol.-%) und verte (grün, kräftig mit 55 Vol.-%)
Frankreich

Crème de Menthe
Pfefferminzlikör, meist dunkelgrün, aber auch weiß
Frankreich

Danziger Goldwasser
Klarer Kräuterlikör mit Goldplättchen
Das Blattgold bleibt durch den hohen Anteil an Stärkesirup in „Schwebe"
Deutschland, Polen

Galliano (Vanilla)
Hellgelber Kräuter-und-Gewürz-Likör mit ausgeprägtem Vanillearoma
Italien

Licor 43
Kräuterlikör mit Vanille- und Zitrusaroma
Spanien

Liquore Strega
Goldgelber, leicht bitterer Kräuterlikör
Italien

Jägermeister
Brauner, herb-würziger Kräuterlikör
Deutschland

Anisette
Wasserklarer Anislikör
Frankreich

D.O.M. steht für die lateinischen Worte *deo optimo maximo*, also für den größten und besten Gott – dies weist auf die Herkunft aus einem Kloster.

Drambuie	*Drambjü*
Irish Mist	*Eirisch Mist*
Bénédictine D.O.M.	*Benediktin Dom*
Chartreuse	*Schartröhs*
jaune	*schohn*
verte	*wert*
Crème de Menthe	*Krem dö Mohnt*
Licor 43	*Likor Kwarentetres*
Liquore Strega	*Likwore Strega*

Emulgieren = wässrige und fettige Flüssigkeiten miteinander mischen, sodass sie in feinster Tröpfchenverteilung miteinander vermischt bleiben.

Baileys auf Eis

Baileys Irish Cream	*Bählis Eirisch Kriem*
Batida de Coco	*Batida de Koko*
Cacao Brown/ White	*Kakau Braun/ Weit*
Illyquore	*Ilikore*
Kahlúa	*Kalua*

⚠ **Alle Spirituosen** haben wegen ihres hohen Alkoholgehaltes einen **hohen Energiegehalt** (Liköre auch wegen ihres Zuckergehaltes). Schon geringe Mengen pro Tag können zu einer Gewichtszunahme beitragen und sind beispielsweise für Diabetiker und Diabetikerinnen nicht zu empfehlen.

Emulsionsliköre

Sie werden aus Rohstoffen wie Eiern, Kaffee, Kakao, Haselnüssen oder Schokolade hergestellt, die mit Wasser, Milch oder Sahne und Zucker emulgiert werden.

Amarula
Sahne-Fruchtlikör
Südafrika

Advocaat
Gelber Eierlikör
Niederlande

Baileys Irish Cream
Sahnelikör mit irischem Whiskey, Kakao, Vanille und Karamell; Irland

Batida de Coco
Aus Kokosnüssen und Kokosmilch
Brasilien

Mozart
Schokoladenlikör in verschiedenen Varianten
Österreich

Kakao- und Kaffeeliköre

Sie werden als Destillatliköre oder als Extraktliköre aus Kakao- oder Kaffeebohnen hergestellt.

Kahlúa
Kaffeelikör aus Tequila und Kaffeebohnen
Mexiko

Tia Maria
Kaffeelikör aus Jamaika-Rum und Kaffee
Jamaika

Illyquore
Kaffeelikör
Italien

Sonstige Liköre

Disaronno Amaretto
Mandeledellikör
Italien

Malibu
Rum-Kokos-Likör
England

Verkauf und Service von Likören

Liköre sind derart vielfältig, dass sie ebenso für besondere Longdrinks, zum Mixen von Cocktails oder zum Aromatisieren von Süßspeisen bzw. Obstdesserts verwendet werden. Beachten Sie in jedem Fall die Servierempfehlungen der Herstellerunternehmen (siehe Flaschenetikett).

Geöffnete Flaschen sind häufig außen klebrig. Sie müssen mit einem Tuch mit lauwarmem Wasser abgewaschen werden.

Seien Sie mit der Empfehlung von Likören bei den Gästen besonders vorsichtig, die Sie über Allergien informiert haben. Viele Liköre enthalten problematische Zutaten (z. B. Nüsse) oder überhaupt künstliche Farb- und Aromastoffe.

Ideale Trinktemperatur

- *Edelliköre: 18 °C*
- *Auf Wunsch des Gastes auch auf gestoßenem Eis oder mit Eiswürfeln*

Gläser für Liköre

Likörglas | Likörschale für dickflüssige Liköre | Cognacschwenker für besonders edle Liköre | Old-Fashioned-Glas für Liköre auf Eis

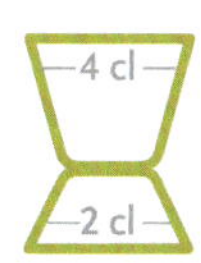

Ausschankmaß für Liköre: 2 cl oder 4 cl

3 Einkauf und Lagerung von Spirituosen

Lukas kennt Spirituosenflaschen meist vom Vorbeigehen an Barbereichen in Restaurants. Ihn faszinieren die vielen verschiedenen bunten Flaschen. Er wundert sich aber, dass sie auch geöffnet einfach dort stehen dürfen.

Geöffnete Spirituosenflaschen werden gerne mit Ausschenkhilfen versehen

Bezugsquelle für die verschiedenen Destillate sind zumeist Großhandelsfirmen. Besondere Qualitäten werden häufig direkt vom Produzenten bzw. von der Produzentin bezogen. Das Angebot reicht von ganz kleinen Flaschen (Miniaturen, z. B. für die Minibar) bis zu 0,75-Liter-Flaschen und vereinzelt größeren Flaschen.

Spirituosen sind durch ihren relativ hohen Alkoholgehalt lange lagerfähig. Selbst Liköre lassen sich trotz niedrigeren Alkoholgehaltes wegen ihres hohen Zuckergehaltes im Allgemeinen gut aufbewahren. Einige Liköre kristallisieren aus, wenn sie zu kalt gelagert werden. Das ist aber bei Zimmertemperatur schnell wieder rückgängig zu machen.

Emulsionsliköre eventuell im Kühlschrank lagern, da sie leicht verderben.

Wenige Spirituosen, besonders Fruchtaromaliköre, verlieren bei Luftzutritt mit der Zeit ihr frisches Aroma und können sogar braun werden. Fruchtsaft- und Eierliköre sollten daher nicht allzu lange stehen, wenn sie geöffnet sind.

Alle Spirituosen werden
- stehend gelagert,
- am besten kühl und dunkel, und
- müssen immer gut verschlossen sein.

Spirituosen sind ein Hauptbestandteil des sogenannten Barstocks, dessen genaue Zusammensetzung sowie Verwendung Sie im Praxisunterricht beim Thema „Barservice" kennenlernen werden.
Der Barstock einer gut sortierten Bar umfasst folgende Produkte:
- Basisspirituosen (Cognac bzw. Weinbrand, Whisk(e)y, Wodka, Rum, Gin, Tequila)
- Wermut (z. B. Martini, Noilly Part)
- Bitters (z. B. Campari, Aperol)
- Sherry, Portwein
- Würzbitter (Angostura-Bitter)
- Anisées
- Obstbrände
- Liköre
- Schaumweine und Weine
- Biere
- Alkoholfreie Getränke

Ziele erreicht? – „Produkte auf der Basis von Wein"

KOMPETENZ-ERWERB

1. Erklären Sie die grundsätzliche Herstellung von Spirituosen und zeichnen Sie dazu ein Destillationsverfahren auf.
2. Nennen Sie drei Destillate aus Wein. Geben Sie zu jeder Gruppe ein Markenbeispiel.

   1. ______ ______

   2. ______ ______

   3. ______ ______
3. Geben Sie an, woraus ein Tresterbrand hergestellt wird.
4. Nennen Sie vier Erzeugerländer von Whisk(e)y.
5. Ein Gast möchte mehr über Single Malts wissen. Was erklären Sie ihm? Welche Marken nennen Sie ihm?
6. Nennen Sie drei Getreidedestillate außer Whisk(e)y. Geben Sie zu jeder Gruppe ein Markenbeispiel.

   1. ______ ______

   2. ______ ______

   3. ______ ______
7. Schreiben Sie auf, aus welchem Rohstoff Rum und aus welchem Tequila hergestellt wird.

   Rum: ______ Tequila: ______
8. Nennen Sie mindestens drei bekannte deutsche Obstbrandbetriebe.
9. Sie kennen sich bei den Fachbegriffen zu den Spirituosen gut aus. Welche Begriffe passen nicht zum Thema? Kreuzen Sie Falsches an!

   Thema Whisky & Whiskey:
   ☐ Single Blend ☐ Single Malt ☐ John Daniel's

   Thema Rum:
   ☐ Spiced Rum ☐ Bacordi ☐ Spider Rum

   Thema Cognac:
   ☐ VSQR ☐ Rémy Martina ☐ Champagne

   Thema Tequila:
   ☐ Margarita ☐ Polmeca ☐ Wurm
10. Finden Sie mindestens drei Mixgetränke

    mit Rum: ______

    mit Whisk(e)y: ______

    mit Wodka: ______
11. Beschaffen Sie sich Informationen darüber, warum Anisées beim Mischen mit Wasser milchig weiß werden.

Getränkeempfehlung

Sehen Sie Ihre Getränkeempfehlung immer nur als Beratung, nie als Verpflichtung. Am Ende sollen immer der Geschmack und der Wunsch des Gastes entscheiden.

Richtig ausgewählte Getränke regen den Appetit an, heben und **vervollkommnen den Geschmack der Speisen** und fördern die Verdauung.

Eine optimale Getränkeberatung steigert nicht nur den Umsatz, sondern bietet Gästen ein perfekt harmonierendes „Gesamterlebnis".

Getränkeempfehlungen können zeitsparend in den verschiedenen Karten vermerkt werden oder ganz individuell und persönlich beim Tisch des Gastes durchgeführt werden.

Meine Ziele

Nach Bearbeitung dieses Kapitels kann ich

- sagen, warum Getränke zu Speisen passen sollen;
- Grundregeln für korrespondierende Getränke erklären;
- selbstständig korrespondierende Getränke zu Speisen empfehlen.

Korrespondierende Getränke

Melina empfiehlt einem Gast zu seinem Hauptgericht – Ente mit Bratapfel-Rotkraut und Kartoffelklößen – ein Glas Rotwein. Der Gast überlegt kurz und bestellt dann einen Krug Bier. Würden Sie versuchen, dem Gast das Bier auszureden? Wie reagieren Sie?

Die Harmonie von Speisen und Getränken ist keine exakte Wissenschaft. Richtig ausgewählte Getränke vervollkommnen aber den Geschmack einer Speise. Die ideale Getränkeauswahl hängt von verschiedenen Faktoren ab:

- Vom persönlichen Geschmack
- Von regionalen Traditionen
- Von der Zubereitung der Gerichte
- Von der Tageszeit
- Von der Jahreszeit
- Vom Anlass

Die klassische Getränkereihenfolge lautet:

- Aperitif
- Bier
- Weißwein
- Roséwein
- Rotwein
- Dessert- bzw. Süßwein oder Schaumwein
- Digestif (oft in Verbindung mit Kaffee)

Persönliche Degustation (Weinverkostung)

Um einen Gast bei der Getränke- bzw. Weinauswahl beraten zu können, ist es wichtig, Getränke oder Wein selbst beurteilen zu können. Wie Sie Ihre Sinne schärfen, damit Sie beispielsweise Wein nach seinem Aussehen, Geruch, Geschmack bewerten können, finden Sie ab Seite 89.

Sie haben bis jetzt schon viel Wissen über die einzelnen Getränke erworben. Verbinden Sie dieses Wissen nun im Zusammenspiel mit verschiedenen Speisen. Sie finden verschiedene Empfehlungen oder auch problematische Kombinationen bei den einzelnen Getränken im ersten Buchabschnitt.

Grundregel für die Getränkeempfehlung

Es gibt zahlreiche Richtlinien für die Getränkeempfehlung, die Sie als Servicefachkraft beherrschen und im richtigen Moment einsetzen sollen. Es muss Ihnen aber immer bewusst bleiben, dass der Gast entscheidet. Er bestellt, er bezahlt.

Der Gast ist König
Da die Geschmackswahrnehmung von Person zu Person sehr unterschiedlich sein kann, ist das oberste Gebot bei der Getränke- bzw. Weinberatung: Erlaubt ist, was dem Gast schmeckt. Sehr oft sind die Gäste jedoch für eine Beratung sehr dankbar.

Eine gute Sommelière/Ein guter Sommelier oder eine gute Servicefachkraft verhilft dem Gast zu einem neuen Geschmacks- und Genusserlebnis, wenn er dies erlaubt.

Seien Sie neugierig! Versuchen Sie selbst verschiedene Getränke zu Speisen. Halten Sie Ihre persönlichen Eindrücke schriftlich fest, um später noch einmal nachlesen zu können.

Bei der Aperitifempfehlung soll immer eine alkoholfreie Variante dabei sein.

Pre-Dinner-Cocktails	*Prieh-Dinner-Koktähls*
Kir Royal	*Kir Rojal*

Aperitif

Diese allererste Getränkeempfehlung soll dem Gast einerseits die Wartezeit bis zur Bestellung verkürzen, ihn also sofort willkommen heißen, und ihn andererseits auf das kommende Essen einstimmen. Als Aperitif eignen sich alle **leichten, meist trockenen, appetitanregenden Getränke.**

Beispiele für Aperitifs
Trocken-hopfenbittere Biere (wie Pils, eventuell im Pfiffglas), leichte, trockene Weißweine (wie ein Riesling oder Weißburgunder), trockene Likörweine (wie Sherry Fino, White Port), trockene aromatisierte Weine (wie trockener Wermut), trockene Kinas (wie Lillet), trockene Schaumweine (eventuell mit Fruchtsäften, Fruchtmark oder Likören), trockene, leichte Cocktails (Sekt- bzw. Champagnercocktails wie Kir Royal), alkoholfreie, nicht zu süße Getränke (wie Frucht- oder Gemüsesäfte, Bitterlimonaden)

Zu einfachen, regionalen Gerichten passt meist Bier aus der Gegend

Bier

Die extreme Vielfalt an Bieren gibt dem Servierpersonal heute die Möglichkeit, eine passende Bierempfehlung zu fast allen Speisen zu finden. Generell gilt, dass Bier zu stark sauren (z. B. mit viel Essig), bitteren, sehr scharfen (z. B. mit Paprika, Cayennepfeffer oder Curry) oder fetten Gerichten besser harmoniert als Wein.

Beispiele für harmonische Bierempfehlungen
Vorspeisen: Pils, Leichtbier, Zwickl
Fisch und Schalentiere: Weizenbier hell, Pils, Stout, Rauchbier zu Räucherfisch
Geflügel, Kalb, Kaninchen: Pils, Ales und Weizenbier
Gebratenes, Gegrilltes: Starkbier, Bockbier (bei Rind, Wild), Märzen
Deftige Gerichte: Starkbier, Märzen
Stark gewürzte Speisen (z. B. mit Curry): Schankbier, Märzen
Käse: Bockbier, Märzenbier, Hefeweizen
Dessert: Doppelbock, Bockbier, dunkles Bier

Wein und Schaumwein

Weine sind klassische Speisenbegleiter und passen auch zu den allermeisten Gerichten. Dennoch gehen bei Weinempfehlungen oft die Meinungen weit auseinander. Es gibt nie nur einen „richtigen" Wein, sondern immer eine Vielzahl passender Möglichkeiten.

Daher ist hier eine erste Anleitung vom Servierpersonal wichtig und wünschenswert, aber der Gast entscheidet sich möglicherweise für einen ganz anderen Tropfen. Seine Wahl ist immer zu respektieren und der gewählte Wein ohne weiteren Kommentar professionell zu servieren.

Grundregeln der Weinempfehlung

- Einfache vor qualitativ höherwertigen Weinen. Eine geschmackliche Steigerung soll bei nachfolgenden Speisengängen möglich sein.
- Junge vor gereiften Weinen
- Zu einfachen Gerichten einfache Weine, zu leichten Gerichten leichte Weine
- Körperarme vor körperreichen Weinen; der Körper des Weines sollte es mit der Speise „aufnehmen" können
- Trockene vor süßen Weinen
- Sind Speisen mit einem speziellen Getränk zubereitet, wird dieses Getränk am besten auch dazu serviert.

Je kräftiger die Speise, desto üppiger darf auch der Alkoholgehalt sein.

Klassische Beispiele für harmonische Weinempfehlungen

- **Kalte Vorspeisen:** meist leichte, trockene bis fruchtige Weiß- oder Roséweine (z. B. Riesling, Weißburgunder, Müller-Thurgau)
- **Warme Vorspeisen:** mittelkräftige Weißweine oder leichte bis mittelkräftige Rotweine (z. B. Riesling Kabinett von der Mosel, Sauvignon blanc aus der Pfalz, Müller-Thurgau aus Sachsen, Blauer Portugieser aus der Pfalz)
- **Fisch:** in der Regel Weißwein (z. B. Riesling aus dem Rheingau, Chardonnay aus Rheinhessen); abhängig von der Zubereitung, der Sauce und den Beilagen sind auch Roséweine und fruchtige tanninarme Rotweine möglich
- **Helles Fleisch** (Kalb, Schwein, helles Geflügel wie Huhn oder Putenbrust, leichte Innereien wie Bries und Hirn): Weißwein (z. B. Riesling von der Nahe, Grauburgunder aus Baden) und Roséwein; abhängig von der Zubereitungsart bzw. Sauce kann auch Rotwein serviert werden
- **Lamm und dunkles Fleisch** (Rind, Wild, dunkles Geflügel wie Ente oder Wildgeflügel): Rotweine (Ausnahme: gekochtes Rindfleisch), z. B. Spätburgunder von der Nahe, Lemberger aus Württemberg
- **Gekochtes Rindfleisch:** fruchtige, feinwürzige, aber nicht zu kräftige Weißweine (z. B. Riesling vom Mittelrhein, in Österreich klassischerweise ein Grüner Veltliner aus der Wachau)
- **Gegrilltes und Gebratenes** (z. B. Steaks vom Rind): Weine mit Barriqueausbau; intensive Aromen im Essen verlangen nach einem ebenbürtigen Weinpartner; z. B. Spätburgunder aus Baden
- **Innereien** (Zunge, Herz, Lunge, Leber, Nieren): mittelschwere Rotweine (z. B. Spätburgunder von der Ahr, Lemberger aus Württemberg)
- **Salzige Speisen:** trockene Weine
- **Regionale Spezialitäten:** Getränke aus der gleichen Region
- **Scharf gewürzte Speisen aus der asiatischen Küche:** kräftige, würzige, trockene, aber auch halbtrockene oder liebliche Weißweine, mitunter auch Rotweine
- **Käse:** generell eher Weißweine als Rotweine, häufig auch Prädikatsweine (wie Spätlese, Auslese, Eiswein, Beerenauslese, Trockenbeerenauslese)
- **Süßspeisen:** Prädikatsweine (z. B. Riesling Eiswein von der Mosel) oder süße Likörweine (wie Cream- oder PX-Sherry, LBV oder Vintage Port); Süße und Säure sollten nicht stärker sein als die im Wein enthaltene Süße und Säure

Warum zu Käse eher Weißwein als Rotwein passt, liegt vor allem in dem problematischen Verhältnis das zwischen dem Milcheiweiß des Käses und den Tanninen eines Rotweines besteht.

Zu Spargel passen Weißburgunder oder Sauvignon blanc, aber auch ein Silvaner aus Franken.

Zu Blau- oder Grünschimmelkäse werden gerne Prädikatsweine serviert

Alkoholfreie Getränke

Vor allem Frucht- und Gemüsesäfte, aber auch immer mehr Tees werden mit Speisen kombiniert. In erster Linie eignen sie sich natürlich als Begleiter von Natur- oder Vollwertgerichten und veganen oder vegetarischen Speisen.

Perfekt passt frisch gepresster Fruchtsaft oder Tee auch zu scharf gewürzten Speisen nach asiatischen Rezepten und zu Käse (besonders zu Blau- und Grünschimmelkäse).

Auch Kaffeegetränke mit Alkohol sind ein guter Menüabschluss (z. B. Caffè Corretto).

After-Dinner-Cocktails *After-Dinner-Koktähls*

Digestif

Digestifs bilden den Abschluss eines Menüs. Häufig werden sie auch zum Kaffee serviert. Ihre Wirkung soll verdauungsfördernd sein, weshalb viele herbe oder gar bittere Getränke dazu zählen. Der Alkoholgehalt liegt höher als bei den Aperitifs.

Beispiele für Digestifs
Prädikatsweine (wie Spätlese, Auslese, Eiswein, Beerenauslese, Trockenbeerenauslese, auch ausländische Dessert- bzw. Süßweine), süße Likörweine (wie Sherry Oloroso oder Cream, Colheita oder Vintage Port), süße Schaumweine (wie Asti Spumante oder Moscato d'Asti), Spirituosen (wie Cognac, Armagnac, Whisky/Whiskey, Liköre [Emulsions- oder Kräuterliköre], Obstdestillate oder Tresterbrände wie Grappa), After-Dinner-Cocktails (wie der süße Alexander)

Ziele erreicht? – „Getränkeempfehlung"

KOMPETENZ-ERWERB

1. Nennen Sie die allerwichtigste Grundregel für Getränkeempfehlungen.
2. Wie lautet die allgemeine Getränkereihenfolge für Menüs? Schreiben Sie sie auf.
3. Geben Sie je drei Aperitif- und Digestifvorschläge. Formulieren Sie diese Vorschläge ganz konkret für eine Gästeberatung.
4. Empfehlen Sie konkrete korrespondierende Getränke zu folgenden Gerichten:
   - Rindfleischsülze mit Zwiebel in Essig-Öl-Marinade ______
   - Warme Spargelvorspeise ______
   - Forelle Müllerinart mit Petersilienkartoffeln ______
   - Schweinebraten mit Sauerkraut und Klößen ______
   - Gebratene Hühnerbrust mit Zucchinigemüse und Perlweizen ______
   - Wiener Tafelspitz mit Röstkartoffeln, Cremespinat, Schnittlauchsauce und Apfelmeerrettich ______
   - Gegrilltes Rumpsteak mit Speckbohnen und Röstkartoffeln ______
   - Warmer Schokoladenkuchen ______
   - Obstsalat mit Zitroneneis ______
5. Nennen Sie Getränke, die am besten zu folgenden Käsesorten passen:
   - Frischkäse
   - Weißschimmelkäse
   - Rotkulturkäse
   - Blau-/Grünschimmelkäse
6. Lösen Sie folgende Aufgabe in Kleingruppen: Stellen Sie in einem Rollenspiel eine Getränkeempfehlung zu den verschiedenen Gängen eines viergängigen Menüs (kalte und warme Vorspeise, Geflügelgericht, Süßspeise) nach. Verwenden Sie dazu ein selbst gewähltes Menü. Hilfestellung bietet sicher auch die Getränkekarte Ihres Lehrbetriebes.

Stichwortverzeichnis

Bildverzeichnis

Seite 11: Bling (http://mundodasmarcas.blogspot.co.at), Gerolsteiner (www.gerolsteiner.de)
Seite 17: Herstellungsschritte 3 und 4 (Rechteinhaber unbekannt)
Seite 20: Fruchtsaftspender (Rechteinhaber unbekannt), Dispenser und Etiketten (www.rauch.cc)
Seite 26: http://www.riemerschmid.de/img/2013/Visual2013.jpg
Seite 27: Premix und Postmix (Rechteinhaber unbekannt)
Seite 37: Hauptspalte (Rechteinhaber unbekannt)
Seite 38: alle außer Säcke (Rechteinhaber unbekannt)
Seite 39, 41: Rechteinhaber unbekannt
Seite 42: Hauptspalte (Rechteinhaber unbekannt)
Seite 43, 44: Rechteinhaber unbekannt
Seite 48: www.zotter.at
Seite 49: Schritte 2, 4 und 6 (Rechteinhaber unbekannt)
Seite 54: Teesetzlinge (Willi Gutmayer)
Seite 55, 56: Rechteinhaber unbekannt
Seite 58: Hauptspalte unten (Rechteinhaber unbekannt)
Seite 60: Spalte (Rechteinhaber unbekannt)
Seite 62: Spalte (Rechteinhaber unbekannt)
Seite 65: Ottifant (Christoph Wutzl), alle anderen (Rechteinhaber unbekannt)
Seite 66: Elchblut und alkoholfreie Biere (Rechteinhaber unbekannt)
Seite 70: Gambrinus (Rechteinhaber unbekannt)
Seite 71: Hauptspalte (Rechteinhaber unbekannt)
Seite 72: Rechteinhaber unbekannt
Seite 73: alle außer Hopfen (Rechteinhaber unbekannt)
Seite 77, 78: Rechteinhaber unbekannt
Seite 79–81: www.brauer-bund.de
Seite 83: Weinbeere (Christoph Wutzl)
Seite 85: Lyraerziehung (Rechteinhaber unbekannt), Pergolasystem (www.hofstatter.com), Handrefraktometer (Baden-Württembergischer Genossenschaftsverband)
Seite 86: Maschinelle Ernte (Rechteinhaber unbekannt)
Seite 87, 88, 89: Rechteinhaber unbekannt
Seite 91: Blindprobe (www.deutscheweine.de)
Seite 95: Großflasche (www.balthasar-ress.de)
Seite 99: Rechteinhaber unbekannt
Seite 103: www.generationriesling.de
Seite 104: alle Rebsortenfotos (www.deutscheweine.de)
Seite 108: http://static.panoramio.com/photos/original/27048354.jpg
Seite 111–122: www.deutscheweine.de
Seite 127: Schilfwein (Willi Opitz)
Seite 128: www.oesterreichwein.at
Seite 130–135: alle Fotos (Rechteinhaber unbekannt)
Seite 139: Petrus (Rechteinhaber unbekannt)
Seite 140: Clos (Birgit Prammer)
Seite 141: Rechteinhaber unbekannt
Seite 152–154: Rechteinhaber unbekannt
Seite 156–158: Rechteinhaber unbekannt
Seite 162: Schritt 2 (CIVC), Schritt 5 (www.deutscheweine.de), alle anderen (Rechteinhaber unbekannt)
Seite 163: Schritt 6 (www.rheinhessen.de), Gyropaletten (Willi Gutmayer), Schritt 7 (www.rotkaeppchen.de/Korenke), alle anderen (Rechteinhaber unbekannt)
Seite 168: Flaschengrößen (CIVC, Patrick Guerin)
Seite 169: Patentverschluss (CIVC), Säbel (Rechteinhaber unbekannt)
Seite 170: Albariza (Fernando Briones, ICEX)
Seite 171: Schritt 1 und 2, Venenciador (Rechteinhaber unbekannt), Halle mit Fässern (www.winetourismspain.com)
Seite 172: Sherry und Tapas (http://mykitcheninspain.blogspot.co.at/2014/08/cooking-class-in-my-kitchen-in-spain.html)
Seite 183: Schritt 1–3 (Rechteinhaber unbekannt)
Seite 184: Patent-Still-verfahren (www.whisky-frog.de)
Seite 191: www.absolut.com
Seite 193: Williamsbirne (Mag. Flora Stickler)
Seite 196: Zuckerrohrernte (Rechteinhaber unbekannt)
Seite 199: Pastis (Rechteinhaber unbekannt)

Alle weiteren Abbildungen wurden entweder vom TRAUNER Verlag eigens erstellt oder über die Bildagenturen Stock.Adobe.com, iStockphoto und Shutterstock zugekauft bzw. werden über die „Bildrecht GmbH" in Wien (http://www.bildrecht.at) abgerechnet.

Literaturverzeichnis

Dictionnaire Hachette des Vins de France, Hachette Livre, 2012

André Dominé, Bar Book, Die Welt der Spirituosen und Cocktails, h.f. Ullmann, 2012

Andrea Fuchs, Die Jungbarkeeper, Trauner Verlag, Linz, 2012

Christina Fischer, Leidenschaft mit System: Wein und Speisen, Fackelträger Verlag, 2010

Antoine Gerbelle u. a., La Revue du Vin de France, Le Guide, 2012

Wilhelm Gutmayer, Die Kaffeekenner, Trauner Verlag, Linz, 2012

Wilhelm Gutmayer u. a., Service. Die Grundlagen, Trauner Verlag, Linz, 2011

Wilhelm Gutmayer u. a., Service. Die Getränke, Trauner Verlag, Linz, 2012

Carsten Sebastian Henn, 111 Deutsche Weine, die man getrunken haben muss, Emons Verlag, 2011

Jürgen Kirchner u. a., Die Jungsommeliers, Trauner Verlag, Linz, 2016

Stuart Pigott, Weinwunder Deutschland, DVD Teil I und II, KNM Home Entertainment GmbH, 2010

Jancis Robinson, Das Oxford Weinlexikon, Hallwag Verlag, 2007

Jancis Robinson, Das Hallwag Handbuch Wein, Hallwag Verlag, 2010

Ronnefeldt Teebroschüre Tea Academy

Simon Siegel u. a., Weine, Schaumweine, Versetzte Weine, Trauner Verlag, Linz, 2004

Stefan Stevancsecz, Barlexikon, Trauner Verlag, Linz, 2010

August F. Winkler, Edelsüße Weine, Neuer Umschau Buchverlag, Neustadt an der Weinstraße, 2011

Wein.pur, das GENUSS.Magazin für Weinliebhaber, verschiedene Ausgaben, Agrarverlag, Wien

Webseiten: www.weinausoesterreich.at, www.wein-plus.eu, www.deutscheweine.de